스타토플 실전 WRITING 200% 활용법

무료 점수별 샘플답안분석&가이드 이용 방법

해커스인강(HackersIngang.com) 접속 후 로그인 ▶
상단 메뉴 [토플 → MP3/자료 → 무료 MP3/자료] 클릭하여 이용하기

무료 라이팅 필수동사 자료집 이용 방법

해커스인강(HackersIngang.com) 접속 후 로그인 ▶
상단 메뉴 [토플 → MP3/자료 → 무료 MP3/자료] 클릭하여 이용하기

무료 스타강사의 토플공부전략 강의 보는 방법

고우해커스(goHackers.com) 접속 ▶ TOEFL 메뉴 ▶
'토플공부전략' 클릭하여 보기

무료 토플 라이팅/스피킹 무료 첨삭 게시판 이용 방법

고우해커스(goHackers.com) 접속 ▶ TOEFL 메뉴 ▶
'라이팅게시판' 또는 '스피킹게시판' 클릭하여 이용하기

무료 교재 MP3 다운로드 방법

방법1 해커스인강(HackersIngang.com) 접속 후 로그인 ▶
상단 메뉴 [토플 → MP3/자료 → 무료 MP3/자료] 클릭하여 다운받기

방법2 [해커스 ONE] 어플 실행 ▶
상단 메뉴의 [교재 MP3 → 토플]
클릭하여 이용하기

* QR코드로 [해커스 ONE] 어플 다운받기

스타토플 실전 WRITING

해커스 인강

저자 계정석

George Mason University 졸업
2006~2010 파고다 토플 선생님
2010~ 현 해커스 선생님

저자 송원

New York University TESOL 석사
전 NYU 부설 랭귀지 스쿨 ALI 선생님
2004~ 현 해커스 어학원 토플 선생님

목표점수 단기 달성을 위한 실전서

스타토플 실전 WRITING

초판 7쇄 발행 2023년 4월 3일

초판 1쇄 발행 2016년 6월 29일

지은이	계정석, 송원
펴낸곳	(주)챔프스터디
펴낸이	챔프스터디 출판팀
주소	서울특별시 서초구 강남대로61길 23 (주)챔프스터디
고객센터	02-566-0001
교재 관련 문의	publishing@hackers.com
동영상강의	HackersIngang.com
ISBN	978-89-6965-039-9 (13740)
Serial Number	01-07-01

저작권자 ⓒ 2016, 계정석, 송원
이 책의 모든 내용, 이미지, 디자인, 편집 형태는 저작권법에 의해 보호받고 있습니다. 서면에 의한 저자와 출판사의 허락 없이 내용의 일부 혹은 전부를 인용, 발췌하거나 복제, 배포할 수 없습니다.

외국어인강 1위, 해커스인강
HackersIngang.com
해커스인강

1. 점수별 샘플답안분석&가이드 무료 제공
2. 라이팅 필수동사 자료집 무료 제공
3. 토플비법노트, 토플자료게시판 등 무료 학습자료 제공

전세계 유학정보의 중심, 고우해커스
goHackers.com
고우해커스

1. 토플 스피킹/라이팅 무료 첨삭 게시판
2. 토플 공부전략 무료 강의 제공
3. 국가별 대학교 및 전공별 정보, 모의지원 서비스, 유학Q&A 게시판 등 유학정보 제공

PREFACE

스타토플 실전 Writing은
토플 라이팅 시험에 대비하여 시험 전 실전 문제를
연습할 수 있도록 기획된 실전서입니다.

본 교재를 통해 토플 Writing의 중급 수준 학습자부터 고득점을 원하는 학습자까지, 실제 시험과 유사한 지문과 문제를 풀어봄으로써 **목표 점수를 획득**할 수 있도록 하였습니다.

본 교재에 수록된 총 20회분의 통합형과 독립형 문제는 **최신 토플 경향을 정확히 반영**하고 있을 뿐만 아니라, 중급 학습자부터 고득점을 목표로 하는 학습자까지 충분히 따라 쓸 수 있는 현실적인 모범답안을 제공합니다.

통합형의 경우, 후반부로 갈수록 난도가 높아지게끔 구성하여 학습자들이 처음에는 중급 수준의 실전문제로 시작해 어려운 문제까지 풀어볼 수 있도록 하였습니다. 영작에 대한 가이드는 물론, 노트테이킹을 잘하지 못하거나 못 들은 내용이 있을 때에도 안정적인 점수를 받을 수 있는 **선생님이 알려주는 점수보장 Tip**을 수록하여 실전 라이팅에서 보다 **쉽고 전략적인 답안 작성이 가능**합니다.

독립형의 경우, 최근 주제들이 복잡해지고 에세이 채점 기준 또한 까다로워져, 기존의 끼워 맞추기 식 템플릿으로는 안정적인 고득점 확보가 어렵습니다. 이를 해결하고자 다방면으로 연구하여 기존의 템플릿은 과감히 버리고, 다양한 주제들이 가진 공통점을 파악하고 이에 맞춰 전개할 수 있는 **맞춤형 템플릿을 수록**하였습니다.

해커스에서 수년간 공부하는 학생들을 현장에서 보면서 어떤 부분을 어려워하고, 어떻게 공부를 해야 도움이 되는지 교육자의 입장에서 몸소 느꼈고, 이것을 토대로 한 모든 노하우를 본 교재에 담았습니다.

『스타토플 실전 Writing』 교재가 여러분의 토플 학습에 있어 실전 수준으로 도약하고 고득점을 달성하는 데 **교두보로서의 역할**을 할 수 있기를 희망합니다.

계정석, 송원

CONTENTS

스타토플 실전 Writing

선생님이 알려주는 iBT TOEFL Writing 학습전략	6
iBT TOEFL 시험 소개	8
iBT TOEFL Writing 시험 소개	10
학습 플랜	12

해설집

iBT TOEFL Writing 유형별 실전 전략		15
실전모의고사 01	모범답안·지문·해석	27
실전모의고사 02	모범답안·지문·해석	35
실전모의고사 03	모범답안·지문·해석	43
실전모의고사 04	모범답안·지문·해석	51
실전모의고사 05	모범답안·지문·해석	59
실전모의고사 06	모범답안·지문·해석	67
실전모의고사 07	모범답안·지문·해석	75
실전모의고사 08	모범답안·지문·해석	83
실전모의고사 09	모범답안·지문·해석	91
실전모의고사 10	모범답안·지문·해석	99
실전모의고사 11	모범답안·지문·해석	107
실전모의고사 12	모범답안·지문·해석	115
실전모의고사 13	모범답안·지문·해석	123
실전모의고사 14	모범답안·지문·해석	131
실전모의고사 15	모범답안·지문·해석	139
실전모의고사 16	모범답안·지문·해석	147
실전모의고사 17	모범답안·지문·해석	155
실전모의고사 18	모범답안·지문·해석	163
실전모의고사 19	모범답안·지문·해석	171
실전모의고사 20	모범답안·지문·해석	179

문제집 [책속의 책]

실전모의고사 01~20	191

 점수별 샘플답안분석&가이드   라이팅 필수동사 자료집

해커스인강(HackersIngang.com) 접속 > 상단 메뉴 [MP3/자료 → 토플 → 무료 MP3/자료] 클릭하여 이용하기

선생님이 알려주는
iBT TOEFL Writing 학습전략

토플 스타강사
계정석 선생님

통합형

1. 노트테이킹은 필요한 만큼만 합니다.
- 많이 적는 것이 최선이 아니라 내가 이해한 내용을 적어야 합니다.
- 이해한 내용을 적으면서, 동시에 이어지는 내용을 놓치지 않도록 주의합니다.
- 요점을 잘 이해하고, 큰 흐름을 간단하게 노트테이킹하는 연습이 필요합니다.

2. 듣기에서는 큰 흐름을 파악합니다.
- 강의나 대화의 구조를 이해해야 합니다.
- 모든 정보를 잡아야 한다는 부담감을 갖지 않도록 합니다.
- 강의의 구조를 이해하면서, 큰 흐름을 파악하여 내용의 요점을 이해해야 합니다.

3. 명확하고 간결하게 씁니다.
- 어려운 단어로, 복잡한 문법을 사용하여 길고 불분명한 문장을 쓰지 않도록 합니다.
- 한 문장을 길게 쓰기보다는 두 개의 간결한 문장으로 나누도록 합니다.
- 읽는 사람이 쉽게 이해할 수 있도록, 쉬운 표현을 이용해 명확하고 간결하게 씁니다.

4. 자신에게 맞는 구조 및 기본 표현을 정하여 씁니다.
- 많은 구조 및 기본 표현이 있지만, 자신에게 편하고 쉬운 한 가지만 기억하면 충분합니다.
- 자신의 작문 수준이나 스타일과 유사한 구조 및 기본 표현을 선정하는 것이 좋습니다.
- 자신에게 맞는 구조 및 기본 표현으로 200자 이상의 에세이도 무리 없이 쓸 수 있습니다.

토플 스타강사
송원 선생님

독립형

1. 브레인스토밍을 꼭 합니다.
- 템플릿을 생각하기 전에 주제어들에 대한 브레인스토밍을 먼저 합니다.
- 생각해낸 내용을 잘 살릴 수 있는 템플릿을 선택하거나, 변형해서 적용합니다.
- 브레인스토밍을 통해 글이 억지스러워지지 않도록 주의합니다.

2. 표현은 꼭 통으로 암기합니다.
- 우리말 하나하나를 개별적으로 영작하여 어색한 문장을 만들지 않도록 합니다.
- 표현은 통으로 암기하여 쓸 때 자연스럽고 매끄러운 문장을 만들 수 있습니다.
  ex) ~와 연락하다: keep in touch with~ / 규칙을 준수하다: abide by rules

3. 충분히 보여주고 충분히 설명합니다.
- 글의 내용이 진실일 필요는 없지만 개연성 있으며 있을법한 사실로 전개합니다.
- 모든 문장과 내용은 충분히 설명하고, 그럴듯한 근거들을 제시합니다.
- 구체화하는 작업은 모범 에세이를 참고하여 최대한 비슷하게 전개하는 연습을 합니다.

4. 템플릿을 적절히 활용합니다.
- 모범 에세이의 본론들은 다른 문제에서도 쓸 수 있는 유연한 템플릿을 적용한 것입니다.
- 주제에 따라 중복해서 쓸 수 있는 본론, 또는 조금 변경해서 쓸 수 있는 부분들을 확인하면서 다양한 주제에 적용하는 연습을 꾸준히 하다 보면 안 써지는 주제가 없을 것입니다.

iBT TOEFL 시험 소개

■ iBT TOEFL이란?

iBT(Internet-based test) TOEFL(Test of English as a Foreign Language)은 종합적인 영어 실력을 평가하는 시험으로 읽기, 듣기, 말하기, 쓰기 능력을 평가하는 독립형 문제 외에도, 듣기-말하기, 읽기-듣기-말하기, 읽기-듣기-쓰기와 같이 각 능력을 연계한 통합형 문제가 출제된다. 시험은 Reading, Listening, Speaking, Writing으로 구성되어 있으며, 네 개의 시험 영역 모두 노트테이킹을 허용한다. 문제를 풀 때 노트테이킹한 내용을 참고할 수 있다.

실시일	· 시험은 1년에 50회 정도 실시되며, 각 나라와 지역별로 시험일에 차이가 있음 [홈에디션] 시험은 일주일에 3~5일 실시되며, 시간대는 자유롭게 선택 가능함
시험 장소	· 시험은 전용 컴퓨터 단말기가 마련된 ETS Test Center에서 치러짐 [홈에디션] 시험은 요건을 충족하는 장비 및 환경이 갖춰진 공간에서 치러짐 (요건은 토플 공식 홈페이지에서 확인 가능)
접수 방법	· 인터넷 및 전화 접수: 응시일로부터 최소 7일 전 각각 인터넷 및 전화상으로 등록 [홈에디션] 응시일로부터 최소 4일 전 인터넷 상으로 등록
시험 비용	· 시험 비용 US $210 · 추가 리포팅 비용 US $20 (대학당) · 시험 일자 변경 비용 US $60 · 취소한 성적 복원 비용 US $20 · 추가 등록 비용 US $40 (응시일로부터 2~7일 전에 등록할 경우) · 재채점 비용 (Speaking/Writing 영역만 가능) 한 영역당 US $80
지불 수단	· 신용카드, 전자수표(e-check) 등
시험 등록 취소	· 등록 취소는 웹사이트나 전화를 통해 가능 (환불 방법은 토플 공식 홈페이지에서 확인 가능) · 응시일 4일 전까지 환불 가능 (접수일로부터 7일 이내 취소 시 전액, 8일 후 취소 시 50% 환불)
시험 당일 주의사항	· 공인된 신분증(여권, 운전면허증, 주민등록증, 군인신분증) 원본 반드시 지참 [홈에디션] · ProctorU 프로그램 사전 설치 및 정상 작동 여부 확인 · 화이트보드 또는 플라스틱 투명 시트와 지워지는 마커 지참 가능 (일반 종이와 필기구 지참 불가) · 헤드폰 및 이어폰 사용 불가 · 휴대폰 혹은 손거울 지참
성적 및 리포팅	· 시험 응시 후 바로 Reading/Listening 영역 비공식 점수 확인 가능 · 시험 응시일로부터 대략 6-10일 후에 온라인으로 성적 확인 가능 · 시험 접수 시, 자동으로 성적 리포팅 받을 기관 4개까지 선택 가능 · MyBest Scores 제도 시행 (최근 2년간의 시험 성적 중 영역별 최고 점수 합산하여 유효 성적으로 인정)

스타토플 실전 Writing

■ iBT TOEFL 시험 구성

소요 시간	약 3시간 30~45분
총점	120점
진행 순서	Reading(읽기), Listening(듣기), Speaking(말하기), Writing(쓰기) 순으로 진행

시험 영역	지문 및 문항 수	시험 시간	점수 범위
Reading	· 3~4개 지문 출제 　지문당 길이: 약 700단어 　지문당 10문항 출제	54~72분	0~30점
Listening	· 2~3개 대화 출제 　대화당 길이: 약 3분 　대화당 5문항 출제 · 3~4개 강의 출제 　강의당 길이: 3~5분 　강의당 6문항 출제	41~57분	0~30점
	휴식 10분		
Speaking	· 독립형 1문항 출제 · 통합형 3문항 출제	17분 · 준비: 15~30초 · 답변: 45~60초	0~30점
Writing	· 통합형 1문항 출제 · 독립형 1문항 출제	55분	0~30점

iBT TOEFL Writing 시험 소개

■ iBT TOEFL Writing 구성

Writing 영역은 약 55분간 통합형 문제(Integrated Task)와 독립형 문제(Independent Task) 두 문제에 답하게 된다.

통합형 문제(Integrated Task)
통합적인 영어 구사 능력을 평가하는 것으로, 한 가지 주제에 대해 읽기 지문과 강의가 주어지고, 응시자는 읽고 들은 정보를 통합, 연계하여 답안을 작성해야 한다.

독립형 문제(Independent Task)
독립적인 영어 구사 능력을 평가하는 것으로, 응시자는 주어진 질문에 대한 자신의 의견을 밝히고, 이를 뒷받침할 수 있는 적절한 근거를 제시하여 답안을 작성해야 한다.

■ iBT TOEFL Writing 문제 유형

문제 유형	유형 소개	소요 시간
통합형 문제 (Integrated Task)	**지문 읽기** 학술/비학술적 주제에 대한 지문 읽기 ↓ **강의 듣기** 지문에서 다룬 주제에 대해 지문과 다른 방식으로 접근한 강의 듣기 ↓ **요약문 쓰기** 지문의 내용에 대해 강의에서 어떻게 접근하고 있는지 요약문 작성하기	읽기: 3분 듣기: 2분 요약문 작성: 20분
독립형 문제 (Independent Task)	**에세이 쓰기** 특정 주제에 대한 자신의 의견을 밝히고 그 근거를 제시하는 에세이 작성하기	에세이 작성: 30분
		총 55분

■ iBT TOEFL Writing 화면 구성

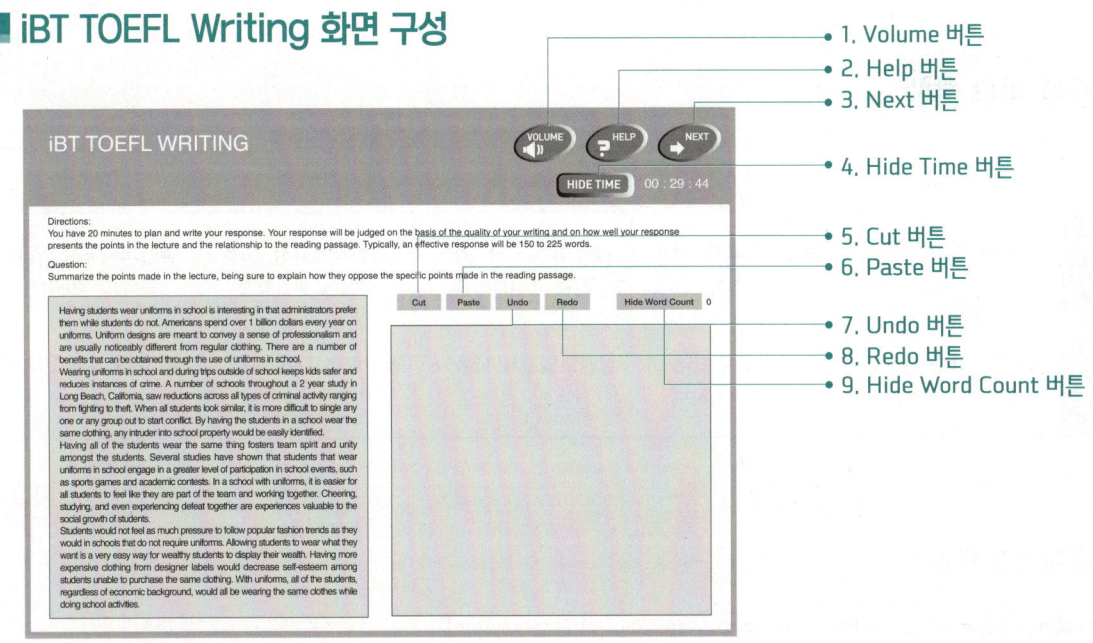

1. Volume 버튼
Volume 버튼을 누르면 헤드폰 음량을 조절할 수 있다.

2. Help 버튼
Help 버튼을 누르면 시험 진행에 관련된 정보를 알 수 있다. 이때 시험 시간은 계속해서 카운트된다.

3. Next 버튼
Next 버튼을 누르면 현재 단계를 종료하고 다음 단계로 넘어갈 수 있다. 정해진 시간 내에 답안 작성을 마쳤을 경우 이용한다.

4. Hide Time 버튼
버튼 옆에는 남은 시간을 보여준다. 버튼을 누르면 시간이 보이지 않고, 다시 누르면 나타난다.

5. Cut 버튼
답안 작성 시 잘라내기 기능을 지원한다.

6. Paste 버튼
답안 작성 시 붙여 넣기 기능을 지원한다.

7. Undo 버튼
답안 작성 시 마지막으로 작성한 부분의 삭제하기 기능을 지원한다.

8. Redo 버튼
답안 작성 시 마지막으로 삭제한 부분의 되돌리기 기능을 지원한다.

9. Hide Word Count 버튼
버튼 옆에는 작성 중인 답안의 단어 수가 나타나며, 버튼을 누르면 단어 수가 사라지고, 다시 누르면 나타난다.

학습 플랜

2주 완성 학습 플랜

	DAY 1	DAY 2	DAY 3	DAY 4	DAY 5
WEEK 1	실전모의고사 1&2 진행 및 심화학습	실전모의고사 3&4 진행 및 심화학습	실전모의고사 5&6 진행 및 심화학습	실전모의고사 7&8 진행 및 심화학습	실전모의고사 9&10 진행 및 심화학습
WEEK 2	실전모의고사 11&12 진행 및 심화학습	실전모의고사 13&14 진행 및 심화학습	실전모의고사 15&16 진행 및 심화학습	실전모의고사 17&18 진행 및 심화학습	실전모의고사 19&20 진행 및 심화학습

학습 플랜 활용 방법

1. 학습 플랜에 따라 하루에 실전모의고사 2회분을 제한된 시간 내에 진행한다.

2. 해설집의 모범 답안을 참고하여 자신의 답안 내용을 점검한다. 전체적인 글의 구조와 전개 방식이 문제의 핵심 요구 사항에 부합하는지, 중요한 정보가 빠져 있지는 않은지 등을 심화학습을 통해 확인한다.

3. 모범 답안 혹은 지문에 등장한 어휘 및 표현 중 모르는 것을 학습하고 암기한다. 해커스인강(HackersIngang.com)에서 제공하는 라이팅 필수동사 자료집 PDF를 무료로 다운로드하여 작문에 유용하게 쓰이는 필수 동사들을 쉽고 효율적으로 학습할 수 있다.

스타토플 실전 Writing

4주 완성 학습 플랜

	DAY 1	DAY 2	DAY 3	DAY 4	DAY 5
WEEK 1	실전모의고사 1 진행 및 심화학습	실전모의고사 2 진행 및 심화학습	실전모의고사 3 진행 및 심화학습	실전모의고사 4 진행 및 심화학습	실전모의고사 5 진행 및 심화학습
WEEK 2	실전모의고사 6 진행 및 심화학습	실전모의고사 7 진행 및 심화학습	실전모의고사 8 진행 및 심화학습	실전모의고사 9 진행 및 심화학습	실전모의고사 10 진행 및 심화학습
WEEK 3	실전모의고사 11 진행 및 심화학습	실전모의고사 12 진행 및 심화학습	실전모의고사 13 진행 및 심화학습	실전모의고사 14 진행 및 심화학습	실전모의고사 15 진행 및 심화학습
WEEK 4	실전모의고사 16 진행 및 심화학습	실전모의고사 17 진행 및 심화학습	실전모의고사 18 진행 및 심화학습	실전모의고사 19 진행 및 심화학습	실전모의고사 20 진행 및 심화학습

학습 플랜 활용 방법

1. 학습 플랜에 따라 하루에 실전모의고사 1회분을 제한된 시간 내에 진행한다.
2. 해설집의 모범 답안을 참고하여 자신의 답안 내용을 점검한다. 전체적인 글의 구조와 전개 방식이 문제의 핵심 요구 사항에 부합하는지, 중요한 정보가 빠져 있지는 않은지 등을 심화학습을 통해 확인한다.
3. 모범 답안 혹은 지문에 등장한 어휘 및 표현 중 모르는 것을 학습하고 암기한다. 해커스인강(HackersIngang.com)에서 제공하는 라이팅 필수동사 자료집 PDF를 무료로 다운로드하여 작문에 유용하게 쓰이는 필수 동사들을 쉽고 효율적으로 학습할 수 있다.

www.goHackers.com

스타토플 실전 WRITING

iBT TOEFL Writing 유형별 실전 전략

통합형 문제　유형 소개
　　　　　　　실전 문제 풀이 전략
　　　　　　　모범 요약문

독립형 문제　유형 소개
　　　　　　　실전 문제 풀이 전략
　　　　　　　모범 에세이

통합형 문제

유형 소개

iBT TOEFL 라이팅에서 통합형 문제(Integrated Task)는 읽고 들은 내용을 글로 요약하는 문제 유형이다. 응시자는 특정 토픽에 대한 읽기 지문을 읽은 후 강의를 듣고 연계하여 요약문을 작성해야 한다.

Directions
You have 20 minutes to plan and write your response. Your response will be judged on the basis of the quality of your writing and on how well your response presents the points in the lecture and the relationship to the reading passage. Typically, an effective response will be 150 to 225 words.

여러분의 에세이 답변을 계획하고 쓰기 위해 20분이 주어집니다. 여러분의 에세이는 작문의 질 그리고 강의에서 나온 포인트들과 읽기 지문과의 관계를 얼마나 잘 나타내는지를 바탕으로 채점됩니다. 일반적으로, 효과적인 답변은 150자에서 225자 내외입니다.

Question
Summarize the points made in the lecture, being sure to explain how they oppose the specific points made in the reading passage.

강의에서 주장하는 포인트들을 요약하되, 그 포인트들이 읽기 지문에서 나오는 특정 포인트들과 어떻게 반대되는지를 분명히 설명하도록 합니다.

통합형 문제 관련 TIP

- **Directions에서 알아두어야 할 사항**
  글자 수가 너무 많더라도 반복되거나 없었던 내용을 쓴 것이 아니라 핵심 포인트들과 지문과의 관계를 잘 나타냈다면, 감점의 요소가 되지 않습니다. 하지만 글자 수가 너무 적을 경우는, 내용에서 포인트들을 놓치는 경우가 생겨 감점이 될 수 있으니 유의하시기 바랍니다. 통합형은 읽고 들은 내용을 요약하는 문제 유형으로, 자신의 생각이나 주장이 들어가서는 안됩니다.

- **Question에서 알아두어야 할 사항**
  강의의 포인트들을 중심으로 글을 적되, 읽기 지문의 포인트들에 대해 강의에서 반박하는 포인트가 무엇인지를 중심으로, 읽기와 듣기의 상반되는 논점을 분명히 제시해 주어야 합니다.

실전 문제 풀이 전략

STEP 1 읽고 노트테이킹 하기

화면에 읽기 지문이 제시되는 3분 동안, 글의 주제와 3가지 요점을 파악하고 강의에서 나올 내용을 미리 예측해본다. 읽기 지문은 이후에 다시 볼 수 있으므로, 이때 모든 내용을 적으려고 하기보다 글의 주제와 요점을 이해하고 간단히 노트테이킹한다.

읽기 지문	해석
Genetically Modified Organisms, or GMOs, have been in use with fruits and vegetables since the 1990s but have seen use in animals and microbes. GMOs have been modified from their original DNA to become more desirable for human consumption, such as decaying more slowly than the original DNA allowed. Their use has resulted in several benefits to humans.	유전자변형식품, 즉 GMO는 1990년대부터 과일과 채소에서 사용되었지만 동물이나 미생물에서도 활용되었다. GMO는 인간에게 한층 더 도움이 될 수 있도록 원래의 유전자를 변형한 것인데, 예를 들면 원래 유전자가 허용하는 것보다 부패를 더 늦출 수 있다. GMO의 활용으로 인간에게는 어느 정도 도움이 되었다.
The fact that GMOs can grow larger, mature faster, and even survive periods of drought has meant that farmers can now produce more food in reliable quantities. This is critical as the demand for food increases globally every year. GMOs can even be injected with additional things, such as minerals and vitamins, to increase their nutritional value. This is particularly valuable in areas that are highly deficient in certain vitamins to provide local populations with necessary nutrients.	GMO가 더 크게 자라고, 더 빨리 익고, 심지어는 가뭄 기간에도 살아남을 수 있다는 것은 농부들이 더 많은 식량을 안정적인 수량으로 생산할 수 있다는 것을 의미한다. 해마다 전세계 식량 수요가 증가하고 있는 상황에서 이것은 매우 중요한 부분이다. GMO를 다른 첨가물과 함께 주입할 수도 있는데, 예를 들면 GMO의 영양적 가치를 높이기 위해 미네랄과 비타민을 첨가할 수 있다. 이것은 특정 비타민이 매우 부족한 지역 사람들에게 필요한 영양 성분을 제공할 수 있다는 측면에서도 가치가 있다.
Since GMOs are altered at the molecular level, this means that plants that would not be able to mate naturally can share genes. Roundup Ready Corn is a type of corn that is able to survive the spraying of Roundup, which is an industrial pesticide that effectively kills weeds. The corn was produced by mixing the genes of several different types of plants. This type of application is especially useful to humans as it is normally extremely difficult to produce a pesticide that will only kill the pest and leave the other plants unharmed.	GMO는 분자 상태에서 변형되기 때문에, 이는 자연 상태에서 교배가 불가능한 식물들도 유전자를 공유할 수 있다는 것을 의미한다. Roundup Ready Corn은 잡초를 효과적으로 제거하는 산업용 살충제인 Roundup을 뿌려도 살아남을 수 있는 옥수수 종류를 말한다. 이 옥수수는 종류가 다른 여러 식물들의 유전자를 섞어 만든 것이다. 이런 방식의 활용은 특히 인간에게 도움이 되는데, 해충만 죽이고 다른 식물들은 해를 입지 않는 살충제를 제조한다는 것이 보통은 매우 어렵기 때문이다.
There are some people who are concerned that GMOs are relatively new and their long-term health effects are unknown. Other feels that GMOs are simply unnatural. To meet their needs, organic foods are created without modifying the original organism and without the use of industrial chemicals. These products feature labels that display that they are organic and consumers can purchase them if they prefer to consume unaltered versions of their food products.	GMO가 비교적 생소한 것이고 장기적으로 건강에 어떤 영향을 미칠 수 있는지 알려져 있지 않다는 측면에서 GMO에 대해 우려하는 사람들도 있다. 어떤 사람들은 GMO는 일단 자연스러운 것이 아니라는 생각을 갖기도 한다. 이런 사람들을 위해, 원래의 유전자를 변형하지 않고 산업용 화학물질을 사용하지 않은 유기농 식품이 생산되고 있다. 해당 제품에는 유기농이라는 것을 보여주는 라벨이 부착되어 있어, 변형되지 않은 형태의 식품을 먹고자 하는 소비자들은 이것을 구매할 수 있다.

읽기 노트

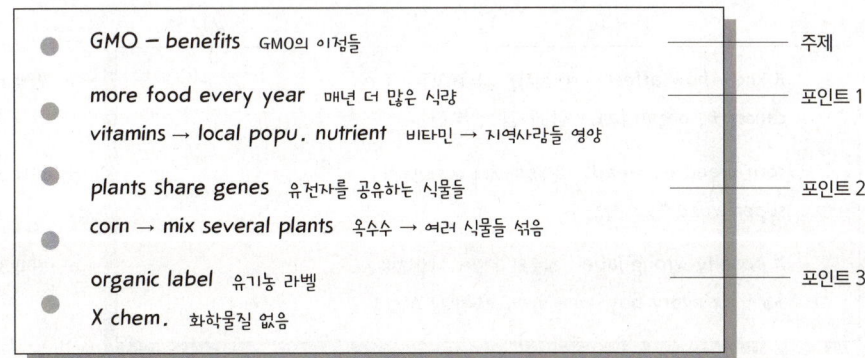

| STEP 2 | 듣고 노트테이킹 하기

읽기 지문에서 제시된 세 가지 근거를 반박하는 각각의 반론 포인트가 무엇인지 듣고 이해한 후 읽기 노트 옆 쪽에 간단히 정리하도록 한다. 반박하는 정보를 제시하는 것이 일반적이지만, 종종 완전히 새로운 정보를 제시하는 경우도 있을 수 있으므로 유의한다.

강의 스크립트 | 해석

Well, I agree that we'd have a definite food supply problem without the use of GMOs, so, I'm not saying that we should immediately stop producing them. But, I'm concerned with the points that are mentioned in the reading.

First up, sure, there is a lot more food available today than just a few decades ago. Some of that is due to better farming practices, irrigation technology, and more efficient distribution. But, a lot of that is due to GMOs. The problem though is that we just don't know how GMOs affect humans. Over 20 years of studies, there have been cases of increased cancer and vital organ failure in lab animals. Though we might be feeding people in the short term, we might see a whole bunch of problems later.

Next, the mixing of genes to create naturally impossible strains of plants might seem like fun science fiction, but, there's a very real danger. We don't know how these plants are going to react in the wild. I mean, what if the corn mentioned in your reading passage actually bred with the weeds near it? What if some super-weed was created that was totally resistant to pesticide? Sure, making a pesticide that kills just a specific plant is tough, but, making an entirely new pesticide from scratch is a lot harder, and a lot more expensive.

Last, it's actually not that simple to just buy foods that are labeled as organic. There is no set globally accepted definition for the organic label. Also, in the US there is no penalty for mislabeling an organic label. Outright lying is illegal, but, it's very hard to say a company intentionally lied if there is no standard definition of organic. Maybe a company that says the plant was grown outside and not in an artificial greenhouse, well, maybe that's organic. Um, whether it's organic or not, food with the organic label also carries significantly higher prices. Not everyone can just afford to buy organic because they're sometimes two, three, five times as expensive.

음, GMO를 이용하지 않으면 식량 공급에 분명 문제가 있다는 것에는 동의합니다. 그래서, 이것의 생산을 당장 중단해야 한다고는 말하지 않겠습니다. 하지만, 지문에서 언급된 몇 가지 부분에 대해서는 염려되는 부분이 있습니다.

우선, 맞아요, 몇 십 년 전과 비교하면 지금은 식량 구하는 일이 한결 수월합니다. 일부는 더 좋아진 영농 방식과 관개 기술, 그리고 더 효율적인 식량 분배 덕분입니다. 하지만, 대부분은 GMO 덕분입니다. 하지만 문제는 GMO가 인체에 어떤 영향을 주는가에 대해서는 잘 모른다는 것이지요. 지난 20년 동안의 연구에서, 실험용 동물에게 암과 장기 부전 발생이 증가한 경우가 있었습니다. 인간이 GMO를 먹은 지는 얼마 되지 않았지만, 나중에라도 많은 문제들이 발생할지도 모릅니다.

다음, 유전자를 섞어서 자연적으로는 불가능한 식물의 변형을 만들어낸다고 했는데, 재미있는 공상과학 소설같이 들릴 수도 있겠지만, 실제로는 아주 위험한 요소들이 있습니다. 이런 식물들이 야생에서는 어떤 모습을 보일지 모르는 것이지요. 무슨 말인가 하면, 읽기 지문에서 언급된 옥수수가 실제로 그것 주변에 잡초들과 함께 자란다면 어떻게 될까요? 살충제에 완전히 저항력 있는 슈퍼 잡초가 만들어진다면 어떻게 될까요? 당연히, 특정 식물만 죽이는 살충제를 만드는 일도 어렵지만, 처음부터 완전히 새로운 살충제를 만드는 일은 이보다 훨씬 더 어렵고 비용 또한 많이 소요될 것입니다.

마지막으로, 유기농이라는 표시가 있는 식품을 구매한다는 것이 그렇게 간단한 일은 아닙니다. 유기농 표시에 대해서는 아직 국제적으로 인정되는 정확한 정의가 없습니다. 또한, 미국에는, 유기농 표시를 잘못 했다 하더라도 이에 대한 처벌이 없습니다. 대놓고 거짓말하는 것은 불법이지만, 유기농에 대한 표준 정의가 없는 상태에서는 해당 회사가 의도적으로 거짓말을 한 것으로 단정지을 수 없다는 것이지요. 어쩌면, 인위적으로 만든 온실이 아닌 바깥에서 키운 작물이니, 음, 아마도 유기농 식품이라고 주장하는 회사도 나타날 수 있습니다. 음, 그것이 유기농이든 아니든, 일단 식품이 유기농 표시가 되면 가격이 엄청나게 올라갑니다. 그것이 2배, 3배, 심지어 5배까지 비싸다면 모든 사람들이 쉽게 유기농 제품을 사먹을 수는 없습니다.

듣기 노트

- X know how affect 어떤 영향을 주는지 모름
  cancer +, organ fail. 암과 장기 부전 — 반박 1

- corn breed w. weeds 옥수수가 잡초와 자람 — 반박 2
  super weed 슈퍼 잡초

- X penalty wrong label 잘못된 라벨에 처벌 없음 — 반박 3
  $$↑, x every buy 가격 비쌈, 모두가 살 수 없음

STEP 3 | 요약문 쓰기

자신에게 맞는 적절한 요약문 구조 및 기본 표현을 미리 잘 숙지하는 것이 중요하다. 요약문의 구조에 따라 숙지한 표현들을 쓰면서, 정리한 내용에 따라 한 단락씩 작성한다.

요약문의 구조 및 기본 표현 1

서론	(듣기 요약) **The lecturer explains** + 듣기 도입 (읽기 요약) **~while the reading passage supports the opposite position**
본론 1	(듣기 반론 1) **First, the speaker says that** + 듣기 반론 1 (세부 사항) 듣기 세부사항 (읽기 근거 1) **This strongly refutes the claim made by the reading passage that** + 읽기 근거 1
본론 2	(듣기 반론 2) **Second, the speaker says that** + 듣기 반론 2 (세부 사항) 듣기 세부사항 (읽기 근거 2) **This rebuts the point made in the reading that** + 읽기 근거 2
본론 3	(듣기 반론 3) **Third, the professor states that** + 듣기 반론 3 (세부 사항) 듣기 세부사항 (읽기 근거 3) **This offers a counterpoint to the problem(argument) mentioned in the reading that** + 읽기 근거 3

요약문의 구조 및 기본 표현 2

서론	(읽기 요약) **The reading passage discusses** + 읽기 도입 (듣기 요약) **~to which the professor responds by offering counterevidence**
본론 1	(읽기 근거 1) **First, the reading says that** + 읽기 근거 1 (세부 사항) 읽기 세부사항 (듣기 반론 1) **The lecturer strongly disagrees with this and states that** + 듣기 반론 1
본론 2	(읽기 근거 2) **Secondly, the reading says that** + 읽기 근거 2 (세부 사항) 읽기 세부사항 (듣기 반론 2) **Again, the professor counters this by describing in detail that** + 듣기 반론 2
본론 3	(읽기 근거 3) **Finally, the reading passage makes the point that** + 읽기 근거 3 (세부 사항) 읽기 세부사항 (듣기 반론 3) **The speaker disproves this final contention by asserting that** + 듣기 반론 3

STEP 4 | 검토하기

요약문을 검토할 시간을 위해 약 2-3분 정도를 남겨두는 것이 좋다. 이 시간 동안 앞서 정리한 요약문을 수정하고 검토하여 실수한 부분이 없는지 확인한다.

검토 체크리스트

- □ 읽기 지문의 포인트와 리스닝의 반박 포인트가 구조 및 기본 표현에 맞게 잘 정리되었는가?
- □ 철자가 잘못된 부분이 있는가?
- □ 시제나 수 일치와 같은 문법이 올바른가?
- □ 마침표나 쉼표와 같은 구두점이 올바른가?
- □ 반복되는 어휘나 표현이 동의어나 유의어로 수정되었는가?

모범 요약문

The lecturer explains using GMOs, or genetically modified plants, is potentially harmful **while the reading passage supports the opposite position.**

First, the speaker says that no one really knows for sure how GMOs affect humans. He states that over the course of 20 years, studies that have shown increased cancer and organ failure in laboratory animals. **This strongly refutes the claim made by the reading passage that** there is more food every year because the farmers can grow more crops. They can grow larger, mature faster, and even survive periods of drought. The reading also states that vitamins can be added to GMOs to give local populations needed nutrients.

Second, the speaker says that we don't really know how GMOs will react to plants out in the wild. For example, the corn mentioned in the reading could breed with weeds. A super weed could be produced that could survive pesticides. **This rebuts the point made in the reading that** plants mixed with genes from other plants are good. The reading states that Roundup Ready Corn can survive pesticides that kill weeds. This is useful because making an entirely new pesticide is very difficult.

Third, the professor states that there is no penalty for mislabeling foods as being organic. Also, organic foods are more expensive so it is not possible for all consumers to simply switch to organic foods. **This offers a counterpoint to the problem mentioned in the reading that** organic foods have a label that clearly says that states that a food is a organic, which is supposed to mean that it has not been modified or in contact with industrial chemicals. The reading also states that people can choose to buy organic foods if they desire unaltered foods.

해석 읽기 지문은 반대 입장을 지지하지만, 교수는 유전적으로 변형된 식물 즉, GMO를 사용하는 것은 잠재적으로 해롭다고 설명하고 있다.

첫째로, 교수는 GMO가 인간에게 어떤 영향을 주는지 아무도 확실하게 모른다고 말한다. 그는 동물 실험에서 암과 장기부전 발생이 늘어난 것을 보여주는 지난 20년 동안의 연구에 대해서 말하고 있다. 이것은 농부가 더 많은 농작물을 재배할 수 있기 때문에 매년 식량이 증가한다는 읽기 지문에서 제기한 주장을 강력히 반박한다. 그것들은 더 크게 크고, 더 빨리 자라고, 심지어는 가뭄에도 살아남을 수 있다. 읽기 지문은 또한 지역 주민들에게 필요한 영양을 제공하기 위해 GMO에 비타민을 첨가할 수 있다고 설명한다.

두 번째로, 교수는 GMO가 야생식물에 대해 어떻게 반응할 것인지 우리가 정확하게 알지 못한다고 말한다. 예를 들면, 지문에 언급된 옥수수는 잡초와 함께 자랄 수 있다. 살충제에도 죽지 않는 슈퍼 잡초가 만들어 질 수 있다는 것이다. 이것은 다른 식물의 유전자가 섞인 식물이 좋다는 읽기 지문에서 주장한 점을 반박한다. 지문은 Roundup Ready Corn이 잡초를 죽일 수 있는 살충제에도 살아남을 수 있다고 말한다. 완전히 새로운 살충제를 만드는 일은 매우 어렵기 때문에 이것은 유용하다.

세 번째로, 교수는 유기농이라고 라벨을 잘못 붙인 식품에 대해 아무런 처벌이 없다고 말한다. 또한, 유기농 식품은 더 비싸서 모든 소비자들이 유기농 식품으로 쉽게 전환할 수 없다는 것이다. 이것은 유기농 식품에는 해당 제품이 유기농이라는 것을 명확하게 보여주는 라벨이 있어 이 제품은 변형되지 않았고 또한 어떠한 산업용 화학물질도 사용하지 않았다는 것을 의미한다는 지문에서 언급된 문제를 반박한다. 지문에서는 또한 변형되지 않은 식품을 원하는 경우에는 사람들이 유기농 식품 구매를 선택할 수 있다고 설명하고 있다.

독립형 문제

■ 유형 소개

iBT TOEFL 라이팅에서 독립형 문제(Independent Task)는 주어진 질문에 대한 자신의 의견을 글로 표현하는 문제 유형이다. 응시자는 주어진 명제에 대한 자신의 의견을 밝히고, 그 이유를 제시하는 에세이를 작성해야 한다.

Directions
Read the question below. You have 30 minutes to plan, write, and revise your essay. Typically, an effective response will contain a minimum of 300 words.

아래의 문제를 읽으세요. 에세이를 구상, 작문하고 수정하는데 30분이 주어집니다. 일반적으로 효과적인 답안은 적어도 300개의 단어를 포함하게 됩니다.

Question
Do you agree or disagree with the following statement?
The government should spend more money on parks than on art galleries.
Use specific reasons and examples to support your answer.

다음 명제에 찬성하는가 반대하는가?
정부는 미술관보다 공원에 더 많은 돈을 투자해야 한다.
구체적인 이유와 예를 들어 자신의 의견을 뒷받침하시오.

독립형 문제 관련 TIP

30분 동안 300자 이상을 써야 한다. 따라서 구체적인 시간 배분은 다음과 같이 하면 효과적이다.

1. 문제를 읽고 주제어를 정확히 이해
2. 브레인스토밍 (1~2분)
3. 아웃라인 잡기 (2~3분)
4. 컴퓨터에 작성 (20~25분)
5. 검토 (2~3분)

실전 문제 풀이 전략

STEP 1 | 브레인스토밍을 통해 나의 의견 정하기

먼저, 주어진 명제를 확인한 후, 자신의 의견이 찬성인지 반대인지, 또는 여러 의견 중 어느 것을 선택할지에 대해 생각해본다. 여러 의견에서 각각 제시할 수 있는 이유를 모두 생각해보고, 아이디어가 더 많이 생각나거나 설득력이 더 큰 쪽을 선택한다.

브레인스토밍

- **Parks**
  - a lot of trees → provide fresh air for a city
  - a lot of group work, including sports, is held → learn cooperation & responsibility
  - More interaction among visitors → promote relationship
  - ex) talk as people walk
  - ex) go to parks for a picnic.

- **Art galleries**
  - Many people can appreciate music and various art performances.
  - encourage creative thinking
  - People can relieve stress.
  - put aside all your worries.
  - provide a distraction, giving your brain a break from your usual thoughts

브레인스토밍 관련 TIP

브레인스토밍을 할 때는 템플릿 생각을 잠시 멈추길 권합니다. 글을 쓸 때, 템플릿을 사용하지 말라는 것이 아닙니다. 템플릿을 활용할 수 있는 내용으로 브레인스토밍 된다면 그것으로 바로 글을 쓰고, 아니라면 변형이 필요합니다. 많은 학생들이 문제를 읽기 전부터 템플릿만 생각합니다. 그리고 막연하게 될 것이라는 믿음으로 바로 적용하는데, 보통 off-topic이 여기에서 많이 일어납니다. 따라서 먼저 반드시 마음을 비우고 최소 1분 정도는 주제에 대해서 생각해보도록 합니다. 브레인스토밍이 잘 안 되는 경우, 사례를 먼저 생각하면 도움이 됩니다. 활동들이 더 많이 생각나는 쪽이 글쓰기가 보통 더 수월합니다.

STEP 2 아웃라인 잡기

브레인스토밍을 통해 얻은 아이디어를 정리하여 에세이의 아웃라인을 잡는다. 우선 주어진 문제에 대한 나의 의견을 정리하고, 이를 뒷받침할 두 가지 이유와, 각각의 이유에 대한 일반적 진술 및 예시를 정리한다.

아웃라인 구조

- 나의 의견
- 이유 1
- 일반적 진술
- 예시

- 이유 2
- 일반적 진술

- 예시

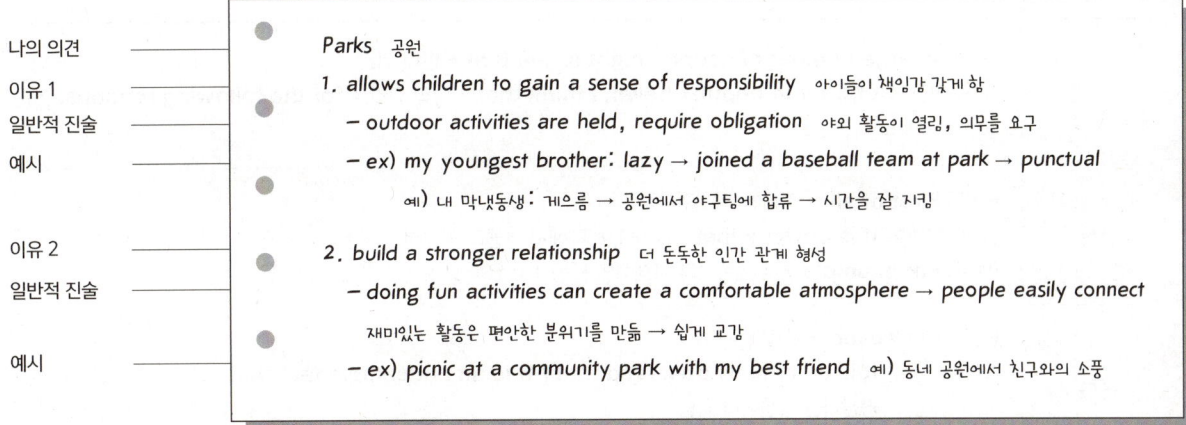

Parks 공원
1. allows children to gain a sense of responsibility 아이들이 책임감 갖게 함
   - outdoor activities are held, require obligation 야외 활동이 열림, 의무를 요구
   - ex) my youngest brother: lazy → joined a baseball team at park → punctual
     예) 내 막내동생: 게으름 → 공원에서 야구팀에 합류 → 시간을 잘 지킴

2. build a stronger relationship 더 돈독한 인간 관계 형성
   - doing fun activities can create a comfortable atmosphere → people easily connect
     재미있는 활동은 편안한 분위기를 만듦 → 쉽게 교감
   - ex) picnic at a community park with my best friend 예) 동네 공원에서 친구와의 소풍

 아웃라인 작성 TIP

두 가지 모두 여가시간에 갈 수 있는 장소이므로 잠깐 걱정을 잊고 스트레스를 풀 수 있다는 것 외에 차별화된 추가 설명이 필요합니다. 이에 해당하는 일반적 진술을 생각해내거나 이것이 어렵다면 다른 의견으로 아웃라인을 짭니다. 즉, art galleries에서 브레인스토밍했던 "people can relieve stress", "put aside all your worries", "provide a distraction, giving your brain a break from your usual thoughts"가 이에 해당합니다.

어차피 사례를 가지고 전개해야 하므로 사례를 먼저 생각해보면 일반적으로 공원에서 할 수 있는 것들이 더 많이 생각날 겁니다. 예를 들면, 야구나 축구와 같은 운동을 하거나 사랑하는 사람과 공원으로 소풍 간다거나 하는 것들이지요.

아웃라인을 만들 때부터 구체적인 내용까지 생각하면 글 전개가 쉽게 됩니다.

STEP 3 | 에세이 쓰기

아웃라인에 정리한 내용을 바탕으로 에세이를 작성한다. 에세이의 서론은 에세이의 중심 내용을 소개하는 부분으로, 도입에서 먼저 반대하거나 내가 선택하지 않은 의견을 언급한 후, 구체적인 나의 의견을 밝히고 아웃라인에 정리한 이유 두 가지를 간단히 소개한다. 본론은 서론에서 제시한 나의 의견을 뒷받침하는 부분으로, 이유 별로 한 단락씩 작성한다.

에세이의 구조 및 기본 표현

서론	(도입) **A large number of people might argue that** + 반대 의견 (나의 의견) **Contrary to popular belief, I think that** + 나의 의견 + **for the following reasons:** 본론1 and 본론2.
본론 1	(이유) **First of all**, + 주제어 + 이유 (일반적 진술) **It is obvious that** + 주제어에 대해서 남들도 공감하는 사실이나 경향 (예시) **For example,** + 주제어보다 구체적인 활동 + 이유를 보여주는 구체적 결과물
본론 2	(이유) **Moreover**, + 주제어 + 이유 (일반적 진술) **It is commonly observed that / It is an undeniable fact that** + 주제어에 대해서 남들도 공감하는 사실이나 경향 (예시) **For instance,** + 주제어보다 구체적인 활동 + 이유를 보여주는 구체적 결과물
결론	(요약) **In conclusion, I firmly believe that** + 나의 입장 재진술 + **for the reasons I have mentioned above.** (맺음말) **All in all,** + 주제어 확장해서 다시 강조

STEP 4 | 검토하기

에세이 쓰기를 마치면 작성한 에세이를 1~2분 정도 검토한다. 이때는 내용에 변화를 주기보다는 문법, 철자, 문장구조 등 형식적인 면을 중심으로 수정한다.

검토 체크리스트

서론
☐ 도입 부분이 주제어를 포함하여 진술되었는가?
☐ 나의 입장 부분이 문제에 대해 정확하게 답하고 있는가?
☐ paraphrasing이 되었는가?

본론
☐ 각 본론의 첫 번째 문장(소주제문 혹은 주장)이 그 문단을 대표하는가?
☐ 본론 첫 번째 문장에 주제와 나의 의견이 포함되었는가?
☐ 본론 첫 번째 문장을 설명하는 그 다음 문장(본론 두, 세 번째 문장)의 내용이 적절한가?
☐ 즉, 문제에 주어진 다른 선택과 차별화된 설명인가?
☐ 구체화가 되었는가?

결론
☐ 요약 부분이 paraphrasing 되었는가?
☐ 연결어들이 적절히 사용되었는가?
☐ 맺음말이 적절한가?
☐ 문법과 표현이 적절한가?
☐ 문법 실수는 안 했는가?

모범 에세이

A large number of people might argue that the government should invest more money in art galleries than in parks. **Contrary to popular belief, I think that** more money should be spent on parks **for the following reasons**: it helps children experience many outdoor activities and promote relationships between loved ones.

First of all, government funding for parks allows children to gain a sense of responsibility. **It is obvious that** many outdoor activities, such as baseball, basketball, and soccer are held at parks. Such team sports require obligation such as abiding by rules, managing their schedules wisely, and cooperating with others. Through the consequences that arise from negligent actions, they learn the importance of obligation. **For example**, my youngest brother used to be lazy and selfish. He has changed little by little after he joined a baseball team that often held games at a newly built park funded by the government. He realized that his laziness could negatively affect everyone. Naturally, he became punctual, played his part well, and even encouraged other members who seemed to be goofing around. He learned the hard way to be more responsible and tactful with others. In this respect, he learned the importance of responsibility while playing sports at the park. However, such group activities can rarely take place in art galleries.

Moreover, when the government spends money on parks, it can contribute to building a stronger personal relationship. **It is commonly observed that** doing fun activities, such as going for a walk together, can create a comfortable atmosphere where people can be brought closer together. Through light-hearted conversations, they can easily connect. **For instance**, when I first met my best friend, David, I was very shy and had nothing in common with him. However, picnicking at a community park nearby by our house not only helped me to relax but also provided us with some intimate and shared experiences. To be specific, we bonded by connecting with nature and letting our emotions be carried away. Such intimate activities easily helped us open up our hearts to each other. On the other hand, fewer interactions are made among visitors at art galleries.

In conclusion, I firmly believe that the advantages of having parks far outweigh those of having art galleries **for the reasons I have mentioned above**. **All in all**, the importance of having parks in the neighborhood cannot be underestimated in order to improve the quality of life.

해석   많은 이들이 정부는 공원보다 미술관에 더 많은 돈을 투자해야 한다고 주장할지도 모른다. 이런 통념과 반대로, 나는 다음과 같은 이유로 더 많은 돈이 공원에 쓰여야 한다고 생각한다. 공원은 아이들이 많은 야외 활동을 경험할 수 있도록 하고 사랑하는 사람 간의 관계를 돈독하게 한다.

우선, 공원에 대한 정부의 재정 지원은 아이들이 책임감을 가질 수 있게 한다. 야구, 농구, 그리고 축구와 같은 많은 야외 활동이 공원에서 열린다는 것은 분명하다. 이러한 단체 경기는 규칙 준수, 현명한 스케줄 관리, 그리고 타인과의 협동과 같은 의무를 요구한다. 태만한 행동으로부터 발생하는 결과를 통해, 아이들은 의무의 중요성을 배우게 된다. 예를 들어, 내 막내 남동생은 게으르며 이기적이곤 했다. 동생은 정부의 투자로 새로 지어진 공원에서 자주 경기를 하는 야구팀에 합류한 후에 조금씩 변했다. 그는 그의 게으름이 모든 이들에게 부정적인 영향을 미칠 수 있다는 것을 깨달았다. 자연스럽게, 그는 시간을 잘 지키고, 맡은 바를 잘 수행하고, 심지어 게으름을 피우던 다른 팀원들도 격려했다. 그는 보다 책임감 있고, 다른 이들과 더 잘 지내는 것을 어렵게 배웠다. 이런 점에서 볼 때, 그는 공원에서 경기를 하면서 책임감의 중요성을 깨달았다. 하지만 미술관에서는 이런 단체 활동에 거의 참여할 수 없다.

뿐만 아니라, 정부가 공원에 투자하면 더 돈독한 인간 관계를 맺는 데 도움이 될 수 있다. 함께 산책을 하는 등 재미있는 활동을 하면 사람들이 서로 더 가깝게 지낼 수 있는 편안한 분위기가 만들어지는 것을 일반적으로 보게 된다. 가벼운 대화를 통해서, 사람들은 쉽게 친해질 수 있다. 예를 들어, 내가 가장 친한 친구인 데이비드를 처음 만났을 때, 나는 매우 수줍었을 뿐 아니라 그와는 공통점이 전혀 없었다. 하지만, 집 근처에 있는 동네 공원에 소풍을 간 것은 긴장을 푸는데 도움이 되었을 뿐만 아니라 우리에게 친밀하고 공유할 수 있는 경험을 주었다. 구체적으로 말하자면, 우리는 자연과 교감하고 감정을 해소하면서 친해졌다. 이러한 친밀한 활동들은 우리가 서로에게 마음을 여는 데 도움이 되었다. 반면에, 미술관에서는 방문객들 간에 교감이 덜 이루어진다.

결론적으로, 나는 위에서 언급한 이유 때문에 공원의 장점이 미술관의 장점보다 훨씬 많다고 굳게 믿는다. 전체적으로, 삶의 질을 높이기 위해서 근처에 공원을 갖는 것의 중요성은 결코 과소평가될 수 없다.

* 점수별 샘플답안분석&가이드는 해커스인강(HackersIngang.com)에서 다운받아 볼 수 있습니다.

www.goHackers.com

스타토플 실전 WRITING

실전모의고사 01

통합형 문제
모범 답안·지문·해석

독립형 문제
모범 답안·해석

통합형 문제 교복을 입는 것의 이점

읽기 지문

Having students wear uniforms in school is interesting in that administrators prefer them while students do not. Americans spend over 1 billion dollars every year on uniforms. Uniform designs are meant to convey a sense of professionalism and are usually noticeably different from regular clothing. There are a number of benefits that can be obtained through the use of uniforms in school.

Wearing uniforms in school and during trips outside of school keeps kids safer and reduces instances of crime. A number of schools throughout a 2 year study in Long Beach, California, saw reductions across all types of criminal activity ranging from fighting to theft. When all students look similar, it is more difficult to single any one or any group out to start conflict. By having the students in a school wear the same clothing, any intruder into school property would be easily identified.

Having all of the students wear the same thing fosters team spirit and unity amongst the students. Several studies have shown that students that wear uniforms in school engage in a greater level of participation in school events, such as sports games and academic contests. In a school with uniforms, it is easier for all students to feel like they are part of the team and working together. Cheering, studying, and even experiencing defeat together are experiences valuable to the social growth of students.

Students would not feel as much pressure to follow popular fashion trends as they would in schools that do not require uniforms. Allowing students to wear what they want is a very easy way for wealthy students to display their wealth. Having more expensive clothing from designer labels would decrease self-esteem among students unable to purchase the same clothing. With uniforms, all of the students, regardless of economic background, would all be wearing the same clothes while doing school activities.

해석 학생들이 학교에서 교복을 입도록 하는 것은 학교 입장에서는 선호하지만, 학생들은 그렇지 않다는 점에서 흥미롭다. 미국인들은 매년 교복에 10억 달러 이상을 지출하고 있다. 교복의 디자인은 일종의 전문성을 보여주는 것으로 평상복과는 일반적으로 확연히 다르다. 학교에서 교복을 입음으로써 얻어지는 많은 혜택들이 있다.

학교에 있을 때나 학교 밖에서 이동하는 동안에 교복을 입는 것은 아이들을 더 안전하게 지켜주며 범죄의 발생 사례를 낮춘다. 2년 간의 연구를 통해 캘리포니아 주 롱비치 지역의 많은 학교에서는 싸움에서부터 절도에 이르는 각종 범죄 활동의 감소를 보였다. 모든 학생들이 비슷비슷하게 보이면, 특정 사람이나 집단을 지목해 충돌을 일으키기가 더 어렵다. 학교에서 학생들이 같은 모양의 옷을 입도록 함으로써, 교내에 무단으로 침입하는 사람을 쉽게 식별할 수 있다.

모든 학생들이 같은 옷을 착용하도록 하는 것은 학생들 사이에 공동체 정신과 단합력을 키워줄 수 있다. 몇몇 연구는 학교에서 교복을 입은 학생들이 체육대회나 학업경진대회와 같은 학교 행사에 참여하는 비율이 높다는 것을 보여주었다. 교복을 입는 학교의 경우, 모든 학생들이 자신을 팀의 일부이며 모두 함께 노력하고 있다고 느끼게 만들기가 쉽다. 함께 응원하고, 공부하고, 심지어는 함께 실패를 경험하는 것도 학생들의 사회적 성장에 매우 소중한 경험이 된다.

학생들은 교복을 입도록 요구하지 않는 학교에서 패션 유행을 따라야 한다는 압박감을 느끼는 것 만큼의 압박감을 느끼지 않을 것이다. 부유층 학생들에게 그들이 원하는 옷을 입도록 하는 것은 그들의 부를 과시할 매우 쉬운 방법이다. 유명 디자이너의 상표가 있는 더욱 비싼 옷을 가지고 있다는 것은 동일한 옷을 구입할 수 없는 학생들의 자존감을 낮아지게 할 것이다. 만약 교복을 입는다면, 경제적인 배경과 관계없이 모든 학생들이 교내 활동을 하는 동안에 같은 옷을 입게 될 것이다.

어휘 noticeably[nóutisəbli] 확연히, 두드러지게   range from A to B 범위가 A에서 B에 이르다   theft[θeft] 절도, 도둑질   conflict[kánflikt] 충돌, 문제, 갈등
intruder[intrú:dər] 침입자, 불청객   identify[aidéntəfài] 식별하다, 확인하다   foster[fɔ́:stər] 기르다, 조성하다, 발전시키다
defeat[difí:t] 실패, 패배   social growth 사회적 성장   self-esteem[sèlfistí:m] 자존감, 자존심

강의 스크립트

🎧 실전모의고사 01.mp3

OK, so, a lot of us have been in schools with uniforms. I mean. I know I have. And, well, honestly, I didn't really like them when I was a student. And, I don't really think they're as great as the reading wants you to think.

Alright, so, the first thing your reading talks about is the idea that having uniforms in school will bring down virtually all types of bad and criminal behavior that happens at school. And, well, this is something I really wish were true. What we see, in several different regions, is that bad behavior, especially violent crimes increase when uniforms are first introduced into schools that did not require them before. I mean, just in Florida, one county saw almost double the number of fights among students the first year uniforms were introduced.

Next, I think that having team unity is great! But, I also don't think you need uniforms to have it. OK, so, here's the problem with the second point. By having everyone think alike and look alike, you are essentially suppressing individuality. Now, don't get me wrong. I also don't think you should let students wear whatever they want. Think about when you go to the supermarket. Everyone knows basically what is socially acceptable out in public. But, imagine how weird it would be if everyone had to wear the same uniforms to go shopping.

Also, the idea that having uniforms will put everyone on a level playing field. No matter how much money everyone has, they will appear to be the same. The really ugly truth of this is only 6% of the wealthiest schools require uniforms while 47% of schools in poorer communities require uniforms. The association for many is that students who wear uniforms attend lower quality, even possibly dangerous schools even if the school is located in a respected school district.

해석 그래요, 자, 우리들 대다수는 교복을 입는 학교에 다녔습니다. 그러니까, 저 또한 그랬지요. 그리고, 음, 솔직히, 제가 학생이었을 때는 교복을 정말 좋아하지 않았어요. 그리고, 저는 지문 내용이 여러분이 생각하도록 원하는 것처럼 교복이 그렇게 훌륭하다고는 생각하지 않습니다.

좋습니다, 자, 지문에서 제일 먼저 설명하고 있는 부분은 학교에서 교복을 입으면 학교에서 일어나는 모든 종류의 나쁜 행동이나 범죄 행위들이 실제로 줄어든다는 것입니다. 그리고, 음, 이것이 바로 제가 사실이라 믿고 싶은 것입니다. 몇몇 지역의 사례를 보면, 이전에 교복을 입도록 요구하지 않았던 학교에 처음으로 교복을 도입하는 경우 나쁜 행동, 특히 폭력적인 범죄가 증가하는 것으로 나타났습니다. 그러니까, 플로리다의 경우만 보아도, 한 자치군에서는 교복이 도입된 첫 번째 해에 학생들 간의 싸움 건수가 거의 2배 증가했습니다.

다음으로, 공동체 정신을 가질 수 있다는 것은 아주 좋은 일이라고 생각합니다! 하지만, 공동체 정신을 갖기 위해 교복이 필요하다고는 생각하지 않습니다. 자, 그래서, 여기에 두 번째 요점에 대한 문제점이 있습니다. 모든 사람이 똑같이 생각하고 똑같이 보이도록 한다면, 본질적으로 각자의 개성을 억압하게 되는 것입니다. 자, 제 말 뜻을 오해하지 않기 바랍니다. 저 또한 학생들이 원하는 대로 무슨 옷이든 입도록 허용해주어야 한다고 생각하지는 않습니다. 슈퍼마켓에 갈 때를 생각해 보세요. 사람들이 모여 있는 장소에서는 기본적으로 어떤 것이 사회적으로 용인되는 것인지 누구나 알고 있습니다. 그런데, 사람들이 똑같은 유니폼을 입고 쇼핑을 한다면 얼마나 이상할지 상상해 보세요.

그리고, 교복을 입는 것이 모든 사람들을 동등한 위치에 놓이게 한다는 생각에 관한 내용입니다. 누가 돈이 얼마나 있던지 관계 없이, 그들은 똑같이 보일 것입니다. 이에 대한 불편한 진실은 가장 부유한 학교들의 6%만이 교복을 입도록 요구하는 반면에 더 가난한 지역에서는 47%의 학교에서 교복을 입도록 하고 있다는 것입니다. 많은 사람들은 교복을 입고 있는 학생들이 설령 학교가 괜찮은 학군에 속해 있다 하더라도, 질이 낮거나 심지어 어쩌면 위험한 학교에 다니는 것으로 연관지어 생각합니다.

어휘 **bring down** ~을 줄이다, 낮추다 **virtually**[vɔ́ːrtʃuəli] 실제로, 사실상, 거의 **suppress**[səprés] 억압하다, 억누르다 **individuality**[ìndəvìdʒuǽləti] 개성, 특성 **acceptable**[əkséptəbl] 용인되는, 받아들여지는 **level playing field** 동등한 입장, 공평한 경쟁의 장 **association**[əsòusiéiʃən] 연관성 **district**[dístrikt] 군, 지역, 구역

읽기 노트

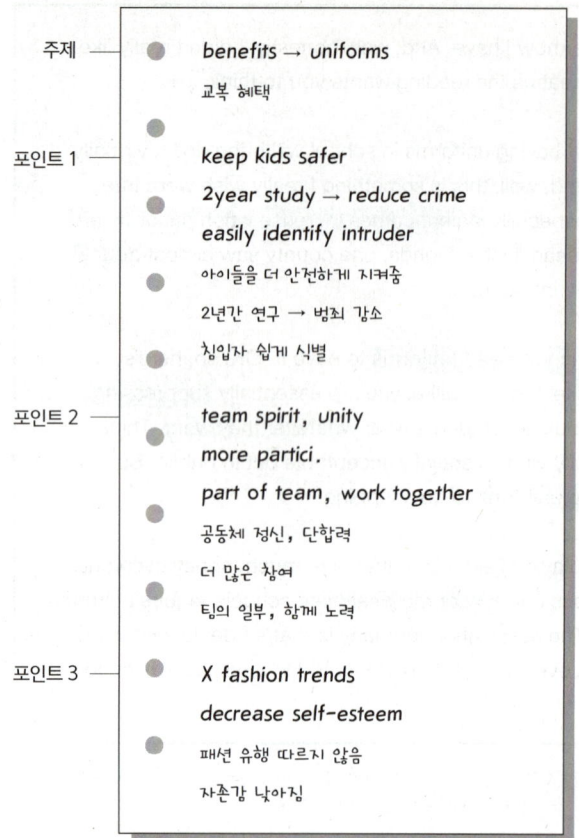

듣기 노트

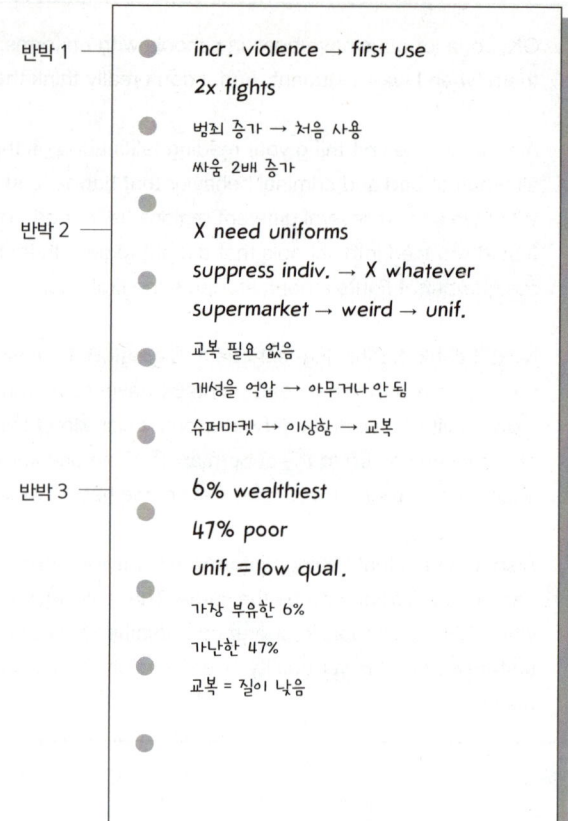

모범 요약문

The lecturer explains three negative aspects of using uniforms in school **while the reading passage supports the opposite position.**

First, the speaker says that using uniforms increases violence in school when uniforms are first used. She says that one school observed twice the fighting among students at their school after the start of uniforms. **This strongly refutes the claim made by the reading passage that** uniforms keep kids safer and reduce crimes.

Second, the woman says that schools do not need to use uniforms for students to feel unity. She claims that uniforms suppress individuality, even though students should not be allowed wear whatever they want. Wearing uniforms to school is as weird as wearing uniforms to the supermarket. **This rebuts the point made in the reading that** uniforms improve unity through more participation and teamwork.

Third, the professor states that only 6% of the wealthiest schools and over 40% of poorer schools use uniforms. Due to this fact, many people view uniforms as low quality. **This offers a counterpoint to the argument mentioned in the reading that** students do not have to follow fashion trends if they use uniforms. The reading also says that students will have low self-esteem if uniforms are not used if they cannot afford to buy popular clothing.

해석 읽기 지문은 반대 입장을 지지하지만, 교수는 학교에서 교복을 입는 것에 대해 세 가지 부정적인 측면들에 대하여 설명하고 있다.

첫째로, 교수는 교복을 입는 것은 교복이 처음 사용되었을 때 학교에서의 폭력을 증가시킨다고 말한다. 그녀는 한 학교가 교복을 입기 시작하면서 학교에서 학생들이 싸우는 것을 두 배나 더 목격했다고 말한다. 이것은 교복이 아이들을 더 안전하게 지켜주고 범죄를 줄여준다는 읽기 지문에서 제기한 주장을 강력히 반박한다.

두 번째로, 교수는 학교가 학생들이 단합력을 느끼게 하기 위해 교복을 이용할 필요는 없다고 말한다. 그녀는 비록 학생들이 자신들이 원하는 것은 무엇이든 입도록 허용해서는 안 되지만, 교복은 개성을 억압한다고 주장한다. 학교에 교복을 입고 가는 것은 슈퍼마켓에 유니폼을 입고 가는 것만큼 이상하다. 이것은 교복이 더 많은 학생의 참여와 팀워크를 통해 단합력을 향상시킨다는 지문에서 주장한 점을 반박한다.

세 번째로, 교수는 가장 부유한 학교의 오직 6%와 가난한 학교의 40% 이상이 교복을 입는다고 말한다. 이러한 사실 때문에, 많은 사람들이 교복을 질이 낮은 것으로 보고 있다. 이것은 학생들이 교복을 입으면 패션 유행을 따를 필요가 없다는 읽기 지문에서 언급된 주장을 반박한다. 읽기 지문은 또한 만약 그들이 유행하는 옷을 살 형편이 안 되는 경우 교복을 입지 않으면 학생들의 자존감이 낮아질 것이라고 말한다.

어휘 aspect[ǽspekt] 측면, 양상　observe[əbzə́ːrv] 목격하다, 관찰하다　unity[júːnəti] 단합, 통일성　participation[pɑːrtìsəpéiʃən] 참여, 참가
afford[əfɔ́ːrd] (~을 할) 형편이 되다, 여유가 되다

선생님이 알려주는 점수보장 TIP

지문을 읽는 동안 주요 요점 3가지를 파악하여 간단히 노트테이킹 하면서, 강의에서 이 3가지 요점이 어떻게 반박될지 예측하는 연습을 하면, 나중에 강의 내용을 이해하는 데 도움이 됩니다!

독립형 문제 연장자로부터 조언 vs. 동년배로부터 조언

Question

Do you agree or disagree with the following statement?
Getting advice from older adults is better than getting advice from peers.
Use specific reasons and examples to support your opinion.

다음 명제에 찬성하는가 반대하는가?
연장자로부터 조언을 얻는 것이 동년배로부터 조언을 얻는 것보다 낫다.
구체적인 이유와 예를 들어 자신의 의견을 뒷받침하시오.

■ 아웃라인

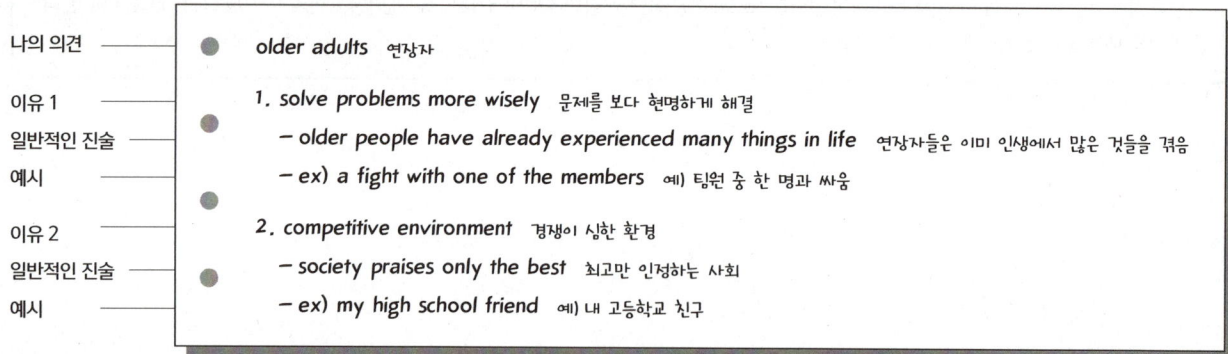

■ 모범 에세이

A large number of people might argue that getting advice from friends of the same age group is more beneficial than getting one from older adults. **Contrary to popular belief, I think that** it is better for people to ask for advice from those who are older than them **for the following reasons**: older adults can provide a better solution, and many feel reluctant to ask their peers.

First of all, advice from older adults allows people to solve problems more wisely. **It is obvious that** having lived a long time, older people have already experienced many things in life, and thus they have a bigger view on matters, such as how to succeed, how to live happily, and how to socialize. Their suggestions are likely to bring about a better result. **For example**, when I was a group leader in grade eight, I had a huge misunderstanding that led to a fight with one of the members. I decided not to speak to her until she apologized to me first. However, my parents suggested that I should mend things by taking the initiative to apologize first. I carefully listened to them and took their advice. It turned out that it was a misunderstanding on my part. *Had I not spoken to her, I would have never cleared the issue.

Moreover, today's competitive environment discourages people from asking their peers for advice. **It is commonly observed that** modern people live in a society that praises only the best. Their priorities have changed, and winning has become more important than being considerate to one another. **For instance**, when I was studying for my SATs in high school, I had a friend who gave me attitude every time I asked for help. He would say that he did not know the answers to specific questions or that he was too busy to help me. He was very competitive and winning was everything to him. In fact, he was doing a lot to prepare, such as getting private tutoring lessons and spending a lot of time doing research and studying. In the end, he got into an Ivy League school. I was deeply hurt by his lies. In this context, it would be difficult to ask for advice from my peers.

In conclusion, I firmly believe that the advantages of getting advice from older people far outweigh those of receiving one from peers **for the reasons I have mentioned above. All in all**, the importance of learning from older people cannot be underestimated in order to improve the quality of life.

해석 많은 이들이 동년배 집단의 친구로부터 조언을 얻는 것이 연장자로부터 조언을 얻는 것보다 이롭다고 주장할지도 모른다. 이런 통념과 반대로, 나는 다음과 같은 이유로 연장자로부터 조언을 구하는 것이 더 낫다고 생각한다. 연장자는 더 나은 해결책을 제시할 수 있고, 많은 이들이 친구에게 물어보는 것을 꺼린다.

우선, 연장자로부터 조언을 구하면 보다 현명하게 문제를 해결할 수 있다. 어른들은 오래 살아왔기 때문에 이미 인생에서 많은 것들을 겪었고, 따라서 성공하는 법, 인생을 행복하게 사는 법, 그리고 사회 생활하는 법과 같은 문제에 대해 더 넓은 시야를 갖고 있다는 것은 분명하다. 그들의 제안은 더 나은 결과를 가져올 것이다. 예를 들어, 내가 중학교 2학년의 조장이었을 때, 나는 큰 오해로 인해 팀원 중 한 명과 싸웠다. 나는 그녀가 먼저 사과할 때까지 그녀와 말하지 않기로 마음먹었다. 하지만, 나의 부모님께서는 내가 먼저 사과해서 상황을 수습해야 한다고 조언하셨다. 나는 그들의 이야기를 신중하게 듣고 조언을 받아들였다. 결국에는 내가 오해했던 것으로 드러났다. 내가 그녀에게 말을 하지 않았다면, 나는 결코 그 문제를 해결할 수 없었을 것이다.

무엇보다도, 사람들은 오늘날의 경쟁이 심한 환경 때문에 동년배로부터 조언 구하기를 꺼린다. 현대인들이 최고만 인정하는 사회에서 살고 있다는 것은 일반적으로 보게 된다. 우선순위가 바뀌면서, 남을 배려하는 것보다 이기는 것이 더 중요해졌다. 예를 들어, 고등학교에서 SAT를 공부할 때, 내가 도와달라고 할 때마다 냉담하게 대했던 친구가 있었다. 그는 특정 문제에 대한 답을 모른다거나 너무 바빠서 도와줄 수 없다고 말하곤 했다. 그는 매우 경쟁심이 강했고 그에게는 이기는 것이 전부였다. 사실, 그는 개인 과외를 받거나 연구와 공부에 많은 시간을 투자하는 등 여러 준비를 하고 있었다. 결국, 그는 아이비리그 대학교에 입학했다. 나는 그의 거짓말에 큰 상처를 받았다. 이런 상황에서는, 나의 동년배에게 조언을 구하는 것이 어려웠을 것이다.

결론적으로, 나는 위에서 언급한 이유 때문에 연장자로부터 조언을 구하는 것의 장점이 동년배로부터 조언을 구하는 것의 장점보다 훨씬 더 많다고 굳게 믿는다. 일반적으로, 삶의 질을 높이기 위해 연장자로부터의 배움의 중요성은 결코 과소평가될 수 없다.

어휘 **apologize to** ~에게 사과하다 **mend things** 상황을 수습하다 **take initiative to** 먼저 ~하다 **ask for advice from A** A에게 조언을 구하다
outweigh[àutwéi] 능가하다

선생님이 알려주는 점수보장 TIP

[가정법]

*** Had I not spoken to her, I would have never cleared the issue.**
내가 그녀에게 말을 안 해 봤다면 나는 결코 그 문제를 해결할 수 없었을 것이다.

고득점을 위해서는 다양한 표현은 물론이고, 문장 구조를 다양하게 사용하는 것이 좋습니다. 가정법은 글을 강하게 만드는 효과가 있어서 본론을 마무리하는 문장으로 추천합니다.

가정법은 반대 상황을 가정하는 것이므로 시제를 앞당겨 영작하면 됩니다. 본론 1에 사용한 위 문장은 '내가 그녀에게 말을 해서 문제를 해결했다'라는 과거 사실을 '내가 그녀에게 말을 안 해 봤다면 나는 결코 그 문제를 해결할 수 없었을 것이다'로 가정해서 영작하고, if를 생략한 후 도치시킨 문장입니다. 도치는 주절의 주어와 if절의 주어가 같을 경우, if절 안에 있는 if를 생략하고 주어와 동사의 위치를 바꾸는 것입니다.

- 과거 사실
  As I spoke to her, I cleared the issue.
  내가 그녀에게 말을 해서 문제를 해결했다.

- 가정
  If I had not spoken to her, I would have never cleared the issue.
  내가 그녀에게 말을 안 해 봤다면 나는 결코 그 문제를 해결할 수 없었을 것이다.

- if 생략과 도치
  Had I not spoken to her, I would have never cleared the issue.
  내가 그녀에게 말을 안 해 봤다면 나는 결코 그 문제를 해결할 수 없었을 것이다.

www.goHackers.com

스타토플 실전 WRITING

실전모의고사 02

통합형 문제
모범 답안·지문·해석

독립형 문제
모범 답안·해석

통합형 문제 소셜 미디어의 부정적인 측면

읽기 지문

Human beings are social beings and generally do not enjoy being or feeling alone. Communities of people with similar interests and hobbies have been popular for as long as people have lived in groups. Technology has allowed for people to join communities with members spread all over the planet using social media powered by the Internet. However, the openness of the Internet has increased the level of exposure to many negative aspects of social media.

As the Internet does not have a strong regulating body, people are essentially able to upload whatever they would like. Sometimes there may be wholly inappropriate postings, whether racist or sexist, that cause negative reactions from viewers. Sometimes, posts are made intending to be humorous, but instead offend others. The problem is that once the post is made online, the author is unable to simply delete the post as previous viewers can just make copies.

Social media allows very easy access to the intimate details of others' lives in a very quick and convenient manner. Highly visible events can result in stark social comparisons leaving viewers feeling less satisfied with their own lives. This can occur especially when viewing the social media materials created by celebrities or wealthy people. However, this can also occur in situations when someone they know experiences a very positive event, such as a friend going on an exotic vacation or a relative receiving a substantial raise in income.

Creating social media posts that are largely ignored by viewers when other users are enjoying much greater levels of attention can lead to feelings of inadequacy. Content creators will begin to question whether they are capable of producing interesting or valuable content that other users will want to see. Many users invest considerable amounts of money and time in creating the material that they upload. Seeing very little reaction to their work may leave them feeling that their effort was not noteworthy.

해석 인간은 사회적 존재이므로 혼자 있거나 혼자라고 느끼는 것을 일반적으로 좋아하지 않는다. 사람들이 무리를 지어 살아 오는 동안, 비슷한 관심사나 취미를 가진 사람들로 이루어진 공동체들은 일반적으로 존재해왔다. 기술은 사람들이 인터넷을 기반으로 한 소셜 미디어를 사용하여 전 세계에 퍼져 있는 회원들이 커뮤니티에 가입하도록 해주었다. 그러나, 인터넷의 개방성은 소셜 미디어의 많은 부정적인 측면에 노출되는 정도를 증가시켰다.

인터넷에는 강력한 규제 주체가 없기 때문에, 사람들은 기본적으로 자신들이 원하는 것은 무엇이든 올릴 수 있다. 어떤 경우에는 인종 차별이나 성차별처럼 게시물을 보는 사람에게 부정적인 반응을 초래할 수 있는 매우 부적절한 내용이 게시될 수 있다. 때로는, 게시물들이 재미있기를 의도하고 만들어지지만, 재미있기는커녕 다른 사람들을 불쾌하게 만들기도 한다. 문제는 일단 게시물이 인터넷에 올라가면, 이전에 게시물을 봤던 사람들이 내용을 복사할 수 있으므로 작성자가 해당 게시물을 간단하게 삭제할 수도 없다는 것이다.

소셜 미디어는 다른 사람들의 세부적인 사생활에 매우 빠르고 편리한 방식으로 쉽게 접근하도록 해준다. 지나치게 화려한 내용들은 극단한 사회적 비교를 하게 만들고 이것을 보는 사람들은 자신의 삶에 덜 만족한다고 느끼게 될 수 있다. 이러한 현상은 특히 유명인이나 부유한 사람들이 만드는 소셜 미디어 내용물을 볼 때 나타날 수 있다. 하지만, 이는 가령 외국으로 휴가를 떠나는 친구나 수입이 상당히 오른 친척처럼, 그들이 알고 있는 누군가에게 좋은 일이 생기는 상황에도 발생한다.

다른 사용자들이 엄청난 수준의 관심을 즐기고 있을 때, 게시물을 보는 사람들에게 주로 외면당하는 소셜 미디어 게시물을 만드는 것은 무능함의 감정을 느끼게 할 수 있다. 컨텐츠를 만드는 사람들은 자신이 사람들이 보고 싶어 하는 흥미롭고 가치있는 내용을 만들 수 있는 능력이 있는지에 대해 의문을 가지기 시작한다. 많은 사용자들은 그들이 올리는 내용물을 만드는 데 상당한 돈과 시간을 투자한다. 그들의 결과물에 반응이 매우 적은 것을 보면 그들의 노력이 주목할 만한 가치가 없다고 느끼도록 만들 수도 있다.

어휘 regulating body 규제 주체, 관리부   inappropriate[inəpróupriət] 부적절한, 부적합한   offend[əfénd] 불쾌하게 하다, 기분 상하게 하다
intimate[íntəmət] 사적인, 친밀한   convenient manner 편리한 방식   stark[stɑːrk] (차이가) 극명한, 냉엄한, 냉혹한
exotic[igzátik] 외국의, 이국적인   inadequacy[inǽdikwəsi] 무능함, 불충분함   noteworthy[nóutwəˌrði] 주목할 만한

강의 스크립트

🎧 실전모의고사 02.mp3

So, basically everyone is connected in some way or another to the outside world through social media, right? The negative aspects in your reading are valid points. But, I think that there are some easy ways to get around the negativity in using social media.

First, the idea that social media posts can be offensive for the viewer, as well as something that can be a source of embarrassment for the poster. Well, this is simple to fix. We can add technology education programs in schools to teach our children how to interact with the internet, you know, teaching them not to bully others. For parents, there are lots of kid-friendly internet options out there that, uh, that block the negative or offensive materials. For posting, we can all just use some common sense and try to not post anything that we might regret later.

second, you know, it's a normal reaction to see something great happen to someone and to feel two things: First, happy for the person, and second, maybe a tiny bit of "Ah, I wish that happened to me too!" This is totally natural and it's healthy. It's one of the things that drives us to work and try to succeed. But, if this becomes a major problem, then this will be very difficult to solve alone, by, um, just looking at more posts. This is a common enough problem, though, that there are support groups that meet to help people overcome these intense negative feelings.

Third, OK, I agree, if you do something for people to see and the whole world ignores it—Sure, that's not going to feel great. But, that shouldn't be the point of social media. It shouldn't be used to brag or to have lots of people look at it. The purpose should be just to make something for yourself; something that you would like to see, and maybe share it with a few friends. It shouldn't matter if the whole world isn't watching it. It should be for you.

해석 자, 기본적으로 사람들은 소셜 미디어를 통해 외부 세상과 어떤 방식으로든 연결되어 있습니다, 그렇죠? 지문에 나온 부정적인 측면들은 타당한 내용입니다. 하지만, 저는 소셜 미디어의 부정적인 부분을 쉽게 해결할 수 있는 방법이 있다고 생각합니다.

우선, 소셜 미디어 게시물은 보는 사람들에게 불쾌감을 줄 수 있고, 또한 게시물을 올린 사람을 난처하게 만드는 원인이 될 수도 있습니다. 음, 이것은 간단하게 해결할 수 있습니다. 우리는 기술 교육 프로그램을 학교에 추가하여 우리 아이들이 어떻게 인터넷에서 상호작용 해야 하는지를, 그러니까, 다른 사람들을 괴롭히지 않도록 가르칠 수 있습니다. 부모님들을 위하여, 어, 부정적이거나 불쾌한 내용을 차단하는 아동 친화적인 인터넷 프로그램들이 많이 있습니다. 게시물을 올릴 때, 우리 모두 상식을 이용하여, 나중에 후회할지도 모르는 것들은 올리지 않도록 노력할 수 있습니다.

두 번째로, 그러니까, 누군가에게 좋은 일이 생기는 것을 보면 두 가지를 느끼는데, 이것은 정상적인 반응입니다. 우선, 그 사람을 위해 기뻐하고, 둘째로, 아마 조금은 "아, 내게도 좋은 일이 일어났더라면!"이라고 생각할 겁니다. 이것은 아주 자연스럽고 건강한 반응입니다. 이것이 우리를 일하고 성공하도록 노력하게 만드는 것들 중 하나입니다. 그런데, 이것이 중요한 문제가 된다면, 음, 게시물을 더 많이 들여다보는 것만으로는 혼자 해결하기 매우 어려울 것입니다. 이는 충분히 일반적으로 일어날 수 있는 문제이기도 하지만, 이 강한 부정적인 감정들을 극복하도록 만나서 도와주는 지원 단체들이 있습니다.

세 번째로, 맞아요, 동의합니다, 만약 여러분이 사람들이 보도록 하기 위해 무언가를 하는데 세상 전부가 그것을 외면한다면, 물론, 기분이 별로겠지요. 하지만, 그것이 소셜 미디어를 하는 핵심이 되어서는 안됩니다. 무언가를 자랑하기 위해 혹은 많은 사람들이 보도록 만들기 위해 소셜 미디어가 사용되어서는 안되죠. 소셜 미디어의 목적은 자신을 위한 무언가를 만드는 것이어야만 합니다. 여러분이 보고 싶어 하는 무언가, 그리고 몇몇의 친구들과 공유하고 싶은 것들 말이죠. 온 세상이 그것을 보지 않더라도 전혀 문제가 되지 않습니다. 그것은 여러분 자신을 위한 것이어야 합니다.

어휘 get around (문제를 성공적으로) 해결하다　offensive[əfénsiv] 불쾌한, 모욕적인　embarrassment[imbǽrəsmənt] 당황, 곤란한 상황　bully[búli] 괴롭히다, 왕따시키다, 협박하다　common sense 상식　drive[draiv] (~하도록) 만들다　overcome[òuvərkʌ́m] 극복하다　brag[bræg] 자랑하다, 떠벌리다

■ 읽기 노트

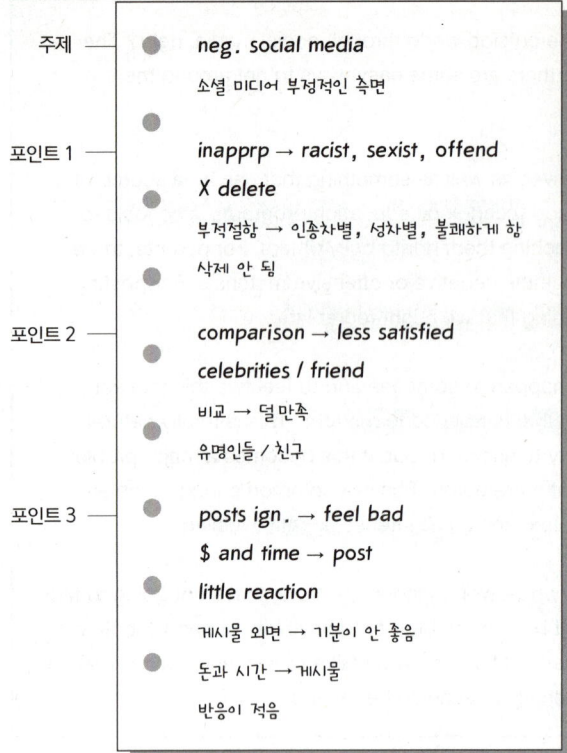

■ 듣기 노트

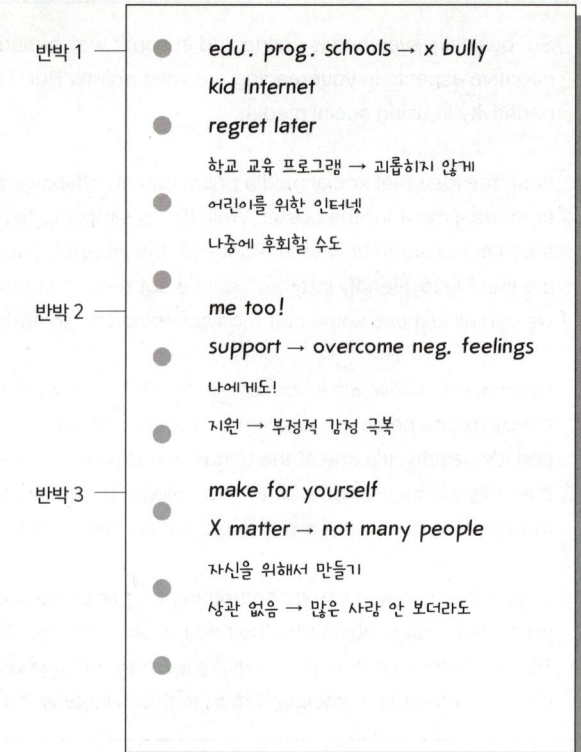

■ 모범 요약문

The lecturer explains three ways to overcome the negative aspects of using social media **while the reading passage supports the opposite position**.

First, the speaker says that education programs in school should teach students that bullying is bad. He mentions that there are kid-safe ways to use the Internet. Also, he says that people should not post things they might regret later. **This strongly refutes the claim made by the reading passage that** social media is negative because it is offensive and posts cannot be deleted.

Second, the man says that it's normal for people to want good things to happen to them when they hear good things happening to their friends. He says this is normal. But, if the feelings are extreme, there are many support groups to help overcome any negative feelings. **This rebuts the point made in the reading that** looking at celebrities' or friends' social media posts causes less satisfaction.

Third, the professor states that the reason for posting on social media should be for yourself. He believes that it does not matter if many people will not see the post. **This offers a counterpoint to the problem mentioned in the reading that** people will feel bad if their posts are ignored because they spend a lot of money and time making the post.

해석 읽기 지문은 반대 입장을 지지하지만, 교수는 소셜 미디어를 사용하는 것에 대한 부정적인 측면들을 극복하는 세 가지 방법에 대하여 설명하고 있다.

첫째로, 교수는 학교의 교육 프로그램들이 학생들에게 괴롭힘이 나쁘다는 것을 가르쳐야 한다고 말한다. 그는 아이들이 인터넷을 안전하게 사용하는 방법이 있다고 말한다. 또한, 그는 사람들이 그들이 나중에 후회할지도 모르는 게시물을 올려서는 안 된다고 말한다. 이것은 소셜 미디어가 불쾌감을 주고 게시물들은 삭제될 수 없기 때문에 소셜 미디어가 부정적이라는 읽기 지문에서 제기한 주장을 강력히 반박한다.

두 번째로, 교수는 친구들에게 좋은 일이 생긴 것에 대해 들으면, 자신에게 좋은 일이 생기기를 원하는 것이 정상적이라고 말한다. 그는 이런 감정이 정상적이라고 말한다. 하지만, 만약 이것이 지나칠 경우, 그러한 부정적인 감정을 극복하도록 도와주는 지원 단체들이 많이 있다고 말한다. 이것은 유명인이나 친구들의 소셜 미디어 게시물을 보는 것이 오히려 만족을 덜 느끼게 한다는 읽기 지문에서 주장한 점을 반박한다.

세 번째로, 교수는 소셜 미디어에 게시물을 올리는 이유는 자신을 위함이어야 한다고 말한다. 그는 많은 사람들이 게시물을 보지 않더라도 상관없다고 믿는다. 이것은 사람들이 게시물을 만드는 데 많은 돈과 시간을 쓰기 때문에 관심을 받지 못하면, 기분이 좋지 않을 것이라는 지문에서 언급된 문제를 반박한다.

어휘 **regret**[rigrét] 후회하다, 유감스럽게 생각하다　　**extreme**[ikstríːm] 지나친, 극심한, 심각한　　**celebrity**[səlébrəti] 유명인, 연예인
satisfaction[sætisfǽkʃən] 만족(감)

선생님이 알려주는 점수보장 TIP

비록 문장을 짧게 쓰더라도 문법이 바르고 내용이 명확할 경우, 충분히 좋은 점수를 얻을 수 있습니다!

독립형 문제 리더십은 타고나는 것 vs. 리더십은 학습되는 것

Question

Do you agree or disagree with the following statement?
Leadership includes many qualities, such as charisma, consideration, courage, flexibility, responsibility, and respect for others. It is a born-gift; people cannot learn to be a leader.
Use specific reasons and examples to support your opinion.

다음 명제에 찬성하는가 반대하는가?
리더십에는 카리스마, 신중함, 용기, 융통성, 책임감, 그리고 타인에 대한 존중과 같은 많은 자질들이 있다. 리더십은 타고난 재능으로, 사람들은 학습으로 리더가 될 수 없다.
구체적인 이유와 예를 들어 자신의 의견을 뒷받침하시오.

아웃라인

나의 의견	leadership can be learned 리더십은 학습될 수 있음
이유 1	1. sports: gain responsibility 운동: 책임감 배움
일반적인 진술	– require obligation 의무를 요함
예시	– ex) my youngest brother, a baseball team 예) 내 막내동생, 야구팀
이유 2	2. visiting many different places: interact with others 많은 다른 곳들 방문: 다른 이들과 교류
일반적인 진술	– expose them to different worlds of lifestyle 다른 삶의 방식에 노출됨
예시	– ex) visited Africa and understood its people 예) 아프리카를 방문하고 그들을 이해했음

모범 에세이

A large number of people might argue that leadership comes naturally. **Contrary to popular belief, I think that** people can learn to be a good leader **for the following reasons**: leadership can be learned through sports and trips.

First of all, participating in sports activities at an early age allows people to gain a sense of responsibility, one of the most important qualities that all leaders should possess. **It is obvious that** physical activities such as team sports require obligation such as abiding by rules, managing their schedules wisely, and cooperating with others. Through the consequences that arise from negligent actions, they learn the importance of obligation. **For example**, my youngest brother used to be lazy and selfish. He has changed little by little after he joined a baseball team. *He realized that his laziness could negatively affect everyone. Naturally, he became punctual, played his part well, and even encouraged other members who seemed to be goofing around. He learned the hard way to be more responsible to avoid unnecessary hardship. In this respect, he learned the importance of responsibility through sports, which helped him to be a good leader later.

Moreover, visiting many different places enables people to interact well with others, which is one of the essential traits required for leadership. **It is an undeniable fact that** it can expose them to different worlds of lifestyles, basic customs, and cultures. Through this experience, they can learn to embrace diversity. **For instance**, when I was class president in the fifth grade, there was an Ethiopian girl who brought a home-cooked meal for lunch. It smelled funny, and she ate it with her hands without using utensils; other students who had never seen such a thing kept their distance from her. On the other hand, I felt comfortable with her, having visited Africa and experienced a similar situation. In this sense, visiting a new place helped me to be open-minded to different groups of people, which is necessary in order to be a good leader.

In conclusion, I firmly believe that many traits that leaders should be equipped with are made **for the reasons I have mentioned above. All in all**, minimal efforts can lead to a big change in the end.

해석 많은 이들은 리더십은 선천적으로 타고난다고 주장할 것이다. 이런 통념과 반대로, 나는 다음과 같은 이유로 학습을 통해 훌륭한 리더가 될 수 있다고 생각한다. 리더십은 운동과 여행을 통해 학습될 수 있다.

무엇보다, 어린 나이에 운동을 하면 책임감을 얻을 수 있는데, 책임감은 모든 리더들이 지녀야 할 가장 중요한 자질 중에 하나이다. 단체 경기와 같은 신체 활동이 규칙 준수, 현명한 계획 운영, 그리고 타인과의 협력 등과 같은 의무를 요구한다는 것은 분명하다. 부주의한 행동에서 일어나는 결과를 통해, 사람들은 의무의 중요성을 배운다. 예를 들어, 내 막냇동생은 게으르고 이기적이었다. 그는 야구팀에 합류한 후에 조금씩 바뀌었다. 동생은 그의 게으름이 모든 이들에게 부정적인 영향을 끼칠 수 있다는 것을 깨달았다. 자연스럽게, 그는 시간을 잘 지키고, 맡은 바를 잘 수행했으며, 심지어 게으름을 피우던 다른 팀원들도 격려했다. 그는 불필요한 고생을 피하기 위해서는 보다 책임감이 있어야 한다는 것을 어렵게 배웠다. 이런 점에서 볼 때, 동생은 운동을 통해 책임감의 중요성을 깨달았고, 이는 나중에 그가 좋은 리더가 되는 데 도움이 되었다.

또한, 많은 다른 곳을 방문하면 다른 사람들과 잘 어울릴 수 있게 되는데, 이는 리더십에 요구되는 필수적인 자질 중 하나이다. 이것이 그들을 다른 삶의 방식, 관습, 문화에 노출될 수 있게 한다는 것은 부정할 수 없는 사실이다. 이런 경험을 통해, 그들은 다양성을 포용하는 것을 배울 수 있다. 예를 들어, 내가 5학년 때 반장을 했을 때, 집에서 만든 음식을 점심으로 싸온 에티오피아 소녀가 있었다. 음식에서는 특이한 냄새가 났고, 그녀는 도구를 사용하지 않은 채 손으로 음식을 먹었다. 이를 접해보지 못했던 다른 학생들은 그 아이와 거리를 두었다. 반면, 나는 아프리카에 가 본 적이 있었고 비슷한 상황을 경험해 봤기 때문에, 그녀가 편안하게 느껴졌다. 이런 점에서, 나는 색다른 곳을 방문함으로써 다른 집단의 사람들에 대해 열린 마음을 갖게 되었는데, 이는 좋은 리더가 되기 위하여 필수적이다.

결론적으로, 나는 위에서 언급한 이유 때문에 리더가 갖춰야 할 많은 자질들은 만들어질 수 있다고 분명히 믿는다. 전체적으로, 아주 작은 노력이 결국에는 큰 변화를 이끌어 낼 수 있다.

어휘 contrary to ~와 반대로   at an early age 어린 나이에   quality[kwάləti] 자질, 특징   abide by 준수하다   cooperate[kouάpəreit] 협력하다   embrace[imbréis] 포용하다, 받아들이다   diversity[divə́ːrsəti] 다양성   utensil[juːténsəl] 도구   keep one's distance from ~와 거리를 두다

선생님이 알려주는 점수보장 TIP

[쓰기 쉬운 쪽 선택하기 & 주제 좁히기]

브레인스토밍을 하다 보면, 이유가 먼저 생각나거나 쓰고 싶은 의견이 있을 수 있습니다. 그런 의견들을 바로 쓰면 생각보다 전개하기가 어려운 경우가 많으므로, 과연 전개가 쉽게 될지 생각하고 입장을 선택해야 합니다.

이번 주제의 경우에도, '리더십은 타고나는 것이다'를 선택한 경우, 이를 위한 설명과 예는 무엇이 있는지 생각해 봐야겠죠. 예를 들면, 같은 경험을 해도 리더십이 길러지는 사람이 있고 길러지지 않는 사람도 있다거나 훌륭한 리더십을 가진 사람들에게는 특별한 유전적 요소가 있다는 등으로 구체화할 수 있겠죠. 잘 전개하면 상관없지만, 쉬운 전개는 아닐 것입니다. 오히려 단순하게 주제어인 리더십의 특성들은 어떤 것들이 있는지 구체적으로 생각해보고, 이러한 특성들이 어떤 방법으로 학습될 수 있는지를 본론에 작성하면 전개가 쉽고 구체화도 잘된 글이 될 것입니다.

비슷하게 접근하면 좋은 주제들이 몇 가지 더 있습니다. 추가로 하나만 더 연습해 볼까요?

Most of the problems we are having now will not be solved in the near future.

위 문장처럼 물어보는 문제의 경우, 우리가 겪고 있는 문제들 중 2개를 선택해서 본론1과 본론2에 넣으면 쉽게 글이 풀립니다. 실전모의고사 05에 사용된 본론들을 이용하면 되겠죠?

www.goHackers.com

스타토플 실전 WRITING

실전모의고사

03

통합형 문제
모범 답안·지문·해석

독립형 문제
모범 답안·해석

통합형 문제 대학 교육의 필요성

읽기 지문

In 1950, 430,000 students graduated from a university while over 1.7 million are expected to graduate in 2016. The steadily rising number of students who receive education after high school is also reflected across the world. This trend is not due to students enjoying education, though many do, but rather as a way to prepare for the future as a college education provides many benefits.

In America, increasing numbers of new jobs require a college education. During the period from 2007 to 2010, almost 200,000 jobs that required at least a bachelor's degree were added to the national economy. To contrast this, over 5 million jobs that required only a high school diploma disappeared as many of these jobs were outsourced to other countries. Students who have college degrees will find it much easier to find a job after finishing their education.

College graduates not only have access to more jobs, but the jobs that they are able to obtain are higher quality jobs that increase their overall marketability of the employee. They are more likely to receive some form of on-the-job training, have more access to technology, and also interact at higher levels of social interaction, such as giving business presentations. It is often noted that college graduates are more satisfied with their jobs than employees that only have a high school diploma.

Jobs that require higher education also tend to pay significantly higher salaries than other jobs. The average college graduate makes about $30,000 more per year than workers with only a high school education. This translates to roughly $500,000 more over their entire career. This also does not take into consideration bonuses and other benefits. These jobs often pay for full coverage for the entire family's health insurance. Larger companies even provide cars or the use of private planes.

해석 1950년에는, 43만 명의 학생들이 대학을 졸업했지만, 2016년에는 170만 명 이상이 졸업할 것으로 예상된다. 전 세계적으로 고등학교 이후의 교육을 받는 학생들의 수 또한 꾸준히 증가하고 있다. 이러한 추세는 학생들이 교육을 좋아하기 때문이 아니라, 물론 많은 학생들이 좋아하긴 하지만, 오히려 대학 교육이 많은 혜택을 제공하므로 미래를 준비하는 하나의 방법으로서이다.

미국의 경우, 더 많은 새로운 직종에서 대학 교육을 요구한다. 2007년부터 2010년까지, 최소한 학사 학위를 필요로 하는 약 20만개의 일자리가 국가 경제에 추가되었다. 이와는 대조적으로, 고등학교 졸업장만을 요구했던 500만 개 이상의 일자리가 이 중 많은 일자리들을 다른 나라에 위탁하게 되면서 사라졌다. 대학 학위가 있는 학생들은 그들의 교육을 마친 후에 일자리를 찾기가 훨씬 더 쉽다는 것을 알게될 것이다.

대학 졸업생들에게 취업 기회가 더 많은 것은 물론, 그들이 구할 수 있는 직장은 더욱 우수한 직장으로 직원들의 전반적인 시장성을 높여준다. 그들은 일종의 현장 연수를 받거나, 기술을 접할 기회를 더 많이 가지며, 또한 사업 프레젠테이션을 하는 것과 같이 더 높은 수준의 사회적 상호 작용을 할 가능성이 더 많다. 대학 졸업자들은 보통 고등학교 졸업장만을 가진 직원들보다 그들의 직장에 더 만족한다는 사실을 알 수 있다.

더 높은 교육을 요구하는 직업은 다른 직업들보다 상당히 더 높은 급여를 제공하는 경향이 있다. 평균적인 대학 졸업자는 고등학교 교육만을 받은 직원들보다 연간 약 3만 달러 더 많이 번다. 이는 전체 직장 생활에 걸쳐 대략 50만 달러를 더 번다는 것으로 해석된다. 이것은 또한 보너스나 다른 수당들을 고려하지 않은 금액이다. 이러한 직업은 주로 가족 전체의 건강 보험 전액을 지불해주기도 한다. 더 큰 회사들은 심지어 자동차를 제공하거나 개인 전용기를 사용하도록 해준다.

어휘 steadily[stédili] 꾸준하게, 착실하게   bachelor's degree 학사 학위   diploma[diplóumə] 졸업증, 학위증, 수료증
outsource[autsɔ́ːrs] (작업, 생산을) 외부에 위탁하다, 외주 제작하다   marketability[màːrkitəbíləti] 시장성   on-the-job training 현장 연수, 직장 내 훈련
note[nout] 주목하다, 주의하다   translate[trænsléit] 해석하다, 번역하다   take into consideration 고려하다

강의 스크립트

🎧 실전모의고사 03.mp3

You know, I think that a college education is fantastic to have if you love what you are studying. I see too many people saying that they need college to succeed, and, well, it's a good way to prepare for the future, especially if you don't know what you want to do. But, I can't agree with your reading that it is absolutely necessary.

First, there's a strong belief that jobs in the future are going to require college degrees. OK, so how's this for a fact? In 2011, half of all college graduates under the age of 25 were unemployed or underemployed. The problem is that a certain job might require a degree, but there might be too many people with that type of degree also looking for the same type of job. It's important to get degrees that are undersupplied or in high demand that don't have tons of people also getting them.

Another benefit that is often cited is that jobs that require college degrees will give their employees other benefits, like learning how to talk in front of people, or learning new software programs, uh, things like that. But, the truth is, a lot of these firms are compartmentalized. You already know how to use office software, but, what if it breaks? What if something goes wrong with your computer? They don't teach you how to fix it. They call the IT guy and he comes to fix it.

And, last, the big one—money. People with college degrees make more money than people without degrees. And, you know, this is true in many cases. But, not all. I mean, just look at bartenders. Many, many bartenders make over $100,000 per year. So do car salesmen. So do chefs. None of these jobs need degrees. Don't get me wrong, it's not easy, and it's not commonplace for everyone to make that much. But it's just incorrect to say that you need a college degree to make more money.

해석 그러니까, 여러분이 공부하는 분야가 적성에 맞는다면, 대학 교육을 받는 것은 아주 멋진 것이라 생각합니다. 성공하기 위해서는 대학 교육이 필요하다고 말하는 매우 많은 사람들을 보는데, 그리고, 음, 특히 자신이 원하는 것이 무엇인지 모르는 경우에, 이것은 미래를 준비하는 좋은 방법입니다. 하지만, 대학 교육이 절대적으로 필요하다는 지문의 내용에는 동의할 수 없습니다.

첫째, 미래의 직업들은 대학 학위를 필요로 할 것이라는 강한 믿음이 있습니다. 자, 그럼 사실은 어떨까요? 2011년에는, 25세 이하의 대학 졸업생 절반이 실업 상태 또는 불완전 고용 상태였습니다. 문제는 어떤 직업은 학위를 요구하겠지만, 그러한 종류의 학위를 가진 사람들이 너무 많고 그들이 동일한 유형의 직업을 구하려고 할지도 모른다는 것입니다. 학위를 얻으려는 사람들이 너무 많지 않은 공급이 부족하거나 수요가 높은 학위를 취득하는 것이 중요합니다.

종종 거론되는 또 다른 장점은, 대학 학위를 요구하는 직업들은 직원들에게 사람들 앞에서 말하는 방법을 배우거나, 새로운 소프트웨어 프로그램을 배우는 것, 어, 그와 같은 혜택들을 제공할 거라는 점입니다. 하지만, 진실은, 이러한 많은 회사들은 업무가 구분되어 있다는 것입니다. 여러분은 이미 오피스 소프트웨어를 사용할 수 있습니다, 그런데, 고장이 나면 어떻게 될까요? 만약 여러분의 컴퓨터에 문제가 생기면 어떻게 하나요? 그들은 컴퓨터를 어떻게 고치는지 당신에게 가르쳐 주지 않습니다. 그들은 IT 전문가를 불러와서 고치게 합니다.

자, 마지막으로, 아주 중요한 것이지요, 수입에 대해 살펴봅시다. 대학 학위가 있는 사람들은 학위가 없는 사람들보다 돈을 더 많이 법니다. 그리고, 아시다시피, 이것은 많은 경우 사실이고요. 하지만, 모두 그렇진 않습니다. 그러니까, 바텐더를 한번 보세요. 상당수의 바텐더들은 일년에 10만 달러 이상을 법니다. 자동차 판매원들도 그렇습니다. 전문 요리사도 마찬가지죠. 이들 중 어떤 직업도 학위가 필요하지 않습니다. 그렇다고 제 말 뜻을 오해하지 마세요, 이렇게 되기까지는 쉽지 않은 것이고, 누구나 이렇게 되는 것도 아니지요. 하지만, 더 많은 돈을 벌기 위해 대학 학위가 필요하다고 말하는 것은 전혀 맞지 않다고 생각합니다.

어휘 especially[ispéʃəli] 특히　college graduate 대학 졸업생　underemployed[ʌndərimplɔ́id] 불완전 고용의, 할 일이 충분하지 않은　undersupplied[ʌndərsəpláid] 공급이 부족한　in high demand 수요가 많은　tons of ~이 너무 많은　compartmentalized[kəmpɑ:rtméntəlàizd] 구분된　IT (Information Technology) 정보통신 기술　commonplace[kámənpleis] 아주 흔한

■ 읽기 노트

- 주제 — benefits → college
  대학의 혜택들
- 포인트 1 — jobs req. college ↑
  high school diploma ↓
  easier find job
  대학 교육 요구하는 직업 증가
  고등학교 학위 줄어듦
  직업 찾기 더 쉬움
- 포인트 2 — marketability ↑
  training, tech, presentat.
  + satisfied
  상품가치를 높임
  연수, 기술, 프레젠테이션
  더 만족함
- 포인트 3 — more $$
  health insurance/car
  돈 더 많이
  건강보험 / 자동차

■ 듣기 노트

- 반박 1 — 2011, half under 25 unemployed
  too many people
  undersupply degree
  2011년, 25세 이하 절반이 실직 상태
  너무 많은 사람들
  공급 부족 학위
- 반박 2 — department
  computer break → X fix → IT guy
  부서
  컴퓨터 고장 → 못 고침 → IT 전문가
- 반박 3 — bartenders, car salesmen
  X college degree → $$
  바텐더, 차 판매원들
  대학 학위 없음 → 돈 벌 수 있음

■ 모범 요약문

The lecturer explains three negative aspects of receiving a college education **while the reading passage supports the opposite position.**

First, the speaker says that in 2011, half of the college graduates under 25 years old were not employed. She states that this is because too many people had the same degree. It is important for people to get an undersupplied degree. **This strongly refutes the claim made by the reading passage that** the jobs requiring college degrees are increasing while jobs requiring only high school diplomas are decreasing.

Second, the woman says that companies have departments. She explains that if a computer breaks, then the employee does not learn how to fix it. They call an IT guy and that person will fix it. **This rebuts the point made in the reading that** jobs that require college degrees will train their employees in how to use technology.

Third, the professor states that bartenders and car salesmen are two jobs that do not require a college degree. She explains that there are many people in these jobs that make a lot of money. **This offers a counterpoint to the argument mentioned in the reading that** people with a college education make more money than people that do not have college degrees.

해석 읽기 지문은 반대 입장을 지지하지만, 교수는 대학 교육을 받는 것에 대한 세 가지 부정적인 측면들에 대하여 설명하고 있다.

첫째로, 교수는 2011년, 25세 이하의 대학 졸업생 절반이 취업이 되지 않았다고 말한다. 그녀는 이것은 너무 많은 사람들이 똑같은 학위를 가지고 있기 때문이라고 말한다. 사람들이 공급이 부족한 학위를 받는 것이 중요하다. 이것은 고등학교 졸업장만을 요구하는 직업들은 줄어들고 있지만 학사 학위를 요구하는 직업들이 늘어나고 있다는 읽기 지문에서 제기한 주장을 강력히 반박한다.

두 번째로, 교수는 회사들이 부서들을 가지고 있다고 말한다. 그녀는 만약 컴퓨터가 고장 나면, 직원이 어떻게 수리할지를 배우지 않는다고 설명한다. 그들은 IT 전문가를 불러서 컴퓨터를 수리할 것이다. 이것은 학사 학위를 요구하는 직업들이 그들의 직원들에게 기술을 이용하는 방법에 대해 교육할 것이라는 읽기 지문에서 주장한 점을 반박한다.

세 번째로, 교수는 바텐더와 자동차 판매원이 학사 학위를 필요로 하지 않는 두 가지 직업이라고 말한다. 그녀는 이러한 직업에 있는 많은 사람들이 많은 돈을 벌고 있다고 말한다. 이것은 대학 교육을 받은 사람들이 대학 학위를 받지 못한 사람들보다 돈을 더 많이 번다는 읽기 지문에서 언급된 주장을 반박한다.

어휘 **receive**[risíːv] 받다, 받아들이다   **college degree** 학사 학위, 대학 학위   **department**[dipáːrtmənt] 부서   **fix**[fiks] 수리하다

선생님이 알려주는 점수보장 TIP

읽기 지문에 있는 세부적인 숫자를 적어야 한다는 걱정을 할 필요는 없습니다. 지문은 읽는 동안 언제든 다시 볼 수 있습니다. 다만, 그러한 숫자가 왜 중요한지만 이해하면 됩니다. 수치가 올라가고 있는지 내려가고 있는지, 혹은 큰지 작은지 정도만 보아도 됩니다.

독립형 문제 비판을 받아들여야 함 vs. 아님

Question

Do you agree or disagree with the following statement?
People should be able to take criticism from other members in order to succeed in a group project.
Use specific reasons and examples to support your answer.

다음 명제에 찬성하는가 반대하는가?
사람들은 집단 작업에서 성공하기 위해서 다른 팀원으로부터의 비판을 받아들일 수 있어야 한다.
구체적인 이유와 예를 들어 자신의 의견을 뒷받침하시오.

아웃라인

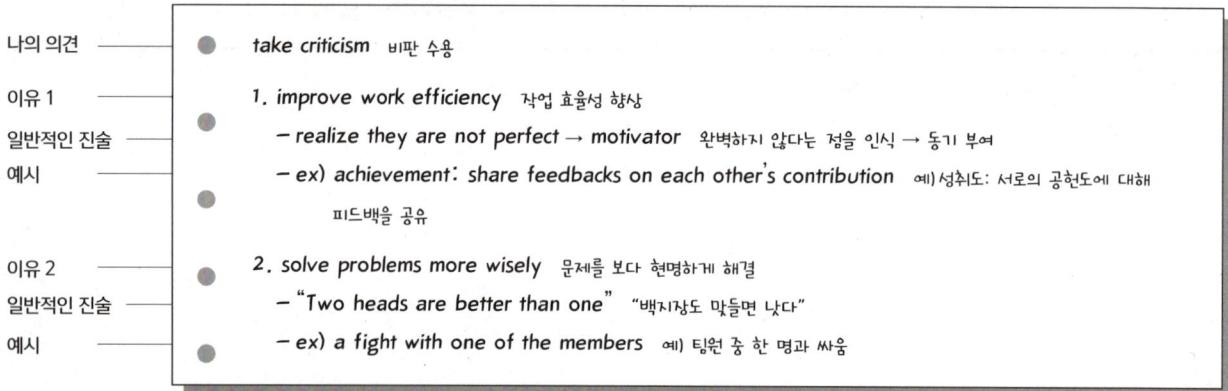

모범 에세이

A large number of people might argue that accepting criticism does not guarantee one's success in group work because not everyone has the same style of working or share the same set of beliefs. **Contrary to popular belief, I think that** being open to criticism plays the most significant role in success in group work **for the following reasons**: to become competent in group work and to find a better solution.

First of all, the willingness to take criticism can play a significant role in improving work efficiency especially in group work. **It is obvious that** people who can take criticism realize that they are not perfect. This realization can serve as a key motivator for people to perform better and to improve themselves. With such motivation, they are likely to put in more effort, concentrate better on their tasks, and feel more responsible for their work. **For example**, according to the Ministry of Education of Korea in 2009, there was a huge difference between two groups of students in achievement. Students in group A were asked to share feedback on each other's contribution, and those in group B were not. The study found out that the former group spent more hours studying by 25 percent and performed higher than the latter group. Many of the first of group were able to realize their weaknesses from the feedback, and they made constant effort to overcome them. This implies that giving constructive criticism has a direct correlation to the amount of effort and energy put into studying.

Moreover, the ability to handle criticism allows people to solve problems more wisely. **It is commonly observed that** people may come up with ideas that have been overlooked by others, as the saying goes, "Two heads are better than one". This means that listening to others is likely to reduce the chances of making a mistake. **For instance**, when I was a group leader in grade eight, I had a huge misunderstanding that led to a fight with one of the members in my group. I decided not to speak to her until she apologized to me first. However, the other members suggested that I should mend things by taking the initiative to apologize first. I carefully listened to them and took their advice. It turned out that it was a misunderstanding on my part. Had I not spoken to her, we would have never cleared the issue. As a result, all of the members were able to work together more comfortably.

* **In conclusion, I firmly believe that** the advantages of accepting feedback far outweigh its disadvantages **for the reasons I have mentioned above**. **All in all**, the importance of being open to criticism in group work cannot be underestimated in order to improve the quality of life.

해석 많은 이들은 모든 사람들이 똑같은 과제 수행 방식을 갖고 있거나 똑같은 신념을 공유하는 것은 아니기 때문에 집단 작업에서 비판을 수용하는 것이 성공을 보장하는 것은 아니라고 주장할지도 모른다. 이런 통념과 반대로, 나는 다음과 같은 이유로 비판에 개방적인 것이 집단 작업에서의 성공에 있어서 가장 중요한 역할을 한다고 생각한다. 집단 작업에 능숙하게 되고 더 나은 해결책을 찾을 수 있다.

우선, 비판을 기꺼이 받아들이려는 마음은 특히 집단 작업에 있어서 작업 효율성을 향상시키는 데 중요한 역할을 할 수 있다. 비판을 받아들일 수 있는 사람들은 그들이 완벽하지 않다는 점을 인식하고 있다는 것이 분명하다. 이러한 자각은 일을 더 잘 해내고 스스로를 향상하려는 핵심적인 동기 부여 요소로서의 역할을 할 수 있다. 이런 동기 부여가 있으면, 사람들은 더 많이 노력하고, 과제에 더 잘 집중하며, 그들의 업무에 보다 더 책임을 느낄 것이다. 예를 들어, 2009년 한국 교육부에 따르면, 성취도에 있어서 두 학생 집단 간에는 큰 차이가 있었다. A 집단의 학생들은 서로의 공헌도에 대해 피드백을 공유하도록 했고, B 집단의 학생들은 그렇지 않았다. 이 연구는 전자의 집단이 후자 집단보다 학업에 25% 더 많은 시간을 투자하였고 성적도 더 높다는 것을 밝혀냈다. 첫번째 그룹의 학생 대부분은 피드백을 통해 자신의 약점을 인식할 수 있었고, 그 약점을 극복하기 위해 지속적으로 노력했다. 이는 건설적인 비판은 학업에 들어가는 노력과 에너지의 정도와 직접적인 상관 관계가 있다는 것을 의미한다.

게다가, 비판을 받아들일 수 있는 능력은 사람들이 보다 현명하게 문제를 해결하는 것을 가능하게 한다. "백지장도 맞들면 낫다"라는 속담이 있듯이, 다른 이들이 간과했던 아이디어를 흔히 생각해내기도 하는 것을 일반적으로 보게 된다. 이는 실수할 확률을 줄일 가능성이 있다는 것을 의미한다. 예를 들어, 내가 중학교 2학년의 조장이었을 때, 나는 큰 오해로 인해 팀원 중 한 명과 싸웠다. 나는 그녀가 먼저 사과할 때까지 그녀와 말하지 않기로 마음먹었다. 하지만, 다른 팀원들은 내가 먼저 사과해서 상황을 수습해야 한다고 말했다. 나는 그들의 이야기를 신중하게 듣고 조언을 받아들였다. 이는 내 쪽의 오해였던 것으로 드러났다. 내가 그녀에게 말을 하지 않았다면, 우리는 결코 그 문제를 해결할 수 없었을 것이다. 그 결과, 모든 팀원들이 보다 편안하게 함께 작업할 수 있었다.

결론적으로, 나는 위에서 언급한 이유 때문에 피드백 수용의 장점이 단점보다 훨씬 많다고 굳게 믿는다. 일반적으로, 삶의 질을 높이기 위해 집단 작업에 있어서 비판을 수용하는 것의 중요성은 결코 과소평가될 수 없다.

어휘 criticism[krítəsìzm] 비판 guarantee[gæ̀rəntíː] 보장하다 efficiency[ifíʃənsi] 효율성 realize[ríːəlàiz] 인식하다
contribution[kɑ̀ntrəbjúːʃən] 공헌 overcome[òuvərkʌ́m] 극복하다

선생님이 알려주는 점수보장 TIP

[(A)가 좋다]

* **In conclusion, I firmly believe that the advantages of accepting feedback far outweigh its disadvantages for the reasons I have mentioned above.**
결론적으로, 나는 위에서 언급한 이유 때문에 피드백 수용의 장점이 단점보다 훨씬 많다고 굳게 믿는다.

이 문장에 쓰인 표현인 'The advantages of (A) far outweigh its disadvantages'는 '(A)가 좋다'라는 의미를 영작할 때 사용할 수 있습니다.

이 외에 다음과 같은 표현을 활용해보아도 좋습니다.

- (A)가 성공에 도움이 된다
  - (A) guarantees one's success.
  - (A) is the key to one's success.

- (A)가 (B)보다 좋다
  - (A) is better than (B).
  - (A) is preferable to (B).
  - The advantages of (A) far outweigh those of (B).

www.goHackers.com

스타토플 실전 WRITING

실전모의고사 04

통합형 문제
모범 답안·지문·해석

독립형 문제
모범 답안·해석

통합형 문제 경제 세계화의 이점

읽기 지문

Globalization is the process of removing geopolitical difficulties in international trade. The idea is to allow the entire world to have access to the cheapest, highest quality goods without penalty. All countries benefit together as the most efficient companies are rewarded for producing the best quality cheapest goods. There are several benefits in globalizing the world economy.

Workers gain from globalization through the actions of wealthy foreign companies that invest in the creation of factories and hire employees from local populations. In many Asian and African countries, this investment has led to a robust middle class that is enabling many countries to bring their societies out of poverty. As middle class workers increase domestic spending, a strong sustainable economy is created. Foreign companies also traditionally pay higher wages than domestic firms and also provide better benefits, such as paid family leave.

Foreign companies also traditionally bring entirely new technologies and drive education and training among locals. By increasing training in advanced fields, such as semiconductor technology or consumer electronics manufacturing, technological advances occur more frequently. This drives the global quality of life up even in the poorest regions as technology becomes cheaper and more accessible with age. Anyone with an internet connection, which is currently estimated at 40% of the world, can receive education, find consumable media, and communicate globally. This was impossible in 1995 when only 1% had internet access.

Instead of being limited to only the few dominating companies that sell goods, consumers are able to choose from the cheapest producers worldwide. Advances in internet technology and shipping have allowed for consumers to shop from all corners of the globe from their homes and receive goods without leaving their homes. This forces competition among companies and incentivizes the need to produce high quality goods efficiently.

해석 세계화는 국제 교역의 지정학적인 장벽을 없애는 과정이다. 이 개념은 전 세계가 아무런 불이익 없이 가장 저렴하고 최고 품질의 제품을 이용할 수 있도록 하는 것이다. 가장 효율적인 회사들에게 최고 품질의 가장 저렴한 제품을 생산할 기회가 주어지므로 모든 국가들이 함께 이득을 본다. 세계 경제가 세계화되면 몇 가지 좋은 점들이 있다.

공장을 세우는 데 투자하고 현지 사람들로부터 직원을 채용하는 부유한 외국 기업들의 활동을 통해 노동자들은 세계화로부터 이익을 얻는다. 아시아와 아프리카의 많은 국가들의 경우, 이러한 투자는 많은 나라들이 그들의 사회를 가난으로부터 벗어날 수 있게 해주었던 견고한 중산층을 만들어냈다. 중산층 노동자들의 국내 소비가 늘어나면서, 견고하면서도 지속 가능한 경제가 만들어진다. 외국 기업들은 또한 통상적으로 국내 기업들보다 높은 임금을 지급하는 것은 물론, 유급 가족 휴가와 같은 더 나은 혜택을 제공한다.

외국 기업들은 또한 일반적으로 완전히 새로운 기술을 도입하며 지역 주민들이 교육이나 훈련을 받도록 해준다. 반도체 기술이나 전자제품 제조와 같은 첨단 분야에서 교육이 증가함에 따라, 기술 발전이 더 자주 일어난다. 시간이 지나면서 기술이 더 저렴해지고 더 쉽게 이용 가능해지면서, 가장 빈곤한 지역에서조차도 전반적인 삶의 질을 끌어올릴 수 있다. 현재 세계적으로 40%로 추정되는 인터넷 연결이 가능한 지역에 있는 누구든지 교육을 받고, 소비 매체를 찾으며, 전 세계적으로 의사소통할 수 있다. 이것은 세계 인구의 1%만이 인터넷에 접속할 수 있었던 1995년에는 불가능했던 일이다.

상품을 판매하는 몇몇 독점 기업들에 제한되는 대신에 소비자들은 전 세계에서 가장 저렴하게 판매하는 생산자를 선택할 수 있다. 인터넷 기술과 배송 시스템의 발달 덕분에 집에서도 전 세계 모든 매장에서 쇼핑을 할 수 있고 집에서 나오지 않더라도 상품을 받아볼 수 있다. 이는 기업들 사이에 경쟁을 하게 하고 좋은 품질의 제품을 효율적으로 생산해야 할 필요성을 장려한다.

어휘 geopolitical [dʒìːoupəlítikəl] 지정학적인 robust [roubʌ́st] 견고한, 튼튼한, 견고한 sustainable [səstéinəbl] 지속 가능한 paid leave 유급 휴가 semiconductor technology 반도체 기술 accessible [æksésəbl] 이용 가능한 estimate [éstəmèit] 추정하다 consumable media 소비 매체 force [fɔːrs] ~하게 하다 incentivize [inséntəvàiz] 장려하다

강의 스크립트

Globalization has led to a lot of really great things, but, I can't say that I agree with the points that are made in the reading. Let's talk about them.

It's great that countries get new factories and offices. Yes, the workers there get jobs and this definitely improves the state of the local economy. But, where do those jobs come from? They don't just magically appear. The truth is they usually come from a factory or office closing down in one country and then moving to a place that has more lenient tax laws or cheaper labor. When a factory closes down, the workers there all lose their jobs. You know, in the US alone, it is estimated that a total of over 5 million jobs, the majority of them high paying factory jobs, have disappeared since 2000.

Alright, the point made about new technology. The problem that many companies face is that their technologies, especially in the manufacturing sectors, are almost always reverse engineered. Er, that is, people take the product apart to learn how it was made. Even if the exact quality can't be matched, many times, a good design is copied and a cheaper version, referred to as a knockoff, is sold. Cheap knockoffs hurt companies in the short term and having their technology copied is harmful in the long-term. Even though this may lead to more frequent advances in technology, it will almost always harm domestic companies doing business abroad.

Finally, in theory, globalization is fantastic for consumers. It means that we can always get the cheapest, best products without ever leaving our countries. In reality, this is only seen in some cases as countries will often impose steep import taxes, or tariffs, on incoming foreign goods to keep their domestic products more competitive. In fact, 161 countries have introduced new value added taxes, or VATs, since globalization began. VAT in some European countries is over 20% but imported goods that are considered luxury products can carry even higher taxes.

해석 세계화는 매우 좋은 결과를 많이 이끌어 냈지만, 지문에서 주장하는 점들에 대해 동의한다고 말할 수는 없습니다. 그것들에 대해 이야기해 봅시다.

국가에 새로운 공장이나 사무실이 들어선다는 것은 좋은 점입니다. 그렇죠, 그곳의 노동자들은 일자리를 구하고 이것은 분명 그 지역의 경제 상태를 향상시킬 것입니다. 하지만, 이런 일자리들은 어디에서 나오는 것일까요? 그것들이 마술처럼 그냥 나타나지는 않을 것입니다. 실상은, 그 일자리들은 주로 어느 국가의 공장이나 사무실들이 문을 닫고 조세법이 관대하거나 노동력이 더 값싼 곳으로 이전하면서 생기는 것입니다. 한 공장이 문을 닫게 되면, 그곳의 노동자들이 모두 직업을 잃게 됩니다. 그러니까, 미국의 경우만 보더라도, 대다수가 보수가 좋은 공장직인 총 500만개 이상의 일자리가 2000년 이후로 사라진 것으로 추정됩니다.

자, 신기술에 대해 주장한 부분을 살펴봅시다. 많은 회사들이 당면하고 있는 문제는 그들의 기술이, 특히 제조 부문에서, 거의 항상 역으로 설계된다는 것입니다. 음, 즉, 어떻게 만들어졌는지 알기 위해 사람들이 제품을 분해한다는 것이지요. 물론 품질까지 똑같을 수는 없겠지만, 많은 경우, 좋은 디자인은 그대로 베끼고, 복제품이라 불리는 값싼 형태로 판매되는 것입니다. 값싼 복제품은 회사들에 당장 피해를 주고 이렇게 기술이 모방되기 때문에 장기적으로도 피해가 발생하게 합니다. 이는 기술 발전이 더 자주 일어나게 할 수도 있겠지만, 대개 해외에서 사업하는 자국 업체들에게 피해를 줄 것입니다.

마지막으로, 이론적으로 볼 때, 세계화는 소비자들에게도 굉장히 멋진 것입니다. 이것은 우리가 굳이 우리나라를 떠나지 않더라도 가장 저렴한 최고의 제품들을 항상 구할 수 있다는 것을 의미합니다. 실상은, 자국의 제품이 더 경쟁력 있도록 하기 위해 해외에서 들어오는 상품에 높은 수입세, 즉 관세를 부과하기 때문에 이러한 경우는 일부에서만 볼 수 있습니다. 실제로, 세계화가 시작된 이래로 161개 국가에서 부가가치세, 즉 VAT를 새로 도입했습니다. 몇몇 유럽 국가들의 경우에는 이 VAT가 20%를 넘어가는데, 사치품으로 간주되는 수입 상품에는 이것보다 훨씬 높은 세금이 부과됩니다.

어휘 lenient[líːniənt] 관대한, 관용적인　the majority of 대다수의　reverse engineer 역으로 설계하다, 분해하여 모방하다
take something apart ~을 분해하다　refer to as ~이라고 부르다　knockoff[nàkɔ(ː)f] 복제품, 모조품　impose[impóuz] 부과하다, 도입하다
steep[stiːp] 너무 비싼, 급격한　import tax 수입세　value added tax(VAT) 부가가치세

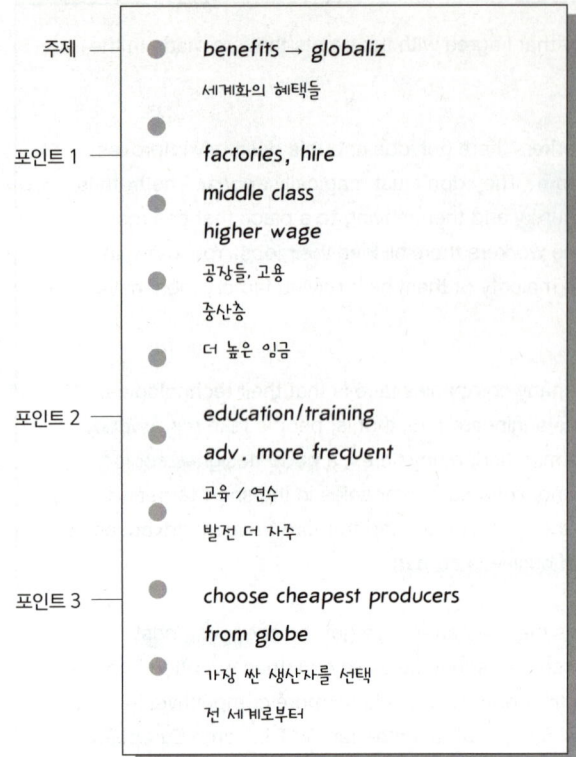
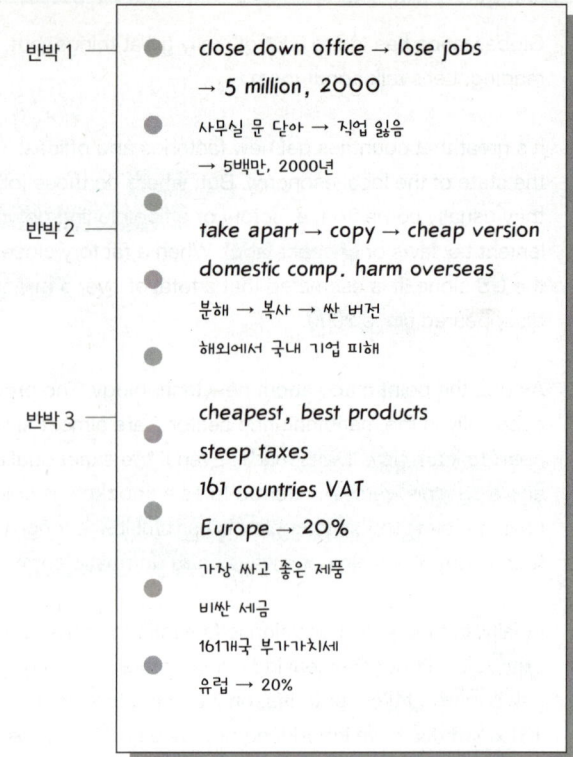

모범 요약문

The lecturer explains there are three negative aspects to globalization, which is the process of removing geopolitical difficulties in international trade while the reading passage supports the opposite position.

First, the speaker says that globalization closes down offices. Many people lose jobs when factories move overseas. In America, 5 million jobs have been lost since 2000 due to globalization. Instead, they are taken from other locations. This strongly refutes the claim made by the reading passage that globalization creates new factories, hires people, and helps the middle class. The new factories and jobs help the country.

Second, the man says that people will take apart technology and copy it to make cheaper versions when foreign companies open new factories. This is very harmful to domestic companies that do business overseas. This rebuts the point made in the reading that globalization creates more education and training which produces more frequent technological advances.

Third, the professor states that 161 countries have added VATs to foreign products so consumers do not really purchase the cheapest products. Some places in Europe have VATs that are over 20%. This offers a counterpoint to the argument mentioned in the reading that consumers are allowed to choose the producers that make the cheapest products.

해석 읽기 지문은 반대 입장을 지지하지만, 교수는 국제 무역에서 지정학적인 어려움들을 없애는 과정인 세계화에는 세 가지 부정적인 측면들이 있다고 설명하고 있다.

첫째로, 교수는 세계화가 사무실 문을 닫게 만든다고 말한다. 공장이 해외로 이전하게 되면 많은 사람들은 직업을 잃는다. 미국에서는, 세계화로 인해 2000년 이후로 500만 개의 일자리가 사라졌다. 대신에, 다른 곳에 그것들을 빼앗기게 된다. 이것은 세계화는 새로운 공장들을 만들고, 사람들을 고용하며, 중산층에게 도움이 된다는 읽기 지문에서 제기한 주장을 강력히 반박한다. 새로운 공장이나 일자리는 국가에 도움이 된다.

두 번째로, 교수는 외국 회사들이 새로운 공장을 열면 사람들이 기술을 분해하고 베껴서 더 저렴한 형태를 만든다고 말한다. 이것은 해외에서 사업을 하고 있는 국내 기업들에 매우 해롭다. 이것은 세계화가 빈번한 기술 발전을 제공하는 더 많은 교육과 훈련의 기회를 만든다는 읽기 지문에서 주장한 점을 반박한다.

세 번째로, 교수는 161개의 국가가 외국 제품에 부가가치세를 더해서 소비자들은 가장 저렴한 상품들을 구입할 수 없다고 말한다. 유럽의 몇몇 국가들은 20%가 넘는 부가가치세를 부과한다. 이것은 소비자가 가장 저렴한 물건을 만드는 생산자를 선택하도록 허용된다는 지문에서 언급된 주장을 반박한다.

어휘 **domestic** [dəméstik] 국내의 **technological advance** 기술 발전, 기술 진보 **foreign product** 외국 제품, 외래품

선생님이 알려주는 점수보장 TIP

읽기 또는 듣기 지문에 사용된 단어를 정확히 그대로 사용한다고 해서 점수가 떨어지지는 않습니다. 하지만 문장의 전반적인 난이도는 비슷해야 합니다. 그렇지 않으면 단순히 문장을 암기한 것으로만 보일 수 있으니 유의하세요.

독립형 문제 인내하는 것은 좋은 방법임 vs. 아님

Question

Do you agree or disagree with the following statement?
As society is becoming competitive and complex, many conflicts can occur. Some people think that being patient is a good way.
Use specific reasons and examples to support your answer.

다음 명제에 찬성하는가 반대하는가?
사회가 경쟁적이고 복잡해질수록 많은 갈등이 일어날 수 있다. 일부 사람들은 인내하는 것이 좋은 방법이라고 생각한다.
구체적인 이유와 예를 들어 자신의 의견을 뒷받침하시오.

■ 아웃라인

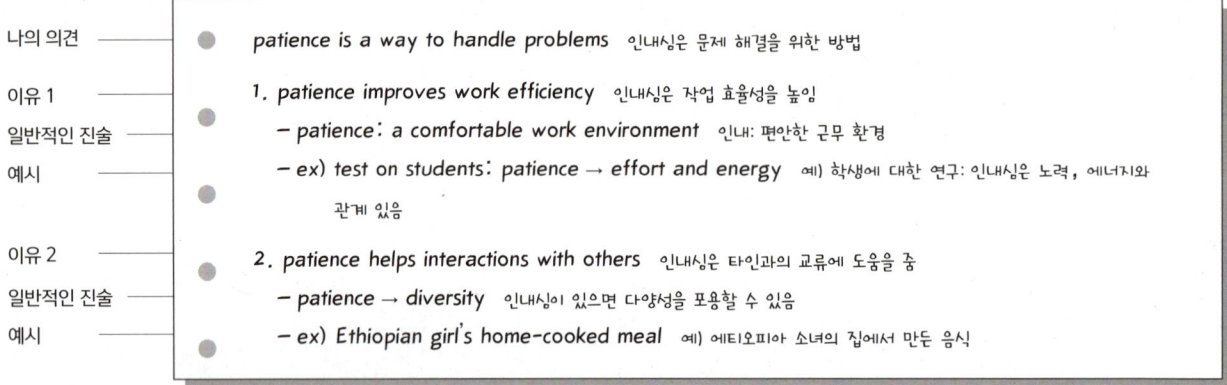

■ 모범 에세이

A large number of people might argue that patience is not a necessary characteristic to resolve a conflict in the competitive and complex world. **Contrary to popular belief, I think that** having patience is a good way to handle problems **for the following reasons**: it improves work efficiency and relationships.

First of all, having patience can play a significant role in improving work efficiency especially in group work. **It is obvious that** being patient with different people and working styles can create a comfortable work environment where people can work without tension or conflict. This friendly atmosphere can serve as a key motivator for people to perform better and to improve themselves. With such motivation, they are likely to put in more effort, concentrate better on their tasks, and feel more responsible for their work. **For example**, according to the Ministry of Education of Korea in 2009, there was a huge difference between two groups of students in achievement. Students in group A were asked to hide their negative feelings and listen to other people when resolving a problem, and those in group B were required to criticize each other openly whenever they faced a conflict. The study found out that the former group spent more hours studying by 25 percent and performed higher than the latter group. This implies that the level of patience has a direct correlation to the amount of effort and energy put into studying.

Moreover, patience enables people to interact well with others. **It is an undeniable fact that** being patient with different people can expose them to different worlds of lifestyles, basic customs and cultures. Through this experience, they can learn to embrace diversity. **For instance**, when I was a class president in the fifth grade, there was an Ethiopian girl who brought a home-cooked meal for lunch. It smelled funny, and she ate it with her hands without using utensils; other students who had never seen such a thing kept their distance from her. On the other hand, I felt comfortable with her, after trying to be more patient with understanding our cultural differences. Patience may not come easily to many of us, but it is an essential skill in achieving success in cross-cultural environments.

In conclusion, I firmly believe that having patience can be a good way to work and make friends **for the reasons I have mentioned above. All in all**, the importance of being patient cannot be underestimated in order to improve the quality of life, as the saying goes, "Patience is bitter, but its fruit is sweet".

해석 많은 이들이 경쟁적이고 복잡한 이 세상에서 인내심은 갈등을 해결하기 위한 필수적인 특성은 아니라고 주장할지도 모른다. 이런 통념과 반대로, 나는 다음과 같은 이유로 인내심은 문제 해결을 위한 좋은 방법이라고 생각한다. 인내심은 작업 효율성과 관계를 개선한다.

우선, 인내심을 갖는 것은 특히 집단 작업에서 작업 효율성을 향상시키는 데 중요한 역할을 할 수 있다. 다른 사람들과 다른 업무 방식을 인내하면 긴장이나 갈등 없이 일할 수 있는 편안한 근무 환경을 만들 수 있다는 것은 분명하다. 이런 친근한 분위기는 사람들이 일을 더 잘 해내고 스스로를 향상시키는 핵심 동기 부여 요소 중 하나로서의 역할을 할 수 있다. 이러한 동기 부여가 있으면, 사람들은 더 많이 노력하고 과제에 더 잘 집중하며, 그들의 업무에 보다 더 책임을 느낄 것이다. 예를 들어, 2009년 한국 교육부에 따르면, 성취도에 있어서 두 학생 집단 간에는 큰 차이가 있었다. A 집단의 학생들은 문제를 해결할 때 부정적인 감정을 감추고 다른 이들을 경청하도록 했고, B 집단의 학생들은 갈등에 직면할 때마다 서로를 솔직하게 비판하도록 했다. 이 연구는 전자 집단이 후자 집단보다 학업에 25% 더 많은 시간을 투자했고 성적도 더 높다는 것을 밝혀냈다. 이는 인내심의 정도가 학업에 들어가는 노력과 에너지의 정도와 직접적인 상관관계가 있다는 것을 의미한다.

게다가, 인내심은 사람들이 다른 이들과 잘 교류할 수 있도록 한다. 나와 다른 사람들을 참아내면 다른 세계의 생활 양식, 기본적인 관습과 문화에 노출될 수 있다는 것은 부정할 수 없는 사실이다. 이러한 경험을 통해서, 다양성을 포용하는 것을 배울 수 있다. 예를 들어, 내가 5학년 반장이었을 때, 점심으로 집에서 만든 음식을 싸온 에티오피아 소녀가 있었다. 음식에서는 특이한 냄새가 났고, 그녀는 도구를 사용하지 않은 채 손으로 그것을 먹었다. 이를 접해보지 못했던 다른 학생들은 그 아이와 거리를 두었다. 반면에, 나는 문화적 차이를 이해하려고 인내심을 갖고 노력한 뒤, 그녀가 편안하게 느껴졌다. 우리 대부분에게 인내심을 갖기란 쉽지 않지만, 그것은 다문화 환경에서 성공을 이루기 필수적인 기술이다.

결론적으로, 나는 위에서 언급한 이유 때문에 인내심을 가지는 것은 작업을 수행하고 친구를 사귀는 좋은 방식이 될 수 있다고 굳게 믿는다. 일반적으로, "인내는 쓰고 열매는 달다"라는 격언이 있듯이, 삶의 질을 높이기 위해서 인내하는 것의 중요성은 결코 과소평가될 수 없다.

어휘 **play a role** ~의 역할을 하다　**comfortable**[kΛmftəbl] 편안한　**concentrate on** ~에 집중하다　**face**[feis] 직면하다　**correlation**[kɔ̀ːrəléiʃən] 상관관계　**interact**[ìntərǽkt] 교류하다　**expose A to B** A를 B에 노출시키다

선생님이 알려주는 점수보장 TIP

[부사절이 아닌 주절에 찬성하고 반대하기]

문제에서 부사절과 주절이 함께 있는 경우, 부사절에 찬성하고 반대하는 것이 아니라, 주절에 찬성하고 반대하는 진술문을 작성 해야합니다. 즉, 이 주제에서 본인의 주제문을 다음과 같이 설정하는 것은 의도한 질문에 대해 답을 한 것이라고 보기 어렵습니다.

- I think that society is not competitive and complex. (×)
- I think that becoming a competitive and complex society does not mean that many conflicts occur. (×)
- I think that as society is becoming competitive and complex, many conflicts can occur. (×)

너무 긴장해서 중요하지 않은 부분에 대해 찬성 혹은 반대하는 글을 쓰지 않도록 주의합시다.

www.goHackers.com

스타토플 실전 WRITING

실전모의고사

05

통합형 문제
모범 답안·지문·해석

독립형 문제
모범 답안·해석

통합형 문제 소들이 지구 자기장 감지 능력을 가졌다는 증거

▪ 읽기 지문

For centuries, farmers have observed that cows seem to point towards north or south while grazing. Though this is not a behavior that is exhibited at all times, it is seen in the overwhelming majority of cow populations. It is most likely that cows have evolved the ability to detect the earth's magnetic field. There are several reasons that support this theory.

Many animals, such as birds and fish, are able to detect the magnetic field of the earth's poles. It would not be very surprising that cows also have this type of sensory perception. Tracks made by herds of other hoofed animals, such as wild deer, have been noted often aligning to magnetic north or south. The ability to detect magnetic fields is useful in that an animal can orient themselves correctly in bad weather or at night.

A major study in 2008 examined thousands of online satellite pictures and was able to demonstrate that cows from all over the world pointed toward the north or south poles at roughly the same time of day. These pictures clearly showed direction orientation and were able to prove that, regardless of the particular elevation or climate of a specific region, all cows tended to face in these directions.

Studies have shown that cows placed near electrical power lines, which disrupt magnetic fields in their area, will begin to point in random directions. Away from power lines, they will align to north or south again. This is a clear indication that they are able to detect the earth's magnetic field in areas where the field is not interrupted. If this was not true, then they would continue pointing in the northerly or southerly directions even near electrical power lines.

해석 수 세기 동안, 농부들은 소들이 풀을 뜯는 동안 북쪽이나 남쪽을 향하고 있는 것 같은 모습을 목격해왔다. 이러한 행동이 항상 나타나는 것은 아니지만, 엄청나게 많은 소들이 이러한 모습을 보인다. 소들이 지구의 자기장을 감지하는 능력을 갖도록 진화했을 가능성이 높다. 이 이론을 뒷받침하는 몇 가지 이유들이 있다.

조류나 어류와 같은 많은 동물들은 지구 극지방의 자기장을 감지할 수 있다. 소들 또한 이러한 감각 인지 능력을 가진다는 것이 크게 놀랄만한 일은 아닐 것이다. 야생 사슴과 같이 발굽을 가진 다른 동물의 무리에 의해 만들어진 발자국들이 자북이나 자남극으로 정렬되어 있는 것이 종종 발견되어 왔다. 자기장을 감지하는 능력은 동물이 악천후나 야간에 자신이 어디에 있는지를 정확히 알 수 있다는 점에서 도움이 된다.

2008년의 주요 연구에서 수천 장의 온라인 위성 사진을 조사하였고 전 세계 소들이 대략 같은 날 같은 시간에 북극이나 남극을 향하고 있었음을 증명해 보일 수 있었다. 이 사진들은 소들이 향하는 방향을 분명하게 보여주었고, 특정 지역의 특정 고도나 기후와는 무관하게, 모든 소들이 이러한 방향으로 향하는 경향이 있다는 것을 증명할 수 있었다.

연구들은 그 지역의 자기장을 방해하는 전선 근처에 위치해 있었던 소들은 무작위의 방향으로 향하기 시작할 것이라는 점을 보여주었다. 전선에서 멀리 떨어지면, 소들은 다시 북쪽이나 남쪽으로 방향을 조정할 것이다. 이것은 자기장이 방해를 받지 않는 곳에서는 소들이 지구의 자기장을 감지할 수 있다는 것을 분명하게 보여주는 것이다. 이것이 사실이 아니라면, 근처에 전선이 있어도 소들은 계속하여 북쪽이나 남쪽 방향을 향하고 있을 것이다.

어휘 graze[greiz] (가축이) 풀을 뜯어먹다, 방목하다   exhibit[igzíbit] 보이다, 전시하다   overwhelming[òuvərhwélmiŋ] 엄청난, 압도적인
magnetic field 자기장   sensory perception 감각 인지   align[əláin] 정렬하다, (~에 맞춰) ~을 조정하다
orient[ɔ́:riənt] (주변 상황과 관련지어) 자기 위치를 알다   roughly[rʌ́fli] 대략, 거의   elevation[èləvéiʃən] 고도, 해발, 높이
disrupt[disrʌ́pt] 방해하다, 지장을 주다   indication[ìndikéiʃən] 보여주는 것, 지표

강의 스크립트

It's a really old legend, you know, that cows face the north or the south when they are in groups. And, it's been observed a lot actually. But, it's not always true and so I'm really hesitant to say the reason is because cows have the ability to detect the earth's magnetic field.

Your reading mentions other animals that can detect magnetic fields. Animals that are able to detect the magnetic fields of the earth migrate across very long distances. Fish and birds often travel thousands of kilometers and have a need for finding their way in poor visibility situations. So, you know what's really weird? Cows only point north and south while they're eating or sleeping; not while they're moving. That doesn't really help if you're trying to get somewhere.

Next, your reading talks about satellite data. A lot of the satellite pictures in that data set were very grainy. You couldn't tell if the picture was of a cow or of hay. Many of the pictures were of individual animals, they didn't show groups pointing in a certain direction; just a single cow. Also, a lot of the groups were seen on the slopes of hills, inclined and pointing in a direction because of the slope. None of those particular pictures can be used to say cows align with north or south.

Also, there was just one team of researchers that claimed that cows near power lines pointed in random directions. Two different teams tried to replicate the exact study and failed to produce the results. They provided evidence of multiple instances when cows near power lines all pointed the same way. If cows were able to detect magnetic fields, then close proximity to power lines should have distorted their perception and caused them to point in different directions.

해석 소들이 무리 지어 있을 때에 북쪽이나 남쪽을 향한다는 것은, 그러니까, 정말 오래된 이야기입니다. 그리고, 실제로 이런 모습이 많이 관찰되었습니다. 하지만, 항상 그런 것은 아니므로, 그 이유가 소들이 지구의 자기장을 감지하는 능력을 가지고 있기 때문이라고는 말하기 어렵습니다.

지문에서는 자기장을 감지할 수 있는 다른 동물들에 대해 언급합니다. 지구의 자기장을 감지할 수 있는 동물들은 아주 장거리를 이동합니다. 어류나 조류들은 보통 수천 킬로미터의 거리를 이동하며 가시성이 좋지 않은 상황에서도 길을 찾아갈 수 있어야 합니다. 자, 정말로 이상한 것이 무엇인지 아시겠어요? 소들은 먹거나 잠을 잘 때에만 북쪽과 남쪽을 향하고, 움직이는 동안에는 그렇지 않다는 것입니다. 다른 곳을 보아도 크게 달라지지 않습니다.

다음, 지문에서는 위성 자료에 관하여 이야기합니다. 해당 데이터의 위성 사진 대부분은 매우 흐릿하게 보입니다. 그 사진이 소인지 건초인지 구별하기 어렵습니다. 많은 사진에서 각각의 동물들만 보였고, 많은 무리의 소들이 특정 방향으로 향하고 있는 모습이 아니라, 달랑 한 마리의 소가 있었습니다. 또한, 많은 무리의 소들이 언덕의 경사지에 있어서, 경사로 인해 한쪽 방향을 향해 기울어져 있는 모습이었습니다. 이 각각의 사진들 중 어느 것도 소들이 북쪽이나 남쪽을 향해 서 있다고 말하기 위해 사용될 수는 없습니다.

또한, 전선 가까이에 있는 소들이 무작위의 방향을 가리킨다고 주장하는 연구팀은 단 한 팀밖에 없었습니다. 두 개의 다른 팀이 바로 그 연구를 반복했지만 그와 같은 결과를 얻지 못했습니다. 그들은 소들이 전선 가까이에 있을 때 모두 같은 방향을 가리켰던 다수의 사례를 증거로 제공하였습니다. 소들이 자기장을 감지할 수 있다면, 전선 가까이에 있는 소들의 지각 기능을 왜곡시켜 소들이 여러 방향을 가리키도록 했을 것입니다.

어휘 migrate[máigreit] 이동하다, 이주하다　visibility[vìzəbíləti] 가시성, 눈에 잘 보임　satellite data 위성 자료　grainy[gréini] 흐릿한, 거친　slope[sloup] 경사지, 경사　incline[inkláin] ~쪽으로 기울다　replicate[répləkèit] 반복하다, 복제하다　proximity[prɑksíməti] 가까움, 근접　distort[distɔ́ːrt] 왜곡하다, 찌그러뜨리다

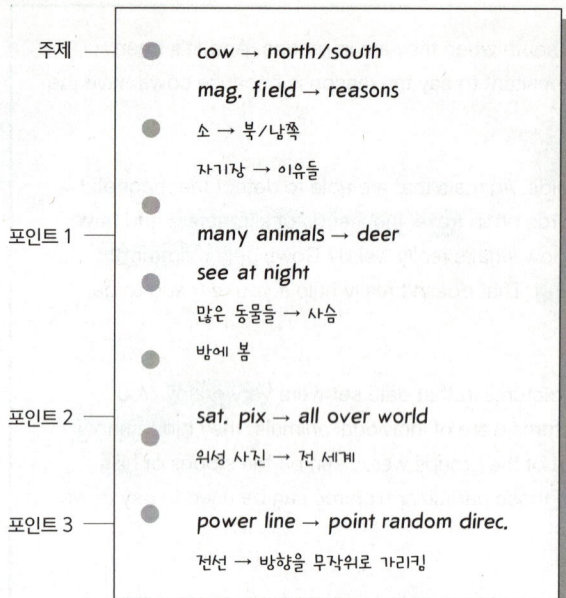
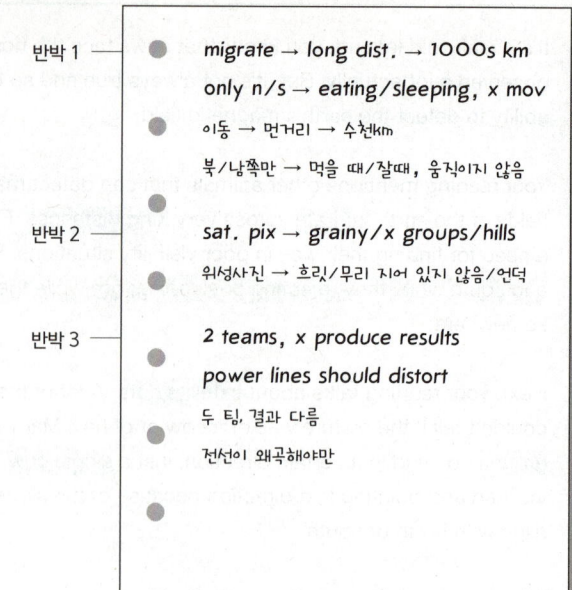

모범 요약문

The lecturer explains reasons for why cows probably cannot detect earth's magnetic fields **while the reading passage supports the opposite position.**

First, the speaker says that animals that can detect the earth's magnetic fields usually migrate across very long distances. Sometimes, they migrate 1000s of kilometers. She explains that cows only point north or south while eating or sleeping. They do not point while moving. **This strongly refutes the claim made by the reading passage that** cows are like other migrating animals.

Second, the woman says that the satellite pictures were very grainy and did not show cows in groups. Also, the cows pointing north were often standing on hills. **This rebuts the point made in the reading that** satellite pictures from all over the world prove that cows all point in the same direction.

Third, the professor states that two different teams were unable to show that cows pointed in different directions near power lines. If cows could detect magnetic fields, then detection would be distorted if they were near power lines. **This offers a counterpoint to the argument mentioned in the reading that** cows near power lines pointed in different directions because their ability to detect magnetic fields was being interrupted.

해석 읽기 지문은 반대 입장을 지지하지만, 교수는 소들이 지구의 자기장을 감지할 수 없는 이유에 대해 설명하고 있다.

첫째로, 교수는 지구의 자기장을 감지할 수 있는 동물들은 주로 매우 장거리를 이동한다고 말한다. 때때로, 그들은 수천 킬로미터의 거리를 이동한다. 그녀는 소들은 먹거나 자는 동안에만 북쪽과 남쪽을 가리킨다고 설명한다. 그들은 움직이는 동안에는 특정 방향만을 가리키지 않는다. 이것은 소들이 다른 이주하는 동물들과 같다는 읽기 지문에서 제기한 주장을 강력히 반박한다.

두 번째로, 교수는 위성 사진이 아주 흐릿하며 무리 지어 있는 소들을 보여주지 않았다고 말한다. 또한, 북쪽을 향하고 있는 소들은 주로 언덕 위에 서있었다. 이것은 전 세계에서 찍은 위성 사진들이 소들이 모두 같은 방향을 향하고 있음을 증명한다는 읽기 지문에서 주장한 점을 반박한다.

세 번째로, 교수는 두 개의 다른 팀이 소들이 전선 근처에서 다른 방향을 향하고 있는 것을 보여줄 수 없었다고 말한다. 만약 소들이 자기장을 감지할 수 있다면, 소들이 전선 근처에 있을 경우에 감지가 왜곡될 것이다. 이것은 전선 주위에 있는 소들이 자기장을 감지하는 능력을 방해받기 때문에 다른 방향을 향하고 있다는 지문에서 언급된 주장을 반박한다.

어휘 **detect** [ditékt] 감지하다, 발견하다 **point** [pɔint] 가리키다, 향하다 **power line** 전선, 송전선 **interrupt** [ìntərʌ́pt] 방해하다, 중단시키다

선생님이 알려주는 점수보장 TIP

짧은 시간 안에 더 많은 정보를 쓰기 위해서는 본인만의 기호나 축약형 표현들을 사용하는 것을 연습해 보세요. 하지만, 이러한 표현들을 쓰느라 집중하게 되면, 중요한 내용을 놓칠 수 있으므로 유의하세요. 내용의 이해를 방해하는 노트테이킹은 위험합니다.

독립형 문제 환경을 개선하기 위해서 해야 할 일

Question

Which of the following do you think people should do in order to improve the environment? Choose one or ones.
- **Use renewable energy sources**
- **Take public transportation**
- **Use paper bags**
- **plant trees in a park**

Use specific reasons and examples to support your answer.

환경을 개선하기 위해서 다음 중 무엇을 해야 한다고 생각하는가? 하나 혹은 여러 개를 고르시오.
- 재생 가능한 에너지원 사용하기
- 대중교통 타기
- 종이 가방 사용하기
- 공원에 나무 심기

구체적인 이유와 예를 들어 자신의 의견을 뒷받침하시오.

아웃라인

나의 의견	● public transportation and renewable energy sources 대중교통과 재생 가능한 에너지원
이유 1	1. public transportation reduces air pollution 대중교통은 대기 오염을 줄임
일반적인 진술	– governments' actions to solve pollution 오염 문제를 위한 정부의 조치
예시	– ex) Pittsburgh's public transit policy 예) 피츠버그의 대중교통 정책
이유 2	2. alternative energy sources 대체 에너지원
일반적인 진술	– using renewable energy sources 재생 가능한 에너지원 사용하기
예시	– ex) solar water heater → save money and the environment 예) 태양열 온수기 → 비용 절감 및 환경 보호

모범 에세이

There are many ways that people can improve the environment, such as using renewable energy sources, taking public transit, using paper bags, and planting trees. **Among them, I believe that** people should take public transportation and use new and renewable energy sources **for the following reasons**: to clean the air and to save energy.

First of all, using public transportation will play a significant role in reducing air pollution. **It is obvious that** increased use of public transportation can decrease the number of car drivers as well as reduce automobile emissions. When governments and individuals take responsibility and actions to decrease activities related to gas emission, they can solve pollution problems. **For example**, Pittsburgh, a city in the United States, made public transportation free in order to promote clean air in the downtown area in the late 20th century. Individuals happily participated not only because it was free, but because they also knew it was for the environment. As a result, there was an increase in people who took buses and the subway instead of driving their own cars. This contributed to a reduction in greenhouse gases, creating less air pollution.

Moreover, utilizing alternative energy sources will contribute to overcoming today's energy crisis. **It is an undeniable fact that** when governments and individuals increase the use of alternative energy sources such as renewable sources, they can depend less on traditional energy sources, such as fossil fuels. In other words, people will no longer rely on fossil fuels which are running out and thus becoming more expensive. **For instance**, when I was in the fourth grade, my father decided to install a solar water heater at our house. The cost of the installation was high, but it was fully offset by government tax breaks on eco-friendly energy. Moreover, we were able to save money that could have been wasted on the maintenance cost coming from using gas every month. In the long run, using solar energy allowed us to save money and the environment.

In conclusion, I firmly believe that people can make the environment better by using public transportation and renewable energy **for the reasons I have mentioned above. All in all**, minimal efforts can lead to a big change in the end.

해석 환경을 개선하기 위해서 재생 가능한 에너지원 사용하기, 대중교통 타기, 종이 가방 사용하기, 그리고 나무 심기 등 많은 방법이 있다. 이 중에서도, 나는 다음과 같은 이유로 대중교통을 타고 새로운 재생 가능한 에너지원을 사용해야 한다고 생각한다. 공기를 깨끗하게 하고 에너지를 절약하기 위함이다.

무엇보다, 대중교통 이용은 대기 오염을 줄이는 데 상당한 역할을 할 것이다. 대중교통 이용이 증가하면 자동차 배기가스를 줄일 뿐만 아니라 승용차 운전자 수를 줄일 수 있다는 것은 분명하다. 정부와 개인이 책임감을 갖고 가스 배출과 관련된 행위를 줄이기 위한 조치를 취할 때, 오염 문제를 해결할 수 있다. 예를 들어, 미국의 도시 피츠버그는 20세기 말, 도심 지역의 공기를 깨끗하게 하기 위해 대중교통을 무료화했다. 시민들은 기꺼이 참여했는데 무료이기 때문만이 아니라, 환경을 위해서라는 것을 알았기 때문이다. 그 결과, 자가용을 운전하는 대신에 버스와 지하철을 타는 사람들이 증가했다. 이는 온실가스 감소에 기여해 대기 오염을 줄였다.

게다가, 대체 에너지원을 활용하는 것은 오늘날 에너지 위기를 극복하는 데 도움이 될 것이다. 정부와 개인이 재생 가능한 에너지원과 같은 대체 에너지원의 사용을 늘렸을 때, 화석 연료와 같은 기존의 에너지원에 덜 의존할 수 있다는 것은 부정할 수 없는 사실이다. 즉, 사람들은 고갈되며 그래서 점점 더 비싸지고 있는 화석 연료에 더 이상 의존하지 않게 될 것이다. 예를 들어, 내가 4학년일 때, 아버지는 태양열 온수기를 집에 설치하기로 하셨다. 설치 비용은 비쌌지만, 친환경 에너지에 대한 정부의 세금 우대 정책으로 비용은 완전히 보상받았다. 그뿐만 아니라, 우리는 매달 가스 사용에서 발생하는 관리비에 낭비할 수도 있었던 돈을 절약할 수 있었다. 결국, 태양 에너지를 사용해서 돈은 절약하고 환경은 살릴 수 있었다.

결론적으로, 나는 위에서 언급한 이유로, 사람들은 대중교통과 재생 가능한 에너지원을 사용함으로써 환경을 개선할 수 있다고 굳게 믿는다. 일반적으로, 최소한의 노력은 결국 큰 변화를 이끌어낼 수 있다.

어휘 public transit 대중교통 air pollution 대기 오염 decrease[dikríːs] 줄이다 emission[imíʃən] 배기가스 instead of ~대신에 reduction[ridʌ́kʃən] 감소 depend on ~에 의존하다 traditional[trədíʃənl] 기존의 installation[ìnstəléiʃən] 설치

선생님이 알려주는 점수보장 TIP

[1개 또는 여러 개를 선택하는 문제 유형]

이번 문제처럼 지문에 "Choose one or ones."로 제시되면, 1개 혹은 여러 개를 선택할 수 있습니다. 1개를 선택하는 경우에는 그것의 장점 두 가지로 본론1과 본론2를 각각 작성하고, 아이디어가 한 가지 밖에 떠오르지 않는 경우에는, 선택지를 2개 선택하고 각각의 장점으로 본론1과 본론2를 작성하면 의외로 쉽게 점수를 얻을 수 있습니다.

즉, 이번 주제에서 가능한 아웃라인은 다음과 같습니다.

• 1개 선택

서론	대중교통 타기를 선택
본론1	대중교통 타기의 장점1
본론2	대중교통 타기의 장점2

• 2개 선택

서론	대중교통 타기와 재생 가능한 에너지원 사용하기 선택
본론1	대중교통 타기의 장점1
본론2	재생 가능한 에너지원 사용하기의 장점1

www.goHackers.com

스타토플 실전 WRITING

실전모의고사 06

통합형 문제
모범 답안·지문·해석

독립형 문제
모범 답안·해석

통합형 문제　코뿔소를 보호하기 위한 인조 코뿔소 뿔 개발

읽기 지문

The rhinoceros is a large land herbivore indigenous to Africa and parts of Asia. They are iconic due to their very prominent horns. These horns are highly prized in traditional eastern medicine as a cure for a broad range of ailments and hunting them caused the near extinction of the animal as poachers kill them illegally to harvest their horns. A US based company has successfully created synthetic rhino horns in the hope that selling these will protect remaining rhinos.

The firm hopes to make rhino horns worthless. Injecting keratin into yeast produces a material that is chemically identical to rhino horns and can be produced in large amounts very quickly. It is indistinguishable from real horns, which can be sold for up to $100,000 USD per kilogram due to their very limited supply. Increasing supply with fake horns will greatly reduce the price of rhino horns and the number of rhinos killed annually.

Though the horns are prescribed in Asia, especially in China, for healing sore joints, fatigue, and even cancer, there is no medical evidence that supports any of these claims. By asking retailers and pharmacies in Asia to replace their authentic rhino horns with the synthetic horns, then no further rhino deaths will be required. Telling people that synthetic horns are just as beneficial as rhino horns will show consumers that there is no need to search for real rhino horns.

The use of synthetic horns would greatly decrease the pressure on park rangers who currently patrol natural wildlife refuge areas. As the number of poachers outnumber border patrols, the killing of rhinos is very difficult to control even though penalties for illegally killing rhinos is very steep. With the sudden increase in the supply and the decrease in the demand for rhino horns, the number of poachers will also decrease.

해석　코뿔소는 아프리카와 아시아 일부 지역 토종의 대형 초식 동물이다. 그들은 매우 특출난 뿔로 아주 상징적이다. 이러한 뿔들은 전통 동양 의학에서 다양한 질병의 치료제로 매우 귀하게 여겨지며, 뿔을 구하기 위해 밀렵꾼들이 불법으로 코뿔소를 죽이면서 코뿔소 사냥은 거의 멸종을 초래하였다. 미국에 본사를 둔 한 회사는 인조 뿔을 판매하여 남아있는 코뿔소들을 보호하고자 하는 바람으로 성공적으로 인조 코뿔소 뿔을 만들었다.

이 회사는 코뿔소의 뿔을 가치 없는 것으로 만들기를 바라고 있다. 효모에 케라틴을 주입하면 화학적으로 코뿔소 뿔과 똑같은 물질이 만들어지는데 매우 빠르게 대량 생산이 가능하다. 공급이 매우 제한적이라 킬로그램당 최대 10만 달러까지 판매되는 진짜 뿔과 구별하기도 쉽지 않다. 가짜 뿔의 공급을 늘리는 것은 코뿔소 뿔의 가격을 크게 떨어뜨려 해마다 목숨을 잃는 코뿔소의 수도 줄어들 것이다.

아시아, 특히 중국에서는, 뿔이 관절염, 피로, 심지어는 암 치료를 위해 처방되지만, 이러한 주장을 뒷받침할만한 어떠한 의학적 증거도 없다. 아시아의 판매업체와 약국들에게 진짜 코뿔소 뿔을 인조 뿔로 대체하도록 요청한다면, 더 많은 코뿔소의 죽음이 필요하지 않게 될 것이다. 사람들에게 인조 뿔이 코뿔소 뿔만큼이나 이롭다고 설명한다면 굳이 진짜 뿔을 찾을 필요가 없다는 사실을 소비자들에게 보여줄 것이다.

인조 뿔의 사용은 야생동물보호구역을 순찰하는 공원 경비원들의 부담감도 크게 줄일 것이다. 밀렵꾼들의 수가 순찰대보다 훨씬 많기 때문에, 코뿔소를 불법적으로 죽이는 것에 대한 벌금이 매우 비싸다 하더라도 코뿔소를 죽이는 것을 통제하기는 매우 어렵다. 공급이 갑자기 증가하고 코뿔소 뿔에 대한 수요가 줄어든다면, 밀렵꾼의 수 또한 감소하게 될 것이다.

어휘　herbivore[hə́ːrbəvɔ̀ːr] 초식 동물　indigenous[indídʒənəs] 토종의, 원산의, 토착의　prominent[prɑ́mənənt] 중요한, 유명한, 두드러진
be highly prized 매우 귀하게(소중히) 여겨지다　ailment[éilmənt] 질병　poacher[póutʃər] 밀렵꾼　synthetic[sinθétik] 인조의, 합성의
keratin[kérətin] 케라틴(머리카락·깃털·뿔 등을 형성하는 단백질)　indistinguishable[indistíŋgwiʃəbl] 구분이 안 되는, 분명하지 않은
prescribe[priskráib] 처방하다, 규정하다　fatigue[fətíːg] 피로

강의 스크립트

OK, saving the rhinoceros is important, I'm not going to disagree with that. The company mentioned in your reading has the right intentions, but, I'm not totally convinced by the reasons that were given. Let's go over them in order.

First, while it might make sense that increasing supply will decrease demand, rhino horn is different. It's considered a status symbol in Asia and it's currently priced so high that most people simply can't afford it. By increasing the supply, you're going to open up all kinds of new uses for the product and give a lot more people access to using rhino horn on a regular basis. I mean, there's a beer in Asia that contains powdered buffalo horn. In fact, they would probably rebrand their product as containing powdered rhino horn and sell a whole lot more.

Right, um, next. Having stores advertise fake horns. The truth is that if there is suddenly a company making money selling synthetic horns, then people get suspicious and think "Hey, there has got to be a reason why they're doing this. I bet that real horns are even better". What you would see is a sharp increase in the number of rhino killed per year as more people would try harder to obtain the real thing.

Finally, I don't think that synthetic horns would make it easier for park rangers. Like I said, I think illegal killing of rhinos would increase. Moreover, I think that the strain would increase for international customs agents who would have to try to catch smugglers with real horns and separate them from honest people just selling the synthetic horns. Remember, when you grind them up, the two are identical and impossible to tell apart. Having synthetic rhino horns available on the market would make the international transport of illegal rhino horns easier.

해석 자, 코뿔소를 구하는 일은 중요하며, 저는 이에 대해 반대하지는 않습니다. 지문에 언급된 회사는 좋은 의도를 가지고 있지만, 주어진 이유들에 대해서는 완전히 납득이 가지 않습니다. 순서대로 살펴보도록 하죠.

첫째, 공급이 늘어나면 수요가 줄어든다는 사실은 말이 되지만, 코뿔소 뿔의 경우에는 좀 다릅니다. 아시아에서 코뿔소 뿔은 하나의 신분 상징이며 현재 가격 또한 매우 비싸기 때문에 대부분의 사람들이 간단히 살 수 있는 것이 아닙니다. 공급이 늘어나면, 온갖 새로운 용도로 사용하도록 개방되어 훨씬 더 많은 사람들이 정기적으로 코뿔소 뿔을 사용하도록 접근이 가능해집니다. 말하자면, 아시아에는 분말로 된 물소 뿔이 들어간 맥주가 있습니다. 실제로, 그들이 분말로 된 코뿔소 뿔이 들어간 제품을 새롭게 선보여 훨씬 더 많이 팔 수도 있을 것입니다.

자, 음, 다음입니다. 상점들이 가짜 뿔을 광고하게 하는 것입니다. 사실은 만약 어떤 회사가 갑자기 인조 뿔을 팔아 돈을 번다면, 사람들은 이상하게 여기며 "그들이 이렇게 하는 데에는 분명 이유가 있을 거야. 그렇다면 진짜 뿔이 인조보다 분명 더 좋을 거야"라고 생각하게 됩니다. 여러분이 보게 될 것은 더 많은 사람들이 진짜를 구하기 위해 더욱 애쓰면서 해마다 목숨을 잃는 코뿔소의 수가 급격하게 증가하는 것입니다.

마지막으로, 저는 인조 코뿔소 뿔이 공원 경비원들의 일을 더 쉽게 할 것이라고 생각하지 않습니다. 제가 말했던 것처럼, 코뿔소의 불법 사냥만 늘어날 것이라고 생각합니다. 게다가, 진짜 뿔 밀수꾼들을 잡아야 하고 단지 인조 뿔만을 판매하는 정직한 사람들과 이들을 구별해야 하는 국제 세관원들의 부담이 늘어날 것이라고 생각합니다. 기억하시죠, 그것들을 분쇄하면, 그 두 가지는 생김새가 똑같아 구별하는 것이 불가능합니다. 인조 코뿔소 뿔을 시장에서 이용 가능하게 하는 것은 불법 코뿔소 뿔의 국제적 이동을 더욱 용이하게 할 것입니다.

어휘 intention[inténʃən] 의도, 목적　convinced[kənvínst] 확신하는　status[stéitəs] 신분, 지위　on a regular basis 정기적으로
get suspicious 이상하게 생각하다, 의심하다　strain[strein] 부담, 중압감　smuggler[smʌ́glər] 밀수업자
grind[graind] (곡식 등을 잘게) 분쇄하다, 갈다, 빻다　tell apart 구별하다, 분간하다

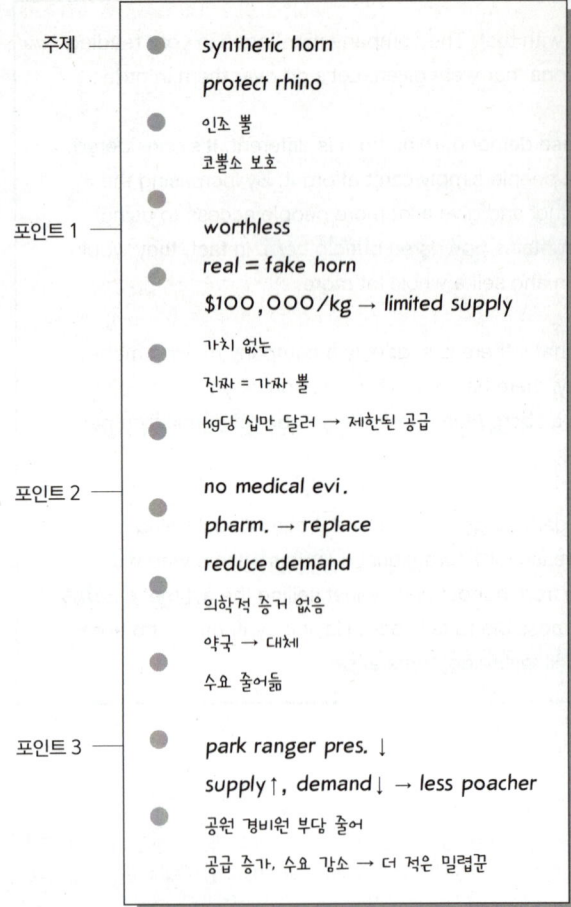
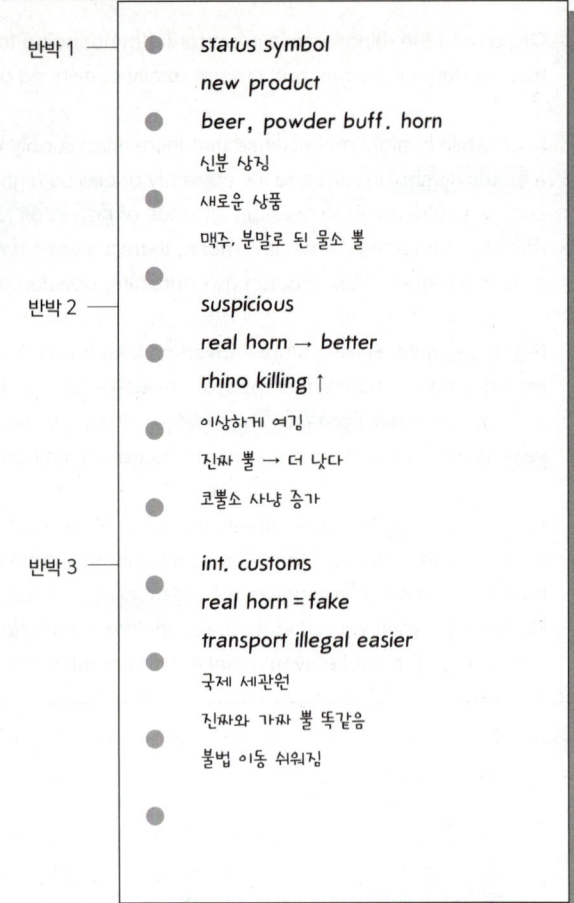

모범 요약문

The lecturer explains why the creation of synthetic rhino horns will not be helpful in protecting rhino populations **while the reading passage supports the opposite position.**

First, the speaker says that rhino horns are a status symbol. He believes that more new products will be created. An example he states is a beer that contains powdered buffalo horn. **This strongly refutes the claim made by the reading passage that** making a lot of synthetic rhino horn will decrease price and decrease demand.

Second, the man says that people will become suspicious if synthetic rhino horns are sold. They will believe that the real horns are much better. This will cause an increase in the number of rhinos killed. **This rebuts the point made in the reading that** people will listen when pharmacies claim that synthetic rhino horns and real rhino horns are the same.

Third, the professor states that international customs employees will have more difficulty. Illegal transport of horns makes smuggling easier because real horns are identical to synthetic horns. **This offers a counterpoint to the problem mentioned in the reading that** synthetic horns will make it easier for park rangers.

해석 읽기 지문은 반대 입장을 지지하지만, 교수는 왜 인조 코뿔소 뿔을 만드는 것이 코뿔소 개체 수를 보호하는 데 도움이 되지 않는지에 대하여 설명하고 있다.

첫째로, 교수는 코뿔소 뿔이 신분의 상징이라고 말한다. 그는 더 많은 새로운 제품들이 만들어질 거라고 믿는다. 그가 말하는 한 예는 분말로 된 물소 뿔이 들어간 맥주이다. 이것은 인조 코뿔소 뿔을 많이 만드는 것이 가격을 낮추고 수요를 낮출 것이라는 읽기 지문에서 제기한 주장을 강력히 반박한다.

두 번째로, 교수는 인조 코뿔소 뿔이 팔리면 사람들이 이상하게 생각하기 시작할 것이라고 말한다. 그들은 진짜 뿔들이 훨씬 낫다고 믿게 될 것이다. 이것은 죽게 되는 코뿔소 수의 증가를 야기할 것이다. 이것은 약국들이 인조 코뿔소 뿔과 진짜 코뿔소 뿔이 같다고 주장하면 사람들이 그 말을 들을 것이라는 읽기 지문에서 주장한 점을 반박한다.

세 번째로, 교수는 국제 세관 직원들이 더 많은 어려움을 겪을 것이라고 말한다. 진짜 뿔이 인조 뿔과 똑같으므로 뿔의 불법 유통이 밀수를 더 용이하게 만들게 된다. 이것은 인조 뿔이 공원 경비원들을 좀 더 수월하게 만들어줄 것이라는 읽기 지문에서 언급된 문제를 반박한다.

어휘 status[stéitəs] 신분, 지위　customs[kʌ́stəms] 세관　illegal[ilíːgəl] 불법적인　smuggling[smʌ́gliŋ] 밀수, 밀반입(출)
identical[aidéntikəl] 똑같은, 동일한　park ranger 공원 경비원

선생님이 알려주는 점수보장 TIP

토플 라이팅 통합형에서 구조 및 표현을 선택할 때는, 여러분이 사용하기 가장 편한 구조 및 표현 한 가지만 기억하셔도 충분합니다. 스스로의 작문 실력에 맞는 구조 및 표현을 이용하고, 사용하기에 편한 것으로 바꾸어도 괜찮습니다.

독립형 문제 쉬운 과제하기 vs. 어려운 과제하기

Question

Do you agree or disagree with the following statement?
Some people prefer doing schoolwork or jobs that are easy to challenging ones.
Use specific reasons and examples to support your answer.

다음 명제에 찬성하는가 반대하는가?
어떤 이들은 어려운 과제나 직업보다는 쉬운 과제나 직업을 선호한다.
구체적인 이유와 예를 들어 자신의 의견을 뒷받침하시오.

■ 아웃라인

- 나의 의견 — prefer easy work   쉬운 과제를 선호

- 이유 1 / 일반적인 진술 — 1. improve work efficiency   작업 효율성 높임
  - accomplished even with a small amount of effort   적은 노력으로도 성취
- 예시
  - ex) students who take the most advanced courses failed most of the exams
    예) 가장 수준 높은 수업을 들은 학생들은 대부분의 시험을 망침

- 이유 2 / 일반적인 진술 — 2. stay healthy   건강 유지
  - difficult tasks are beyond their capabilities → stress, weaken the immune system
    어려운 과제는 그들의 능력 밖 → 면역 체계 약화시켜 스트레스 유발
- 예시
  - ex) a test on mice   예) 쥐 실험

■ 모범 에세이

A large number of people might argue that taking up challenging tasks is better because it teaches endurance and a sense of accomplishment. **Contrary to popular belief, I think that** it is more important to choose easy tasks than difficult ones **for the following reasons**: to make better use of time and to reduce anxiety.

First of all, taking care of easy tasks can play a significant role in improving work efficiency. **It is obvious that** easy tasks can be readily accomplished even with a small amount of effort. Such ease of accomplishment can serve as a key motivator for people to perform better and to improve themselves. With such motivation, they are likely to put in more effort, concentrate better on their tasks, and feel more responsible for their work. **For example**, according to the Ministry of Education of Korea in 2009, there was a huge difference between two groups of students in achievement. Students in group A were asked to take a course appropriate for their level, and those in group B were required to take the most advanced course. The study found out that the former group spent more hours studying by 25 percent and performed higher than the latter group. In particular, most of the second group responded that they began to lose interest slowly, as they failed most of the exam, despite their attempts to study hard. This implies that having realistic goals has a direct correlation to the amount of effort and energy put into working or studying.

Moreover, taking easy work allows people to stay healthy. **It is an undeniable fact that** easily attainable goals can create peace of mind, while difficult ones can stress them out by making them feel anxious, depressed, and discouraged. In fact, many of the difficult tasks are beyond their capabilities. Also, stress is one of the main factors of diseases through the weakening of the immune system. **For instance**, according to a study conducted by Seoul National University of Korea in 2010, a test on mice showed that life span was shortened when they regularly underwent a series of electric shocks. The mice that were continuously under a high level of stress showed signs of deteriorating body conditions. Interestingly, the researchers found a link between this and human beings who suffered from periodic stress. This implies that high stress levels coming from challenging work can negatively affect humans, resulting in a shorter life span.

In conclusion, I firmly believe that the advantages of doing easy tasks far outweigh those of doing difficult ones **for the reasons I have mentioned above. All in all**, the importance of taking an easier path cannot be underestimated in order to improve the quality of life.

해석 많은 이들이 어려운 과제를 수행하는 것은 인내와 성취감을 가르쳐주기 때문에 더 낫다고 주장할지도 모른다. 이런 통념과 반대로, 나는 다음과 같은 이유로 어려운 것보다는 쉬운 과제를 선택하는 것이 더 중요하다고 생각한다. 시간을 보다 잘 활용하고 불안감을 줄이기 위함이다.

우선, 쉬운 과제를 수행하는 것은 작업 효율성을 높이는 데 중요한 역할을 할 수 있다. 쉬운 과제는 적은 양의 노력으로도 쉽게 완수할 수 있다는 것이 분명하다. 과제 완수에 있어서 이러한 수월성은 맡은 바를 더 훌륭하게 수행하고 스스로를 향상시키려는 핵심적인 동기 부여 요소로서의 역할을 할 수 있다. 이런 동기 부여가 있으면, 사람들은 더 많은 노력을 쏟고, 그들의 과제에 더 잘 집중하며, 더욱 큰 책임을 느낄 것이다. 예를 들어, 2009년 한국 교육부에 따르면, 성취도에 있어서 두 학생 집단 간에는 큰 차이가 있었다. A 집단의 학생들은 그들의 수준에 적합한 수업을 듣도록 했고, B 집단의 학생들은 가장 높은 수준의 수업을 들어야 했다. 이 연구는 전자 집단이 후자 집단보다 학업에 25% 더 많은 시간을 투자하였고 성적도 더 높다는 것을 밝혀냈다. 특히, 두 번째 집단의 학생들 대부분은 공부를 열심히 하려는 그들의 노력에도 불구하고, 대부분의 시험을 망쳐서 서서히 흥미를 잃기 시작했다고 응답했다. 이는 현실적인 목표를 세우는 것이 일이나 학업에 들어가는 노력, 그리고 에너지와 직접적인 상관 관계가 있다는 것을 의미한다.

그뿐만 아니라, 쉬운 과제를 수행하면 건강을 유지할 수 있다. 어려운 목표는 불안감을 느끼고, 우울하고, 낙담하게 하여서 스트레스를 받을 수 있는 반면에, 쉽게 달성 가능한 목표는 마음의 평안을 줄 수 있다는 것은 부인할 수 없는 사실이다. 사실, 어려운 과제의 대부분은 사람들의 능력 밖에 있다. 또한, 스트레스는 면역 체계를 약화시키며, 질병의 주요 요인 중 하나이다. 예를 들어, 2010년 한국의 서울대학교가 실시한 연구에 따르면, 쥐를 대상으로 한 실험에서, 쥐가 정기적으로 연속적인 전기 충격을 겪었을 때 수명이 단축되는 것으로 밝혀졌다. 연속적으로 높은 수치의 스트레스를 받은 쥐는 건강 상태가 악화되는 징후를 보였다. 흥미롭게도, 연구원들은 이 쥐 실험과 주기적으로 스트레스를 받은 사람과의 연관성을 밝혀냈다. 이는 어려운 과제 수행으로 인한 높은 스트레스 수치가 사람에게도 부정적인 영향을 미쳐서 수명을 단축시킬 수 있음을 의미한다.

결론적으로, 나는 위에서 언급한 이유 때문에 쉬운 과제 수행의 장점이 어려운 과제 수행의 단점보다 훨씬 많다고 굳게 믿는다. 일반적으로, 삶의 질을 높이기 위해 더 쉬운 길을 선택하는 것의 중요성은 결코 과소평가될 수 없다.

어휘 accomplishment[əkámpliʃmənt] 성취　make use of ~을 활용하다　anxiety[æŋzáiəti] 불안감　readily[rédəli] 쉽게
despite[dispáit] ~임에도 불구하고　peace of mind 마음의 평안　capability[kèipəbíləti] 능력

선생님이 알려주는 점수보장 TIP

[off-topic 방지를 위한 추가 설명]

쉬운 일을 할 때 일을 더 잘 하는 사람도 있고, 좀 힘든 일을 할 때 더 발전하는 사람도 있죠. 따라서 더 설명해주는 문장이 필요합니다.

'쉬운 일을 할 때 일을 더 잘한다' 라고 작성하는 경우, 어려운 일을 할 때와 차별화되는 설명을 통하여서 자신의 주관적인 주장을 뒷받침해야 합니다.

ex) Easy tasks can be readily accomplished even with a small amount of effort. Such ease of accomplishment can serve as a key motivator for people to perform better and to improve themselves.

'어려운 일을 할 때 더 발전한다'라고 작성하는 경우, 쉬운 일을 할 때와 차별화되는 설명을 통하여서 자신의 주관적인 주장을 뒷받침해야 합니다.
ex) Difficult tasks require extra effort. When people put in more effort, it is likely to bring a better result.

위와 같은 추가문장이 없으면 주제를 충분히 다루지 않았다고 보고 off-topic 될 수 있으니 필요한 경우 추가 설명을 하도록 합니다.

다음처럼 작성하면 off-topic 될 수 있습니다.
ex) First of all, taking care of easy tasks can play a significant role in improving work efficiency. It is obvious that it can serve as a key motivator for people to perform better and to improve themselves. (×)

www.goHackers.com

스타토플 실전 WRITING

실전모의고사 07

통합형 문제
모범 답안·지문·해석

독립형 문제
모범 답안·해석

통합형 문제 비디오 게임의 폭력성

읽기 지문

80% of American households with a male child own at least one video game system. Global sales of video games are expected to cross 100 billion in 2017. Advancements in technology have produced increasingly realistic graphics and, therefore, graphic violence. This has led many to argue that violence in video games is harmful to players.

Many of these games present obstacles that are successfully overcome through violence. Playing violent video games increases instances of bullying and fighting. Of boys that get into fights at school, 60% played violent video games while the other 40% did not. Several studies show that playing violent video games directly contributes to long-term aggressive behavior not only at home but also at school towards teachers and administrators. Authority figures are frequently challenged in video games where they are often depicted as unfair or oppressive.

Violent video games also explicitly reward acts of violence. Players gain weapons, higher levels, or other accomplishments through acts of violence. Studies show that video game players that play games that reward violence show more aggression and are more likely to be violent than players that play games that punish violence. Many argue that the violence is often committed against fictional monsters. However, many games involve violence to other human characters that are not clearly bad characters.

Especially with young children, players often have difficulties differentiating between their video game character's life and their own. Many video games allow players to customize their own avatars, or fictional representations of the character they want to be. Often times, players will copy behaviors exhibited by their in-game avatar. In the case of violent video games, players will feel the same pleasure committing violence in their real lives as when they commit violent acts in the game.

해석 남자 아이가 있는 미국 가정의 80%에는 비디오 게임기가 최소한 1대는 있다. 비디오 게임의 전세계 매출은 2017년에 천억 달러를 넘어설 것으로 예상된다. 기술의 발전이 점점 더 사실적인 그래픽을 만들어냈고, 결과적으로, 그래픽 폭력이 발생하게 되었다. 이는 많은 사람들이 비디오 게임의 폭력성이 게임 플레이어들에게 유해하다는 주장을 제기하게 했다.

이들 대부분의 게임에는 폭력을 통해 성공적으로 극복할 수 있는 장애물이 나온다. 폭력적인 게임을 하면 남을 괴롭히거나 싸우게 되는 경우가 증가한다. 학교에서 싸움을 하는 남자 아이들 중, 60%는 폭력적인 비디오 게임을 하였으며, 반면 나머지 40%는 게임을 하지 않았다. 몇몇 연구들은, 폭력적인 비디오 게임을 하는 것은 집에서뿐만 아니라 학교에서도 교사와 학교 관계자에게 공격적으로 행동하게 되는 것의 장기적으로 직접적인 원인이 된다는 것을 보여준다. 비디오 게임에서는 권위를 가진 사람들이 자주 공격받는데, 보통 이러한 인물들은 게임에서 불공정하거나 억압적으로 묘사된다.

폭력적인 비디오 게임에서는 또한 폭력 행위에 대해 명백하게 보상한다. 폭력 행위를 통해 플레이어는 무기, 더 높은 레벨, 또는 다른 성취감을 얻기도 한다. 연구는 폭력에 대한 보상이 있는 게임을 하는 사람은 폭력을 응징하는 게임을 하는 사람보다 더 많은 공격성을 보이고 폭력적으로 될 가능성이 더 많다는 것을 보여준다. 많은 사람들이 이 폭력은 보통 가상의 괴물을 상대로 가해진다고 주장한다. 하지만, 많은 게임들이 뚜렷하게 나쁜 캐릭터가 아닌 인간 캐릭터에 대한 폭력을 포함한다.

특히 어린 아이들은, 보통 비디오 게임의 캐릭터와 자신의 모습을 구별하는 데 어려움이 있다. 많은 비디오 게임에서는 플레이어가 되고 싶은 가상의 캐릭터를 표현한 것 즉, 그들의 아바타를 자신의 취향대로 꾸밀 수 있다. 종종, 플레이어들은 게임 속의 아바타가 보여주는 행동을 그대로 따라할 것이다. 폭력적인 비디오 게임의 경우, 플레이어들은 게임 속에서 폭력적인 행위를 저지를 때처럼 실생활에서도 폭력행위를 저지르는 것에 대한 똑같은 즐거움을 느끼게 될 것이다.

어휘 household[háushòuld] 가정 obstacle[ábstəkl] 장애물 contribute to ~에 기여하다 aggressive[əgrésiv] 공격적인
administrator[ædmínəstrèitər] 관리자, 운영 책임자 oppressive[əprésiv] 억압적인 explicitly[iksplísitli] 명백하게, 분명하게
commit[kəmít] (그릇된 일, 범죄를) 저지르다 differentiate[dífərénʃièit] 구별하다 avatar[ǽvətɑːr] 아바타, 화신
representation[rèprizentéiʃən] 묘사, 표현한 것

강의 스크립트

🎧 실전모의고사 07.mp3

Now, I know that a lot of students, and, uh, a lot of adults, love video games. And, some of them are violent. I personally don't like the violence. But, I also think it's your choice to play them. If you don't like violence, then don't play them. And, the points made in your reading, well, I just don't think they're correct.

One thing your reading talks about is that playing violent video games increases bullying and fighting in school. OK, well, that's just not right. Sales of video games increase, uh, basically every year. And, this upward trend has been happening for a long time. But, instances of violent juvenile crime have gone down a lot over the same period. The number of students that have been in at least one fist fight at school has dropped from 43% in 1991 to 25% in 2013. You see the same decrease across more violent crimes too.

Next, your reading says that violent games reward violent behavior. Again, I just think that's wrong. Games that permit violent actions require players to explore complex social interactions that could be good or bad, such as helping strangers or stealing things. These are essential in discovering their moral compasses. Er, that is, their own sense of right and wrong. Particularly true in competitive games, players often talk about teamwork and cooperation, the importance of not cheating in the game, and being humble in victories to not discourage the losing side.

Finally, there is an argument that players of violent games can't tell the difference between game life and real life. Psychological studies have proven that at 7 years old, children are aware, fully, of what is fantasy and what is reality. To say that kids can't tell the difference between violence in fake or real situations is basically saying that everything made for kids should be banned immediately. Kid's cartoons contain a lot of violence. But, you know, that's not even the point. That's why games have the M rating, for mature, meaning they're meant for 19 year olds or older players.

해석 자, 많은 학생들과, 어, 많은 어른들이 비디오 게임을 좋아한다는 것은 저도 알고 있습니다. 그리고, 일부는 폭력적인 게임도 있겠지요. 저는 개인적으로 폭력을 좋아하지 않습니다. 하지만, 이러한 게임을 하는 것은 여러분의 선택이라고 생각합니다. 폭력적인 것을 좋아하지 않는다면, 안 하면 됩니다. 그리고, 지문에서 지적하고 있는 부분들은, 글쎄요, 정확한 내용이라고 생각하지 않습니다.

지문에서 말하는 한 가지는 폭력적인 게임을 하면 교내에서 괴롭힘과 싸움이 늘어난다는 것입니다. 자, 글쎄요, 그렇지는 않습니다. 비디오 게임의 판매량은, 어, 기본적으로 매년 증가하고 있습니다. 그리고, 이러한 증가 추세는 오랫동안 지속되어왔지요. 그렇지만, 청소년 폭력 범죄 발생 건수는 같은 기간 동안 크게 줄었습니다. 학교에서 최소한 한 번이라도 주먹 싸움을 한 학생들의 수는 1991년 43%에서 2013년에는 25%로 감소했습니다. 또한, 이보다 더 폭력적인 범죄도 비슷한 감소 추세를 보였습니다.

다음으로, 지문 내용은 폭력적인 게임은 폭력적인 행동에 대해 보상한다고 말하고 있습니다. 이것도 잘못된 것이라고 생각합니다. 폭력적인 행동을 허용하는 게임에서 플레이어들은 낯선 사람을 도와준다던가 아니면 물건을 훔친다던가 하는 좋을 수도 있고 나쁠 수도 있는 복잡한 사회적 상호작용을 수행해야 합니다. 자신의 도덕 기준을 개발하는 데 있어서 이것은 매우 중요한 부분입니다. 어, 이는, 옳고 잘못된 것을 판단할 수 있는 능력입니다. 특히 상대와 경쟁하는 게임에서, 플레이어들은 주로 팀워크와 협동, 게임에서 상대방을 속이는 행동을 하지 않는 것과 경기에 진 상대방이 기분 상하지 않게 이겼을 때에도 겸손한 모습을 보이는 것에 대해 이야기합니다.

마지막으로, 폭력적인 게임을 하는 플레이어들은 게임 세상과 현실을 구분하지 못한다는 주장이 있습니다. 심리학 연구에 따르면 7살짜리 아이들도 무엇이 가상이고 무엇이 현실인지 충분히 알고 있다는 것이 증명되었습니다. 아이들이 가상의 폭력과 실제 폭력을 구분할 수 없다고 말하는 것은 기본적으로 아이들을 위해 만들어진 모든 것을 금지해야 한다는 말입니다. 아이들의 만화에도 폭력적인 부분들이 많이 포함되어 있습니다. 하지만, 그러니까, 그것이 문제가 되지는 않습니다. 그것이 게임에 19세 혹은 그 이상의 플레이어에게 이용 가능하다는 M 등급, 즉 성인용 표시를 하는 이유입니다.

어휘 bullying[búliiŋ] (약자를) 괴롭히는 것　upward trend 상승 추세, 경향　juvenile crime 청소년 범죄　permit[pəːrmít] 허용하다, 허락하다　social interaction 사회적 상호작용　moral compass 도덕 기준　cooperation[kouàpəréiʃən] 협동, 협력　psychological study 심리학 연구　ban[bæn] 금지하다

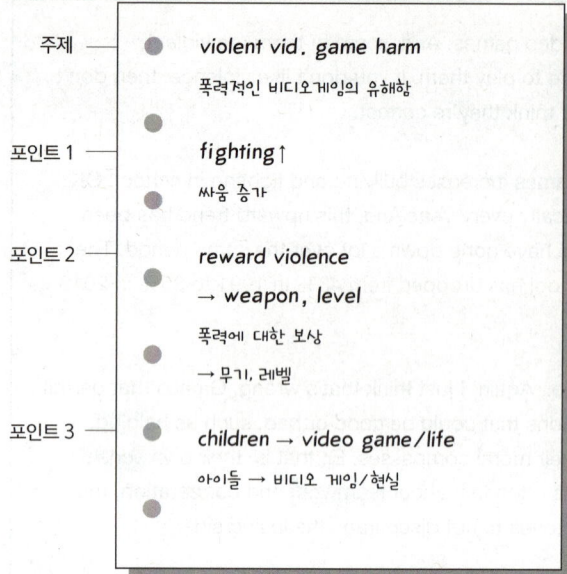
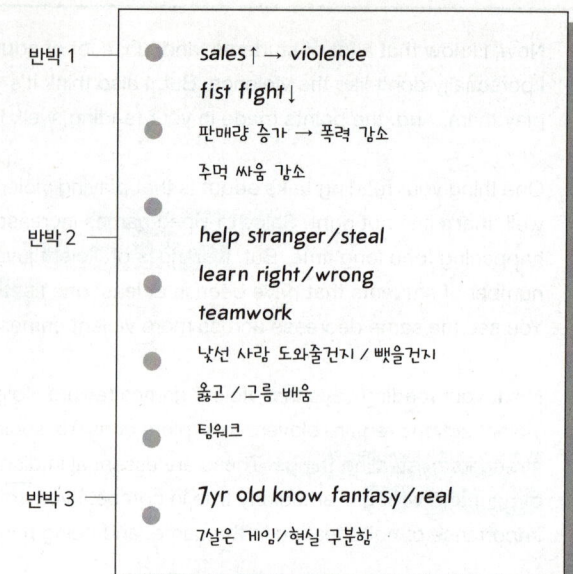

모범 요약문

The lecturer explains violent video games are not harmful to players **while the reading passage supports the opposite position**.

First, the speaker says that sales of violent video games have increased but the amount of violence in school has decreased. Specifically, there are fewer fist fights in school. **This strongly refutes the claim made by the reading passage that** violent video games lead to more bullying and fighting in school.

Second, the woman says that players learn many things in violent video games. They learn how to help strangers or steal things. In some games, players will even have to chance to learn about teamwork. They learn right and wrong. **This rebuts the point made in the reading that** violent video only reward violence by giving players new weapons, higher levels, or new accomplishments.

Third, the professor states that 7 year old children know the difference between fantasy and real life. **This offers a counterpoint to the problem mentioned in the reading that** children are unable to tell the difference between video games and real life.

해석 읽기 지문은 반대 입장을 지지하지만, 교수는 폭력적인 비디오 게임이 플레이어에게 해롭지 않다고 설명하고 있다.

첫째로, 교수는 폭력적인 비디오 게임의 판매가 증가했지만 학교에서의 폭력은 감소했다고 말한다. 자세히 말하면, 학교에서 주먹 싸움이 더 적게 일어났다. 이것은 폭력적인 비디오 게임이 더 많은 괴롭힘이나 싸움을 초래한다는 읽기 지문에서 제기한 주장을 강력히 반박한다.

두 번째로, 교수는 플레이어가 폭력적인 비디오 게임을 통해 많은 것을 배운다고 말한다. 그들은 어떻게 낯선 사람들에게 도움을 주는지 혹은 물건을 훔칠 것인지를 배우기도 한다. 몇몇 게임에서는, 플레이어들이 심지어 팀워크에 대해 배울 기회도 갖게 될 것이다. 그들은 무엇이 옳고 잘못된 것인지에 대해 배운다. 이것은 폭력적인 비디오들이 새로운 무기, 더 높은 레벨, 혹은 새로운 성취감을 플레이어들에게 줌으로써 폭력에 대한 보상을 해줄 뿐이라는 읽기 지문에서 주장한 점을 반박한다.

세 번째로, 교수는 7살 아이들이 가상과 현실에 대한 차이를 알고 있다고 말한다. 이것은 아이들이 비디오 게임과 현실을 구분하지 못한다는 지문에서 언급된 문제를 반박한다.

어휘 harmful[háːrməfl] 해로운, 유해한　fist fight 주먹 싸움, 주먹다짐　lead to ~를 초래하다, ~로 이어지다　accomplishment[əkámpliʃmənt] 성취
tell the difference 구분하다, 구별하다

선생님이 알려주는 점수보장 TIP

때로는 하나의 세부사항을 놓칠 수도 있습니다. 당황하지 말고, 여러분이 노트테이킹한 정보에 집중하여 큰 맥락을 이해하도록 노력하는 것이 중요합니다.

독립형 문제 정부가 지출을 줄여야 하는 부분

Question

A budget deficit occurs when the government spends more than it taxes. To overcome this problem, the government needs to reduce the amount of money it pays. Which of the following do you think the government should decrease its spending on?
- Art
- Parks
- Public transit

Use specific reasons and examples to support your explanation.

예산 부족은 정부가 세금을 부과하는 액수보다 더 많은 지출을 했을 때 발생한다. 이 문제를 해결하기 위해, 정부는 소비하는 돈의 액수를 줄여야 한다. 정부가 다음 중 어떤 것에 대한 지출을 줄여야 한다고 생각하는가?
- 예술
- 공원
- 대중교통

구체적인 이유와 예를 들어 자신의 의견을 뒷받침하시오.

아웃라인

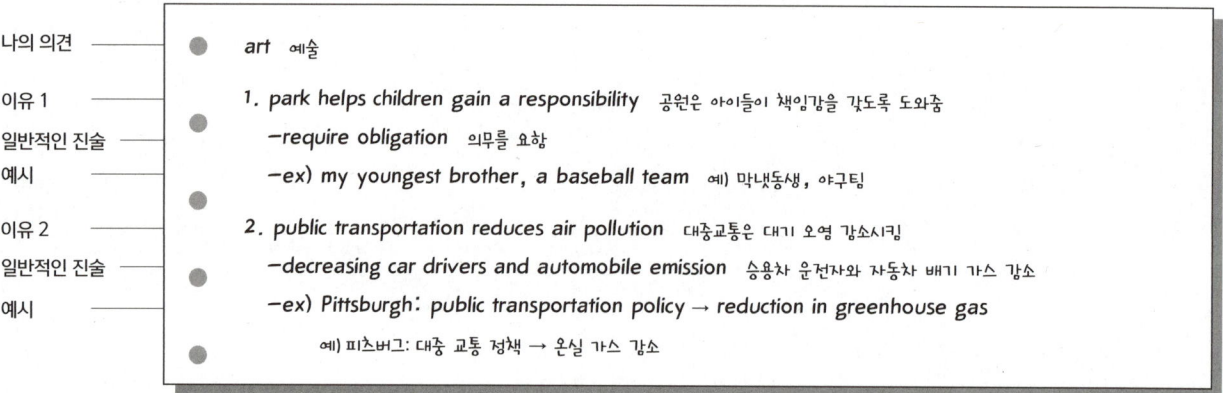

모범 에세이

There are many areas that the government needs to spend money on, such as art, parks, and public transit. If a budget deficit occurs, and the government has to reduce its investment in one area, it should be art **for the following reasons**: parks benefit children, and public transportation improves the environment.

First of all, government funding for parks can help children gain a sense of responsibility. **It is obvious that** a lot of group activities are held in these places. These group activities require obligation such as abiding by rules, managing their schedules wisely, and cooperating with others. Through the consequences that arise from negligent actions, children learn the importance of obligation. **For example**, my youngest brother used to be lazy and selfish. He has changed little by little after he joined a baseball team. Baseball games were often held at a public park. He realized that his laziness could negatively affect everyone. Naturally, he became punctual, played his part well, and even encouraged other members who seemed to be goofing around. He learned the hard way to be more responsible to avoid unnecessary hardship. In this respect, he learned the importance of responsibility through sports while playing group sports at a national park.

Moreover, government spending on public transportation will play a significant role in reducing air pollution. **It is commonly observed that** increased use of public transportation can decrease the number of car drivers as well as reduce automobile emissions. When governments and individuals take responsibility and actions to decrease activities related to gas emission, they can solve pollution problems. **For instance**, Pittsburgh, a city in the United States, made public transportation free in order to promote clean air in the downtown area in the late 20th century. Individuals happily participated not only because it was free, but because they also knew it was for the environment. As a result, there was an increase in people who took buses and the subway instead of driving their own cars. This contributed to a reduction in greenhouse gases, creating less air pollution.

In conclusion, I firmly believe that the government should continue to spend its money on parks and public transportation, and it can reduce its money on art **for the reasons I have mentioned above**. **All in all**, the government must prioritize issues and use its budget more efficiently and wisely.

해석 예술, 공원, 대중교통 등 정부가 돈을 지출해야 하는 많은 분야가 있다. 예산 부족이 발생해서, 정부가 한 분야에 대한 투자를 줄여야 한다면, 그 분야는 다음의 이유로 예술이어야 한다. 공원은 어린이들에게 이롭고, 대중교통은 환경을 개선하기 때문이다.

우선, 정부가 공원에 투자하면 어린이들이 책임감을 갖는 데 도움이 될 수 있다. 많은 단체 활동이 이러한 장소에서 열린다는 것은 분명하다. 이런 단체 활동은 규칙 준수, 현명한 스케줄 운영, 그리고 타인과의 협동과 같은 의무를 요구한다. 경솔한 행동으로부터 일어나는 결과를 통해, 아이들은 의무의 중요성을 배우게 된다. 예를 들어, 내 막내 남동생은 게으르고 이기적이곤 했다. 그는 야구팀에 가입한 후에 조금씩 변했다. 야구 경기는 보통 공원에서 열렸다. 그는 그의 게으름이 모든 이들에게 부정적인 영향을 미칠 수 있다는 것을 깨달았다. 자연스럽게, 그는 시간을 잘 지키고, 맡은 바를 잘 수행하고, 심지어 게으름을 피우던 다른 팀원들도 격려했다. 그는 불필요한 고생을 피하기 위해서는 보다 책임감이 있어야 한다는 것을 어렵게 배웠다. 이런 점에서 볼 때, 그는 국립 공원에서 단체 경기를 하면서 책임감의 중요성을 배웠다.

그뿐만 아니라, 대중교통에 대한 정부의 지출은 대기 오염을 줄이는 데 상당한 역할을 할 것이다. 대중교통 이용이 증가하면 자동차 배기 가스뿐만 아니라 승용차 운전자의 수를 줄일 수 있다는 것은 일반적으로 인식되고 있다. 정부와 개인이 책임감을 갖고 가스 배출과 관련된 행위를 줄이기 위한 조치를 취할 때, 오염 문제를 해결할 수 있다. 예를 들어, 미국의 도시 피츠버그는 20세기 말 도심 지역의 공기를 정화하기 위해 대중교통을 무료화했다. 사람들은 기꺼이 참여했는데 무료이기 때문만이 아니라, 환경을 위해서라는 것을 알았기 때문이다. 그 결과, 자가용을 운전하는 대신에 버스와 지하철을 타는 사람들이 증가했다. 이는 온실 가스 감소에 기여해 대기 오염을 줄였다.

결론적으로, 나는 위에서 언급한 이유 때문에, 정부가 공원과 대중교통에 계속 지출해야 하고 예술에 대한 지출은 줄일 수 있다고 생각한다. 전체적으로, 정부는 문제의 우선순위를 정하고 예산을 보다 효율적이고 현명하게 활용해야 한다.

어휘 benefit[bénəfit] ~에 이롭다　responsibility[rispànsəbíləti] 책임감　goof around 게으름을 피우다　take action 조치를 취하다
related[riléitid] 관련된

선생님이 알려주는 점수보장 TIP

[여러 문장으로 된 긴 문제]

요즘 새롭게 출제되는 주제들을 보면, 문제가 여러 문장으로 구성되며, 길이가 긴 경향이 있습니다. 따라서 가장 중요한 문장을 선별하여 그 문장에 답하는 글을 작성하도록 해야 합니다. 이때, 문제에서 상황을 설정하는 문장이나 부사절에 찬성하거나 반대하지 않도록 주의합시다.

이번 문제의 경우, '정부가 예산 부족이 되지 않도록 해야 한다'와 같은 입장으로 글을 쓰지 않아야 합니다.

또한, 여러분이 선택한 이유가 반드시 예산 부족 문제를 해결하는데 도움이 되는 내용일 필요는 없습니다. 즉, 말 그대로 문제를 내기 위해 상황을 설정하는 부분이기 때문에 서론에서만 간단히 언급하고, 선택한 것에 대한 장점들을 본론에서 자유롭게 전개하면 됩니다.

www.goHackers.com

스타토플 실전 WRITING

실전모의고사

08

통합형 문제
모범 답안·지문·해석

독립형 문제
모범 답안·해석

통합형 문제: 얼룩말이 줄무늬를 가진 이유

읽기 지문

Zebras are one of the most recognizable wild animals in Africa. Their sharply contrasting black and white stripes have attracted the interest of zoologists ever since they were first discovered. The patterns are never the same within the same species, making zebra stripes as unique as human fingerprints. However, the exact reason for the stripes is unknown, though several theories exist.

Predators
Lions are considered the apex predator in the African savannah and often feed on zebras. Lions have exceptional night vision but are limited by being colorblind. It is thought that by having a pattern of tightly packed black and white lines, a zebra is able to blend into tall grassy areas as they will be indistinguishable from the background. This will also be true while they are being chased as the constantly shifting pattern will prevent lions from focusing during movement.

Pests
Biting flies, or tabanids, present a very serious threat to zebras in that they are not only a nuisance to the zebras, but they are also carriers of potentially lethal diseases. Studies have shown that dark coats reflect light in a horizontal angle that attracts biting flies. The same flies seem to be repelled by light coats, which reflect light in all directions. A mixture of light and dark lines may be the most confusing to flies. In fact, in a study between an all-white, all-black, and striped horse model, the striped horses had the least number of bites.

Body Temperature
The African sun can create extreme heat during the summer months. It has been thought that as white light repels light and black light absorbs light, a current of air may be created on the zebra. Even standing still, this small current would still create airflow around the horse and cool it down. There has been evidence showing that zebras are able to maintain 5.4 degrees cooler body temperatures than other animals in the same area that do not have stripes.

해석

얼룩말은 아프리카의 야생동물 중에서도 가장 눈에 띄는 동물 중 하나이다. 얼룩말의 뚜렷이 대비되는 흑백 줄무늬는 그것들이 처음 발견되었을 때부터 줄곧 동물학자들의 관심을 끌었다. 이 줄무늬는 같은 종 내에서도 결코 똑같은 모양이 없기 때문에, 얼룩말 줄무늬는 인간의 지문처럼 고유하다. 그러나, 이런 줄무늬가 생긴 정확한 이유는 알려져 있지 않지만, 몇 가지 가설들이 존재한다.

포식자
사자는 아프리카 사바나의 최상위 포식자로, 종종 얼룩말도 잡아먹는다. 사자는 우수한 야간 시력을 가지고 있지만 색맹이라는 한계가 있다. 빽빽하게 들어찬 흑백 줄무늬가 있으면, 주위와 구분하기 어렵기 때문에 얼룩말은 키 큰 풀들에 섞여 몸을 숨길 수 있다. 얼룩말이 쫓기는 동안에 계속 변하는 무늬가 이렇게 움직이는 동안 사자가 집중하지 못하게 할 것이라는 점도 사실일 것이다.

해충
등엣과의 하나인 흡혈 쇠파리는 얼룩말들에게 성가신 존재일 뿐만 아니라, 잠재적으로 치명적인 질병의 매개체라는 점에서 얼룩말에게 매우 심각한 위협을 준다. 연구는 어두운 털이 빛을 수평의 각도로 반사해서 쇠파리들이 꼬이게 한다는 것을 보여주었다. 사방으로 빛을 반사하는 밝은 털은 같은 종류의 파리를 쫓아내는 것으로 보인다. 밝은 줄무늬와 어두운 줄무늬가 뒤섞여 있는 것은 쇠파리들을 가장 혼란스럽게 할지도 모른다. 실제로, 백색 말, 흑색 말, 그리고 줄무늬 말을 대상으로 한 연구에서, 줄무늬 말이 쇠파리에 제일 적게 물린 것으로 나타났다.

체온
여름 동안 아프리카의 태양은 엄청난 열을 만들어낸다. 밝은 것은 빛을 반사하고 어두운 것은 빛을 흡수하기 때문에, 얼룩말에게 이러한 공기의 흐름이 만들어 질 수 있다고 생각되었다. 심지어 꼼짝 않고 가만히 있더라도, 이 작은 기류가 얼룩말 주위에 기류를 만들어 식혀줄 것이다. 얼룩말이 같은 지역에 있는 줄무늬가 없는 다른 동물들보다 체온을 5.4도 더 낮게 유지할 수 있다는 것을 보여주는 증거들이 있었다.

어휘 contrasting [kəntrǽstiŋ] 대비를 이루는　zoologist [zouálədʒist] 동물학자　unique [juníːk] 고유의, 독특한　savannah [səvǽnə] 사바나, 대초원
exceptional [iksépʃənl] 우수한, 뛰어난　shifting [ʃíftiŋ] 바뀌는, 이동하는　nuisance [njúːsns] 성가신 것　lethal [líːθəl] 치명적인
airflow [ɛ́ərflòu] 기류, 공기 흐름

OK, so, zebras are really neat looking animals. I mean, sure, they look like horses, but they have these wild patterns that make them stand out. So, why do they have them? Well, unfortunately, the best answer that I can give you is that we just don't know. And, uh, your reading lists some of the most common theories. And, let's discuss what's wrong with them.

The first idea—lions. OK, this was the most widely accepted theory for a very long time but, in January 2016, a new study completly proved this to be wrong. Researchers used computer models to show how far away a lion could see a zebra clearly. It turned out that lions can see the moving outline of zebras just as well as other non-striped animals. Furthermore, at close range, lions just used their sense of smell to track them.

Next—biting flies. Now, this is a theory that we're still not sure about. And, there are certainly insects that use color and sunlight to find food, like bees. But, you also see that in biting insects, like the mosquito, well, they rely more on their sense of smell. And, I think that makes a lot of sense because if the light patterns confuse the flies during the day, then, what? Does that mean none of them feed at night? Mosquitoes are particularly effective at night because we can't see them, but they can smell us. So I don't think the zebra patterns discourage biting insects.

Finally, body temperatures. Again, this theory is still being tested. But, I doubt the reason for zebras having stripes is for temperature regulation. The evidence mentioned in your reading was about antelopes and zebras. It's been shown that antelopes naturally have much faster metabolisms than zebras. It makes sense that their temperatures would also be higher. Also, as of yet, there is no other conclusive evidence that says that zebra stripes cool down the animal. Compare this to elephant ears, which, many studies have shown actually do cool the animal down.

■ 읽기 노트

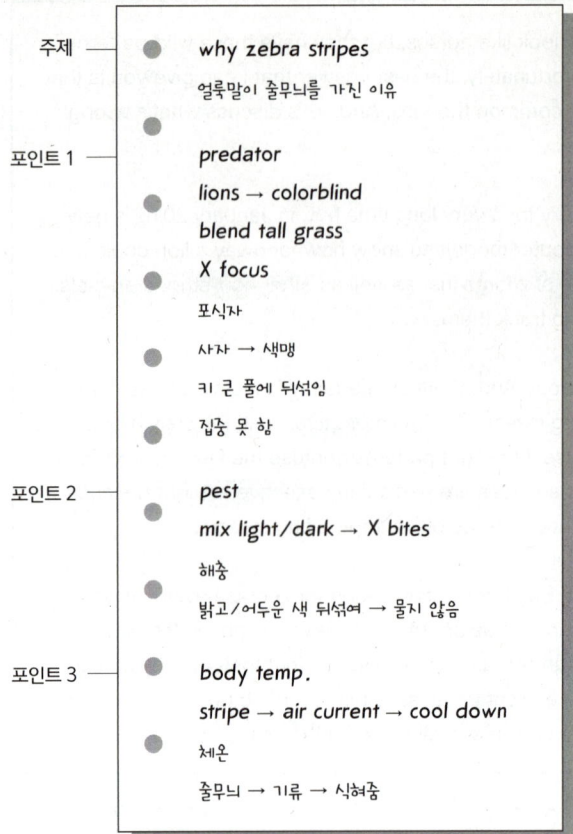

■ 듣기 노트

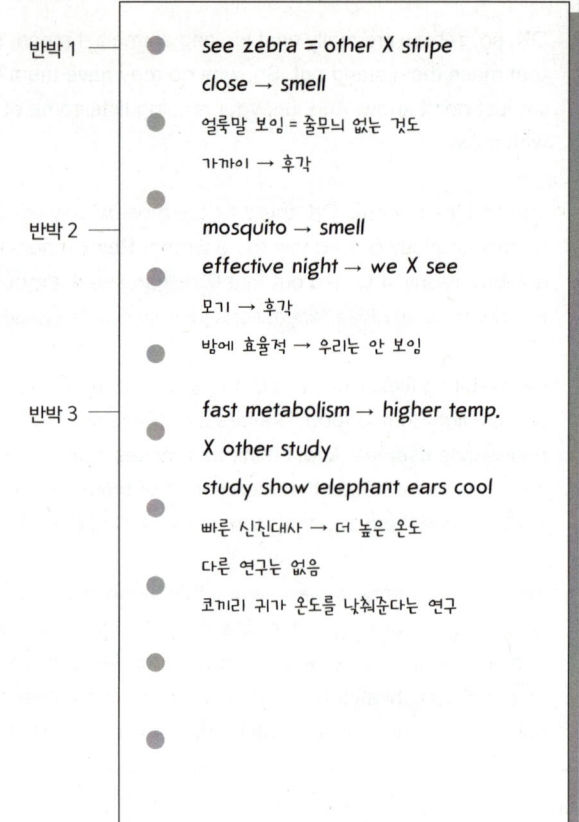

■ 모범 요약문

The lecturer explains three reasons for why zebras have stripes **while the reading passage supports the opposite position**.

First, the speaker says that zebras do not have stripes to avoid predators. Lions can see animals without stripes very well. But, they can also see zebras very well. Also, lions use smell when they are close. **This strongly refutes the claim made by the reading passage that** stripes help zebras avoid predators. Predators are colorblind and stripes help the zebra blend into grass.

Second, the man says that stripes do not help the zebra avoid biting insects. This is because other biting insects bite at night, such as the mosquito. Insects often bite at night because we can't see them but they can smell us. **This rebuts the point made in the reading that** animals with a mix of light and dark stripes will not have bites. It said that in a study, the mixed horses had the fewest bites.

Third, the professor states that there are no other studies that show stripes cool the zebra down. There are many studies that show elephant ears cool elephants down. **This offers a counterpoint to the problem mentioned in the reading that** stripes create wind currents that cool the zebra down. It says that there is evidence that zebras can stay 5.4 degrees cooler than other animals that do not have stripes.

해석 교수는 얼룩말에게 줄무늬가 있는 세 가지 이유를 설명하고 있지만, 지문은 반대 입장을 지지하고 있다.

첫째, 교수는 얼룩말이 포식자를 피하기 위해 줄무늬가 있는 것은 아니라고 말한다. 사자는 줄무늬가 없는 동물을 매우 잘 찾을 수 있다. 하지만, 이들은 얼룩말도 매우 잘 찾을 수 있다. 또한, 사자는 얼룩말이 가까이 있을 때에는 후각을 이용한다. 이것은 줄무늬가 얼룩말이 포식자를 피하는 데 도움을 준다는 지문에 제기된 주장을 강력히 반박한다. 포식자는 색맹이고 얼룩말은 줄무늬 덕분에 풀 속에 몸을 숨길 수 있다.

둘째, 교수는 줄무늬가 얼룩말이 흡혈 곤충들을 피하는 데 도움이 되지 않는다고 말한다. 모기와 같은 다른 흡혈 곤충들은 밤에 물기 때문이다. 우리는 곤충을 볼 수 없지만 곤충은 우리의 냄새를 맡을 수 있기 때문에 곤충들은 주로 밤에 문다. 이것은 밝은 줄무늬와 어두운 줄무늬가 섞여 있는 동물은 물리지 않는다는 지문에 언급된 내용을 반박한다. 조사 결과, 줄무늬가 뒤섞인 말이 가장 적게 물렸다는 것이다.

셋째, 교수는 줄무늬가 얼룩말의 체온을 내려준다는 것을 보여주는 연구는 없다고 말한다. 코끼리의 귀가 코끼리의 체온을 식혀준다는 것을 보여주는 연구는 많이 있다. 이것은 줄무늬가 얼룩말을 식혀주는 바람을 만들어낸다는 지문에 언급된 내용을 반박한다. 지문에서는 줄무늬가 없는 다른 동물보다 얼룩말이 체온을 5.4도 더 낮게 유지할 수 있다는 증거가 있다고 설명하고 있다.

어휘 stripe[straip] 줄무늬   predator[prédətər] 포식자, 포식 동물   colorblind[kʌ́lərblaind] 색맹의   wind current 바람, 풍류

선생님이 알려주는 점수보장 TIP

듣기에 관한 세부사항들에 대해 쓸 때에도 읽기 지문에 나왔던 표현들을 사용해도 됩니다.

독립형 문제 사람들이 친절해짐 vs. 아님

Question

Do you agree or disagree with the following statement?
People are kinder today than they were in the past.
Use specific reasons and examples to support your answer.

다음 명제에 찬성하는가 반대하는가?
사람들은 예전보다 오늘날 더 친절하다.
구체적인 이유와 예를 들어 자신의 의견을 뒷받침하시오.

아웃라인

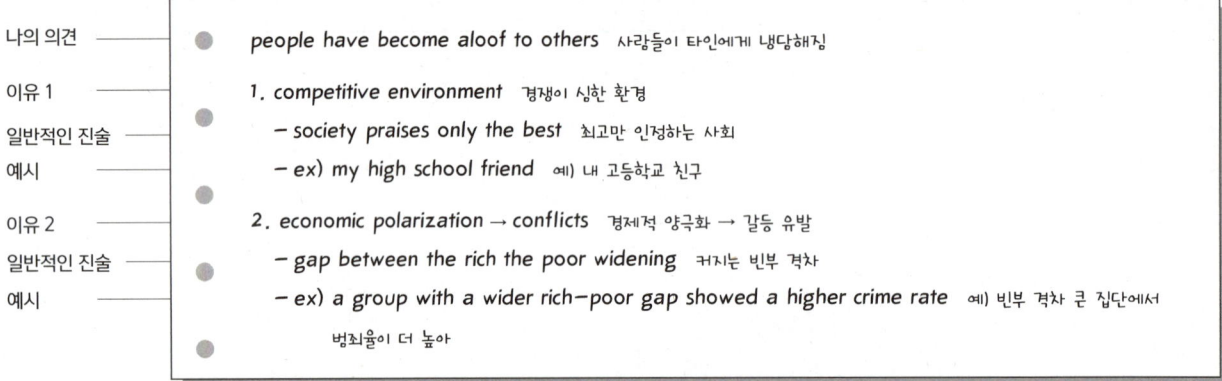

모범 에세이

A large number of people might argue that people have become kinder today because they are well educated to live with different people. **Contrary to popular belief, I think that** people have become aloof to others **for the following reasons**: modern day competition and a shift in the job markets.

First of all, today's competitive environment discourages people from being kind to each other. **It is obvious that** modern people live in a society that praises only the best. Their priorities have changed, and winning has become more important than being considerate to one another. **For example**, when I was studying for my SATs in high school, I had a friend who gave me attitude every time I asked for help. He would say that he did not know the answers to specific questions or that he was too busy to help me. He was very competitive, and winning was everything to him. In fact, he was doing a lot to prepare, such as getting private tutoring lessons and spending a lot of time doing research and studying. In the end, he got into an Ivy League school. I was deeply hurt by his lies.

Moreover, economic polarization in the modern world can lead to many conflicts. **It is an undeniable fact that** the gap between the rich and the poor is widening. It is human nature for people to consistently compare themselves to each other. People tend to be disappointed or get angry in extreme cases if they find themselves inferior to other people, resulting in disputes, break ups, or even crimes. **For instance**, in a study conducted by Seoul National University of Korea in 2009, there was a huge difference between two groups of neighborhoods. Group A had a wide gap between the rich and the poor, and group B's gap was narrower. The researchers showed that group A had a higher crime rate than group B by thirty percent. The contributing factor was that people in group A felt victimized by the huge differences in lifestyle. Many conflicts can arise among different people.

In conclusion, I firmly believe that it has become more difficult for people to be kind to others **for the reasons I have mentioned above. All in all,** this trend will continue and pass down to the next generation.

해석　많은 이들이 요즘 사람들은 다른 사람들과 살도록 교육을 잘 받았기 때문에 더 친절해졌다고 주장할지도 모른다. 이런 통념과 반대로, 나는 다음과 같은 이유로 사람들이 타인에게 냉담해졌다고 생각한다. 현대 사회의 경쟁과 고용 시장의 변화 때문이다.

무엇보다도, 오늘날의 경쟁이 심한 환경은 사람들이 서로에게 친절하지 못하게 한다. 현대인들이 최고만 인정하는 사회에서 살고 있다는 것은 분명하다. 우선순위가 바뀌면서, 남을 배려하는 것보다 이기는 것이 더 중요해졌다. 예를 들어, 고등학교에서 SAT를 공부할 때, 내가 도와달라고 할 때마다 냉담하게 대했던 친구가 있었다. 그는 특정 문제에 대한 답을 모른다거나 너무 바빠서 도와줄 수 없다고 말하곤 했다. 그는 경쟁심이 매우 강했고, 그에게는 이기는 것이 전부였다. 사실, 그 아이는 개인 과외를 받거나 연구와 공부에 많은 시간을 투자하는 등, 여러 준비를 하고 있었다. 결국, 그는 아이비리그 대학교에 입학했다. 나는 그의 거짓말에 큰 상처를 받았다.

게다가, 현대 사회의 경제 양극화는 많은 갈등을 일으킬 수 있다. 빈부 격차가 커지고 있다는 것은 부인할 수 없는 사실이다. 사람들이 끊임없이 남과 자신을 비교하는 것은 인간의 본성이다. 만약 자신이 다른 이들에 비해 열등하다는 것을 알게되면 사람들은 실망하거나 극단적인 경우 분노하는 경향이 있는데, 이는 다툼과 불화, 심지어 범죄를 일으킨다. 예를 들어, 2009년 한국의 서울대학교가 실시한 조사에서, 두 이웃 집단 간에는 큰 차이가 있었다. A 집단은 빈부 격차가 컸고, B 집단의 격차는 그보다 적었다. 연구자들은 A 집단의 범죄율이 B 집단보다 30% 더 높다고 밝혔다. 그 요인은 A 집단의 사람들은 생활 양식의 큰 격차 때문에 피해 의식을 느꼈기 때문이었다. 다른 사람들 간에는 많은 갈등이 일어날 수 있다.

결론적으로, 나는 위에서 언급한 이유로 사람들이 다른 이에게 친절하는 것이 더 어려워졌다고 굳게 믿는다. 전체적으로, 이런 경향은 계속되어서 다음 세대까지 이어질 것이다.

어휘　considerate[kənsídərət] 배려하는　get into school 입학하다　economic polarization 경제 양극화
　　　the gap between the rich and the poor 빈부 격차　compare[kəmpéər] 비교하다　extreme[ikstríːm] 극단적인
　　　feel victimized 피해 의식을 느끼다

선생님이 알려주는 점수보장 TIP

[과거와 현재를 비교하는 주제]

(1) 과거와 현재를 비교하는 주제에서 본론의 첫 문장은 '과거' 혹은 '현재'를 포함해서 작성해야 합니다. 모범 에세이의 본론1과 2의 첫 문장을 보면 각각 "today's" 와 "in the modern world"로 과거의 상황인지 현재의 상황인지 분명히 선택하여 진술하고 있습니다.
만약 다음 처럼 진술한다면, 주제를 잘 다루었다고 볼 수 없겠지요.
　　ex) People need to be kind to live happily together. (×)
주어진 문제는 사람들이 친절할 필요가 있는지 없는지를 물어보는 것이 아니기 때문입니다.

(2) 또한, 과거와 현재의 차이를 설명하는 진술을 포함하여 본론을 완성해야 합니다. 모범 에세이의 경우 본론1과 본론2에서 다음과 같은 진술을 포함하고 있기에 주제를 잘 다룬 것으로 여겨지는 것입니다.
　　ex) ~ modern people live in a society that praises only the best. (O)
　　ex) ~ the gap between the rich and the poor is widening. (O)

과거와 현재를 비교하는 주제를 단순히 어떤 것의 중요성으로 풀지 않도록, 위에서 언급된 사항들을 잘 기억하도록 합시다.

www.goHackers.com

스타토플 실전 WRITING

실전모의고사

09

통합형 문제
모범 답안 · 지문 · 해석

독립형 문제
모범 답안 · 해석

통합형 문제 벌 개체 수 감소의 이유

읽기 지문

Bees are responsible for the pollination of dozens of crops accounting for about one-third of all crops that are consumed by humans. Since the 1980s, bee populations have dramatically fallen based on information from several scientific researches. Without bees to pollinate human crops, the world is facing an extreme crisis in food production. It is unclear what the reasons are but it seems to be caused by human activities.

In 2013, a major study stated that the use of a specific type of pesticide was one of the reasons for the sudden sharp decrease in bees. This class of pesticide, referred to as neonicotinoids, targets the central nervous of insects causing paralysis and death. The purpose of these pesticides is to protect the plant against insects that cause damage. However, when used to treat seeds or plants, the harmful chemical eventually ends up in the pollen of the plant's flowers and is then transferred to bees.

In 2015, a major study claimed that changing natural environments to row-based crop areas for farming had been a major factor in decreasing wild bee populations by 23% between 2008 and 2013. This practice is slowly eliminating areas in which bees can build hives. The study, which asked local experts to gather readings, created a national map of bee disappearance. It claimed 39% of the total cropland in America that depends on pollinators is seeing reductions in bee populations.

Several studies similarly note that 30% of America's bee population has disappeared in the last decade alone. Even more alarming is that the number of bees that disappear every year seems to increase by 40%. At this rate, the agriculture industry will not be able to afford the additional cost of paying for pollination services. This is alarming because global food demand increases every year.

해석 벌은 인간들이 소비하는 모든 농작물의 약 1/3의 수분을 책임진다. 몇몇 과학 연구에서 나온 정보에 따르면, 1980년대 이래로, 벌의 개체 수가 급격하게 떨어졌다. 인간에게 필요한 농작물의 수분 활동을 담당하는 벌들이 없어지면, 세계는 식량 생산에 있어서 극심한 위기에 직면하게 될 것이다. 그 이유가 무엇인지는 불분명하지만, 인간의 활동에 의해 야기된 것으로 보인다.

2013년, 한 주요 연구는 특정 종류의 살충제 사용이 벌의 갑작스럽고 급격한 감소에 대한 이유 중 하나라고 말했다. 네오니코티노이드라고 하는 이 살충제는, 곤충의 중추신경계를 공격하여 곤충들을 마비시키거나 죽음에 이르게 한다. 이러한 살충제의 목적은 피해를 입히는 곤충으로부터 식물을 보호하는 것이다. 하지만, 씨앗이나 식물을 치료하기 위해 사용되면, 해로운 화학물질이 식물의 꽃가루에까지 전달되어 결국에는 벌들에게 옮겨지게 된다.

2015년, 한 주요 연구에서 줄지어 경작하는 지역의 자연 환경 변화가 2008년과 2013년 사이에 야생 벌의 개체 수를 23% 감소하게 한 주요 요인이었다고 주장했다. 이런 관행이 벌들이 집을 지을 수 있는 장소들을 서서히 없애고 있다. 지역 전문가들에게 관련 자료를 모을 것을 요청했던 해당 연구에서는, 벌이 사라져가는 것에 대한 전국 지도를 만들었다. 이는 수분 활동 매개체에 의존하는 미국 전체 경작지의 39%에서 벌의 개체 수가 감소를 보이고 있다고 말한다.

몇몇 연구에서도 유사하게 지난 10년 동안에만 미국 벌 개체 수의 30%가 사라졌다고 지적한다. 더욱 걱정스러운 것은 매년 사라지는 벌의 수가 40%까지 증가하고 있는 것으로 보인다는 점이다. 이러한 속도로는, 농업에서 수분 작업에 드는 추가 비용을 감당할 수 없다. 이는 전 세계 식량 수요가 매년 늘어나고 있기 때문에 걱정스럽다.

어휘 pesticide[péstəsàid] 살충제 central nervous 중추신경계 paralysis[pərǽləsis] 마비 eliminate[ilímənèit] 없애다, 제거하다 hive[haiv] 벌집 alarming[əláːrmiŋ] 걱정스러운, 두려운 additional cost 추가 비용

강의 스크립트

The points made in your reading are very good points. But, unfortunately, the severity of the situation is just completely exaggerated. Let's talk about them.

When bee populations declined in the 1980s, commercial bee hives rose in numbers. These hives pollinated flowers in areas that used neonicotinoids. In fact, in the 1990s, when neonicotinoids began to see heavy use, commercial bee populations did not change. The truth is that there are studies being conducted now to see what the exact side effects of these pesticides are. But, from evidence we have available, it doesn't seem to be killing all of the bees. In the UK, panic caused by fears over neonicotinoids caused a legal ban that cost farmers millions of dollars since they could not use pesticides that they had already purchased.

The conclusions made by the second study mentioned in the reading sound scary. And, they would be; if they were true. The problem is that in December of 2015, an independent review found that the study had several problems. According to the review, its finds were not objective because the panel of experts that were used to determine readings were not professionals. The researchers subjectively picked the information gatherers they wanted, used a very small sample size, and made huge guesses in generating their national map of bee decline.

Finally, yes, the decline of bee populations is serious and it's something that we need to figure out. But, to say that the loss of bee populations is going to result in mass starvation for the entire planet is simply not true. In fact, the bee populations that have suffered the most damage are bees that are not responsible for the pollination of crops that people eat. While the loss of some bees has increased the cost for some farmers because they need to hire pollinating services for their crops, the cost is well within manageable limits.

해석 지문에서 주장하는 점들은 매우 좋은 의견들입니다. 하지만, 유감스럽게도, 상황의 심각성이 단지 완전히 과장되어 있습니다. 이야기해 보기로 하지요.

1980년대에 벌의 개체 수는 감소했지만, 상업용 벌집의 수는 증가했습니다. 이 벌떼들도 네오니코티노이드를 사용한 지역에 있는 꽃의 수분 활동을 했겠지요. 실제로, 1990년대에 네오니코티노이드의 사용이 많아지기 시작했던 때에도, 상업용 벌의 개체 수는 변하지 않았습니다. 사실은 현재 이 살충제의 정확한 부작용이 무엇인지 확인하기 위해 진행 중인 연구들이 있습니다. 하지만, 우리가 가지고 있는 유효한 증거에 의하면, 이것이 모든 벌들을 죽이는 것 같지는 않습니다. 영국에서는, 네오니코티노이드에 대한 두려움이 일으킨 공포가 법적 금지를 야기했고, 농부들은 이미 구매한 살충제를 사용할 수 없었기 때문에 수백만 달러의 비용을 잃었습니다.

지문에서 언급한 두 번째 연구 결과는 무섭게 들립니다. 그리고, 무서워 겁니다. 그 내용들이 사실이라면 말이죠. 문제는, 2015년 12월에, 한 독자적인 검토가 그 연구에는 몇 가지 문제점이 있다는 것을 발견했다는 것입니다. 검토한 바에 따르면, 관련 수치를 결정하는 전문가 패널들이 전문적이지 않았기 때문에 연구 결과들은 객관적이지 않았습니다. 연구들은 주관적으로 그들이 원하는 정보 수집인들을 뽑았고, 매우 작은 표본을 사용해, 벌의 감소를 보여주는 전국 지도를 만드는 데 대략적인 추측을 하였습니다.

마지막으로, 맞습니다, 벌 개체 수의 감소는 심각한 일이며 우리가 해결해야 할 문제입니다. 하지만, 벌 개체 수의 감소가 전 세계에 대규모 굶주림 사태를 야기할 것이라고 말하는 것은 그야말로 사실이 아닙니다. 사실, 가장 많은 피해를 입은 벌들은 사람들이 먹는 농작물의 수분을 담당하지 않습니다. 일부 농부들이 농작물의 수분 작업을 위한 사람들을 고용해야 하기 때문에 몇몇 벌들의 감소가 비용을 증가시키겠지만, 그 비용은 감당할 수 있는 한도 내입니다.

어휘 exaggerate[igzǽdʒərèit] 과장하다 commercial[kəmə́ːrʃəl] 상업적인 conduct[kəndʌ́kt] (특정 활동을) 하다 legal ban 법적 금지 objective[əbdʒéktiv] 객관적인 subjectively[sʌbdʒéktivli] 주관적으로 sample size 표본 크기 generate[dʒénərèit] 만들어내다, 발생시키다 mass starvation 대규모 굶주림 manageable[mǽnidʒəbl] 감당할 수 있는, 관리할 수 있는

📗 읽기 노트

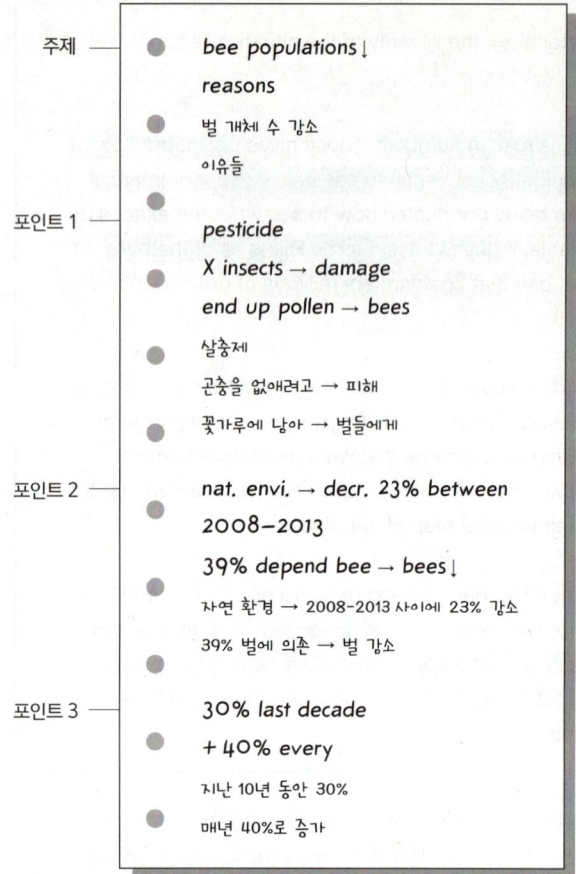

📗 듣기 노트

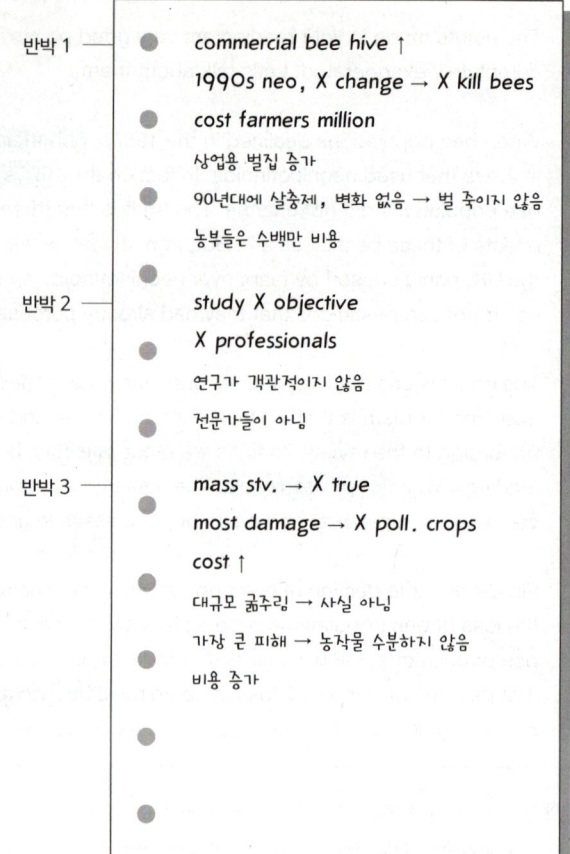

■ 모범 요약문

The lecturer explains why bee populations and global food production are not experiencing problems **while the reading passage supports the opposite position.**

First, the speaker says that a specific type of pesticide, called neonicotinoids, was first used in the 1990s and commercial bee populations have increased. She also notes that banning the pesticides cost farmers millions of dollars. **This strongly refutes the claim made by the reading passage that** neonicotinoids end up in pollen that is then transferred to bees and kills them.

Second, the woman says that a research blaming farmers for bee disappearance was wrong because the researchers in a study did not obtain the information in an objective manner. **This rebuts the point made in the reading that** the study showed 23% of the total bee population was reduced from 2008 to 2013. 39% of the cropland in America needs bees to help pollinate but these areas are losing the most bees.

Third, the professor states that the bee populations that have the largest declines do not pollinate crops consumed by humans. **This offers a counterpoint to the problem mentioned in the reading that** the agriculture industry will soon become unable to pay for the cost of hiring pollination services. This could create a crisis in food production.

해석 읽기 지문은 반대 입장을 지지하지만, 교수는 벌의 개체 수와 세계적인 식량 생산이 문제를 겪고 있지 않는 이유에 대해 설명하고 있다.

첫째로, 교수는 네오니코티노이드라는 특정 유형의 살충제가 1990년대에 처음으로 사용되었고 상업용 벌의 개체 수는 증가했다고 말한다. 또한 그녀는 살충제를 금지하는 것이 농부들에게 수백만 달러가 들게 한다는 사실에 주목한다. 이것은 네오니코티노이드가 벌들에게 옮겨진 꽃가루에 묻게 되어 결국 벌들을 죽이게 된다는 읽기 지문에서 제기한 주장을 강력히 반박한다.

두 번째로, 교수는 연구에서 연구원들이 객관적인 방식으로 정보를 얻은 것이 아니었기 때문에 벌들이 사라진 이유로 농부들을 비난하는 연구가 잘못되었다고 말한다. 이것은 그 연구가 2008년부터 2013년까지 벌의 총 개체수가 23% 감소했다고 보여준다는 읽기 지문에서 주장한 점을 반박한다. 미국 농경지의 39%는 벌의 수분 활동을 필요로 하고 있으나 이러한 지역들은 대부분의 벌들을 잃어가고 있다.

세 번째로, 교수는 가장 큰 감소를 보였던 벌들은 사람이 먹는 농작물을 수분하지 않는다고 말한다. 이것은 농업에서 곧 수분 작업을 위해 사람들을 고용할 비용을 지불할 수 없게 될 것이라는 지문에서 언급된 문제를 반박한다. 이것은 식량 생산에 위기를 가져올 수도 있다.

어휘 population[pàpjuléiʃən] 개체군, 인구   note[nout] ~에 주목하다, 언급하다   pollen[pálən] 꽃가루, 화분   transfer[trænsfɚr] 옮기다, 이동하다
cropland[kráplænd] 농경지   pollinate[pálənèit] 수분하다

선생님이 알려주는 점수보장 TIP

간혹 읽기 지문을 정확하게 이해하지 못할 때도 있을 수 있습니다. 그럴 경우에는, 지문에 있는 표현들을 그대로 사용해도 괜찮습니다. 대신, 강의에서 읽기 지문의 의견을 반박하는 포인트는 분명하게 명시해주세요.

독립형 문제   오늘날 젊은이들은 애완동물에 지나치게 많은 시간을 소비함 vs. 아님

Question

Do you agree or disagree with the following statement?
Nowadays, young people spend too much time on pets even though there are a number of things that they need to spend their time on.
Use specific reasons and examples to support your opinion.

다음 명제에 찬성하는가 반대하는가?
오늘날, 젊은이들은 시간을 들여야 할 많은 것들이 있음에도 불구하고 애완동물에 지나치게 많은 시간을 소비하고 있다.
구체적인 이유와 예를 들어 자신의 의견을 뒷받침하시오.

아웃라인

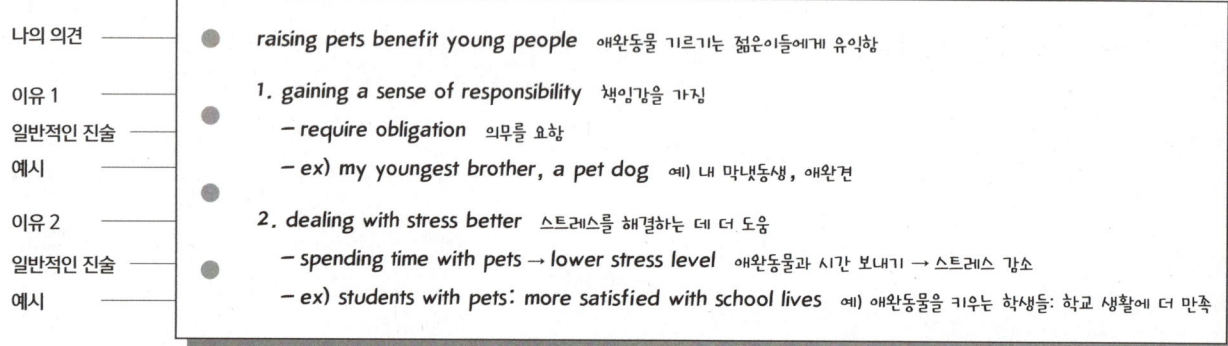

나의 의견	raising pets benefit young people 애완동물 기르기는 젊은이들에게 유익함
이유 1	1. gaining a sense of responsibility 책임감을 가짐
일반적인 진술	– require obligation 의무를 요함
예시	– ex) my youngest brother, a pet dog 예) 내 막내동생, 애완견
이유 2	2. dealing with stress better 스트레스를 해결하는 데 더 도움
일반적인 진술	– spending time with pets → lower stress level 애완동물과 시간 보내기 → 스트레스 감소
예시	– ex) students with pets: more satisfied with school lives 예) 애완동물을 키우는 학생들: 학교 생활에 더 만족

모범 에세이

A large number of people might argue that young people spend too much time on pets although there are more urgent matters to deal with in the world. **Contrary to popular belief, I think that** it is okay for young people to spend a great deal of time taking care of pets **for the following reasons**: raising pets teaches responsibility and relieves stress.

First of all, when young people spend time taking care of their pets, it allows them to gain a sense of responsibility. **It is obvious that** looking after pets requires obligation such as feeding, bathing, and cleaning up. Through the consequences that arise from negligent actions, they learn the importance of obligation. **For example**, my youngest brother used to be lazy and selfish. He has changed little by little after he bought a dog and had to take care of it. He realized that his laziness in looking after the dog such as not feeding it on time or playing with it could cause the dog to misbehave. Naturally, he became punctual and played his part well. He learned the hard way to be more responsible to avoid unnecessary hardship.

Moreover, when young people spare more time on their pets, it helps them deal with stress better. **It is commonly observed that** spending a fun time with pets can distract people from worries and stress. Therefore, this simple and quick escape from the reality may actually serve as a safety valve to let off some steam as well as a fun way to recharge energy. **For instance**, in a study done by the Ministry of Education of Korea in 2010, there was a huge difference between two groups of students in managing their academic pressure. Students in group A spent four hours a week on average playing with their pets, while those in group B rarely engaged in such activities. The researchers found out that students in group A were more satisfied with their school lives than those in group B. Many of the students in group B tended to be more involved in dangerous activities, such as smoking, drinking, and doing drugs to cope with their stress. This implies that spending time on pets serves as a safe and effective way to let out frustration and stress.

In conclusion, I firmly believe that it is reasonable that young people spend a lot of time on pets **for the reasons I have mentioned above. All in all**, the importance of investing time in pets cannot be underestimated in order to improve the quality of life.

해석 많은 이들은 세상에 해결해야 할 더 시급한 문제들이 있음에도 불구하고 젊은이들이 애완동물에 지나치게 많은 시간을 소비하고 있다고 주장할지도 모른다. 이런 통념과 반대로, 나는 다음과 같은 이유로 젊은이들이 애완동물을 돌보는 데 많은 시간을 소비해도 괜찮다고 생각한다. 애완동물을 기르는 것은 책임감을 가르쳐주고 스트레스를 덜어준다.

무엇보다도, 애완동물을 돌보면서 시간을 보낼 때, 이는 젊은이들이 책임감을 갖게 한다. 애완동물을 돌보는 것이 먹이주기, 목욕 시키기, 그리고 청소하기와 같은 의무를 요구한다는 것은 분명하다. 태만한 행동으로부터 나오는 결과를 통해, 젊은이들은 의무의 중요성을 배운다. 예를 들어, 내 막냇동생은 게으르고 이기적이었다. 그는 개를 한 마리 사서 돌봐야 하게 된 이후로 조금씩 바뀌었다. 그는 제시간에 먹이를 주지 않거나 놀아주지 않는 것 같은 개를 돌보는 데 있어서의 그의 게으름이 개가 잘못된 행동을 하도록 할 수도 있다는 것을 깨달았다. 자연스럽게, 그는 시간을 잘 지키고 맡은 바를 잘 수행했다. 그는 불필요한 고생을 피하기 위해서는 보다 책임감이 있어야 한다는 것을 어렵게 배웠다.

그뿐만 아니라, 젊은이들이 애완동물과 더 많은 시간을 보내면, 이는 스트레스를 해결하는 데 더 도움이 된다. 애완동물과 즐거운 시간을 보내는 것이 사람들이 걱정과 스트레스를 떨쳐버릴 수 있게 하는 것을 일반적으로 보게 된다. 따라서, 이렇게 단순하고도 빠른 현실로부터의 탈출구는 사실 에너지를 재충전하는 재미있는 방법일뿐만 아니라 스트레스를 풀기 위한 안전 밸브 역할을 할 수도 있다. 예를 들어, 2010년 한국 교육부가 실시한 연구에서, 학업의 압박감을 다루는 데 있어서 두 학생 집단 간에는 큰 차이가 있었다. A 집단의 학생들은 애완동물과 함께 놀면서 평균 주당 4시간을 보낸 반면, B 집단의 학생들은 이런 활동을 거의 하지 않았다. 연구원들은 A 집단의 학생들이 B 집단의 학생들보다 학교 생활에 더 만족하고 있다는 것을 밝혀냈다. B 집단의 많은 학생들은 스트레스를 해소하기 위해 흡연과 음주, 그리고 마약 복용과 같은 위험한 행위를 더 하는 경향이 있었다. 이는 애완동물과 시간을 보내는 것이 좌절감과 스트레스를 해소하기 위한 안전하고 효과적인 방법이라는 것을 의미한다.

결론적으로, 나는 위에서 언급한 이유로 젊은이들이 애완동물과 많은 시간을 보내는 것은 합당하다고 굳게 믿는다. 일반적으로, 삶의 질을 높이기 위해 애완동물에 시간을 투자하는 중요성은 결코 과소평가될 수 없다.

어휘 urgent[ə́ːrdʒənt] 시급한　a great deal of 많은　take care of ~를 돌보다　feed[fiːd] 먹이를 주다　punctual[pʌ́ŋktʃuəl] 시간을 잘 지키는
distract[distrǽkt] 떨쳐버리다　serve as ~의 역할을 하다　recharge[riːtʃɑ́ːrdʒ] 재충전하다　on average 평균적으로
be involved in ~를 하다　frustration[frʌstréiʃən] 좌절감

선생님이 알려주는 점수보장 TIP

['too much'를 포함하는 주제]

'too much'는 단순히 '많은'의 개념이 아니라, '지나치게 많은'의 의미로 부정적인 뉘앙스를 갖고 있습니다. 따라서 주제에 동의하는 경우에는 지나치게 많은 시간을 소비함으로써 어떤 부정적인 결과들이 야기될 수 있는지를 중심으로 글을 전개합니다. 즉, 'too much' 혹은 'too many'를 포함하는 문제에 찬성하는 경우, 이것을 많이 함으로써 발생하는 긍정적인 결과들로 글을 작성하지 않도록 합니다. 반대하는 경우에는, 많기는 하지만 지나친 정도는 아니라는 방향으로 쓰면 됩니다. 즉, 많이 해도 나쁘지 않은 이유를 작성하면 됩니다. 예를 들어, 이번 주제에 찬성하는 경우, 애완동물에 너무 많은 시간을 써서 생기는 부정적인 내용들을 본론에 구성하면 되고, 반대하는 경우에는 애완동물에 많은 시간을 쓰지만 그것이 나쁘지만은 않은 긍정적 이유들을 작성하면 됩니다.

www.goHackers.com

스타토플 실전 WRITING

실전모의고사 10

통합형 문제
모범 답안·지문·해석

독립형 문제
모범 답안·해석

통합형 문제 여교황 요안나가 실제 인물이라는 증거

■ 읽기 지문

The Catholic Church follows strict rules that the pope must be a man. Interestingly, there is a legend that speaks of Pope Joan, a woman pope who lied about her gender to secretly pursue her religious ambitions. She supposedly ruled from 853 to 855 under the name John Angelicus until she was caught and sentenced to death. The story is unconfirmed and seems unlikely but there is much evidence that suggests that Pope Joan was a real figure.

There are over 500 historical documents that reference the female pope. She is even depicted in a Tarot deck as the High Priestess in the 1300s. Around the same time, the *Chronicon Pontificum et Imperatum* written by Martin of Opava is often cited as proof of Pope Joan's existence. This document contains a detailed description of Pope Joan and clearly states that she is a woman. The document even explains the church's reaction to being tricked by a female pope.

The Catholic Church itself seemed to confirm the existence of Pope Joan initially. A statue is referenced in church records called the "Woman Pope with Her Child" in Lateran near the location where Pope Joan supposedly gave birth to a child. The exact crossroads where Pope Joan was said to have died was called the Vicus Papissa. Later popes intentionally avoided the area, which further confirms the legitimacy of Pope Joan.

The *Liber Pontificalis*, which was the document written by the church librarian to act as a biography for all popes from Saint Peter (64 AD) all the way to the 1400s, mentions Pope Joan. The specific document was written by Anatasius Bibliothecarius, who was the Catholic Church's chief librarian at the time and also happened to be alive at the same time as Pope Joan. A record made by someone as highly placed in the church as the official record keeper would not be a hoax and should be considered as definitive proof.

해석 천주교에서는 교황이 반드시 남성이어야 한다는 규정을 엄중하게 지킨다. 흥미롭게도, 종교적 열망을 은밀하게 추구하기 위해 자신의 성별에 대해 거짓말을 했던 여자 교황인 교황 요안나에 대한 전설이 있다. 그녀는 발각되고 사형 선고를 받기까지 요한 앙글리쿠스라는 이름으로 853년부터 855년까지 재위한 것으로 추정된다. 이 이야기의 진위 여부는 확인할 수 없고 그 가능성도 없어 보이지만, 여교황 요안나가 실제 인물이었음을 보여주는 증거들은 많이 있다.

여교황에 대해 언급하는 역자 자료들은 500건이 넘는다. 심지어 그녀는 타로 카드에 1300년대의 여사제로 묘사되어 있다. 비슷한 시기에, 오파바의 마르틴이 저술한 'Chronicon Pontificum et Imperatum'의 내용은 여교황 요안나의 실존에 대한 증거로 자주 인용된다. 이 문서는 여교황 요안나에 대한 상세한 설명을 포함하고 있으며 그녀가 여성임을 분명하게 기술하고 있다. 자료에는 심지어 여교황의 속임수에 넘어간 교회의 반응에 대해서도 설명하고 있다.

천주교 자체는 처음에 여교황 요안나의 존재를 인정하는 것처럼 보였다. 여교황 요안나가 아이를 출산한 것으로 추정되는 장소 인근에 위치한 라테란 대성당의 "아이와 함께 있는 여교황"이라 불리는 조각상이 교회 기록에 언급되고 있다. 여교황 요안나가 사망한 것으로 알려진 바로 그 교차로를 Vicus Papissa라고 불렀다. 이후 교황들은 의도적으로 이 지역을 피했는데, 이는 여교황 요안나 존재의 타당성을 더욱 분명하게 해준다.

'교황 연대표'는 교회 사서가 저술하였고 성 베드로 교황(서기 64년)부터 1400년대까지 모든 교황들에 대한 일대기 역할을 하는데, 여기에서도 여교황 요안나에 대해 언급하고 있다. 이 특정 자료는 당시 천주교의 수석 사서였고 여교황 요안나와 같은 시기를 살았던 Anatasius Bibliothecarius에 의해 쓰여졌다. 교회에서 정식 기록 담당관이라는 높은 직책을 맡았던 사람이 작성한 자료이므로 결코 조작된 내용이 아닐 것이며, 이것이야말로 명백한 증거로 여겨져야 한다.

어휘 pope[poup] 교황   gender[dʒéndər] 성별, 성   be sentenced to death 사형 선고를 받다   be cited as ~으로 인용되다
supposedly[səpóuzidli] 추정상, 아마   intentionally[inténʃənəli] 의도적으로   legitimacy[lidʒítəməsi] 타당성, 합법성
hoax[houks] 조작, 거짓말, 날조   definitive[difínətiv] 명백한, 분명한, 확정적인

강의 스크립트

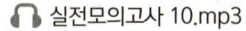 실전모의고사 10.mp3

The story of Pope Joan is definitely a fascinating one. It would be something if a woman had actually tricked the church into believing she was a man, and then, going on to become the pope. However, the evidence mentioned in your reading is completely false.

Right, so, there are indeed 500—more, historical documents that mention the female pope. But, the important thing to note here is that they appear over 400 years after the pope supposedly lived. If there was a female pope, I find it extremely hard to believe that no other type of historical document would have been recorded closer to the time that she was actually alive. But, all of a sudden, starting around the 1300s, you have tons of references to Pope Joan. That just doesn't seem all that likely.

Moving on. No, the church never said Pope Joan exists. Not really. The statue that is mentioned in your reading is mentioned in church documents. And, the location name is correct, she is said to have supposedly died in Lateran. But, the only reason the church ever seemed like it was confirming Pope Joan was because the legend was so popular with people. Later, Protestants continued claiming Pope Joan was real and the Catholic Church said she was fake. But again, this was purely due to political reasons.

And, finally, if the Pope biography did contain a reference to Pope Joan, and it was from the time that she was alive, then, we might be able to argue Pope Joan was real. The reading fails to mention that the actual document written by the librarian contained a reference to the female pope at the bottom of the page, out of sequence, and, in totally different handwriting. This so-called reference was most likely added after the account written by Martin of Opava to try to give the legend some credibility.

해석 여교황 요안나의 이야기는 분명 대단히 흥미로운 내용입니다. 한 여성이 실제로 교회를 속여 자신을 남성으로 믿도록 하고, 나중에 교황의 자리에 올랐다면 이는 대단한 일일 것입니다. 하지만, 지문에 언급된 증거는 완전히 틀렸습니다.

맞습니다, 자, 여교황에 대해 언급하고 있는 역사 자료들이 실제로 500건 이상 있습니다. 하지만, 여기서 주목해야 할 중요한 점은 이것들이 교황이 살았던 것으로 추정되는 때 이후 400년 이상이 지난 후에 나타난다는 점입니다. 만약 여교황이 있었다면, 그녀가 실제로 살았던 때에 더 가까운 시기에 기록된 다른 형태의 역사 자료가 전혀 없다는 사실은 매우 믿기 어렵다고 봅니다. 그런데, 갑자기, 1300년경을 시작으로, 여교황 요안나에 대한 수많은 자료들이 있습니다. 이는 전혀 그럴듯해 보이지 않는 부분입니다.

넘어가요. 아니죠, 교회는 여교황 요안나가 존재한다고 말한 적이 전혀 없었습니다. 전혀요. 읽기 지문에 언급된 조각상은 교회 자료에 언급되어 있습니다. 그리고, 지명이 정확하며, 여교황은 추정상 라테란 성당에서 죽은 것으로 알려져 있습니다. 하지만, 교회가 여교황 요안나의 존재를 인정하는 것처럼 보였던 유일한 이유는 바로, 이러한 전설이 사람들에게 너무 대중적이었기 때문입니다. 후에, 개신교에서는 여교황 요안나가 실제 인물이라고 계속 주장했지만 천주교에서는 그녀가 가짜라고 말했습니다. 하지만 또, 이것도 순전히 정치적인 이유 때문이었습니다.

그리고, 마지막으로, 교황 일대기에 여교황 요안나의 내용이 포함되고, 이것이 그녀가 살았던 시기의 내용이었다면, 그러면, 여교황 요안나가 실제 인물이라고 주장할 수 있을지도 모릅니다. 지문은 사서에 의해 작성된 실제 문서에 여성 교황에 대해 언급한 내용이 순서에 맞지 않고, 전혀 다른 필체로 페이지 하단에 포함되어 있다는 사실을 언급하지 않고 있습니다. 이는 소위 말하는 참조사항이 이 전설에 어떠한 신빙성을 주기 위해 오파바의 마르틴에 의해 쓰여진 이야기 이후에 추가되었을 가능성이 커 보입니다.

어휘 fascinating [fǽsənèitiŋ] 대단히 흥미로운, 매력적인 trick [trik] 속이다, 속임수를 쓰다 likely [láikli] 그럴듯한, ~할 것 같은
biography [baiágrəfi] 일대기, 전기 out of sequence 순서가 뒤바뀌어서, 엉망으로 so-called [sòukɔ́:ld] 소위, 이른바, ~라고 일컬어지는
account [əkáunt] 이야기, 설명 credibility [krèdəbíləti] 신빙성, 신뢰성

■ 읽기 노트

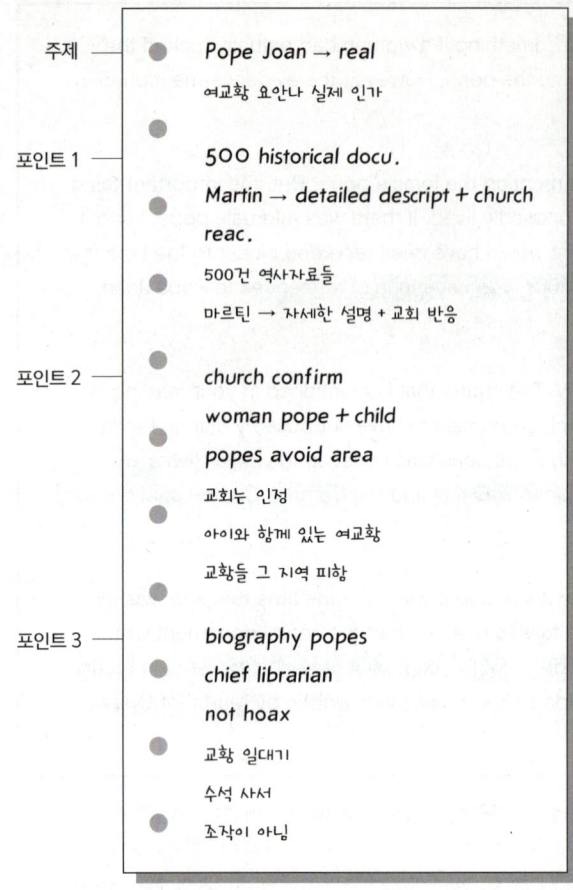

■ 듣기 노트

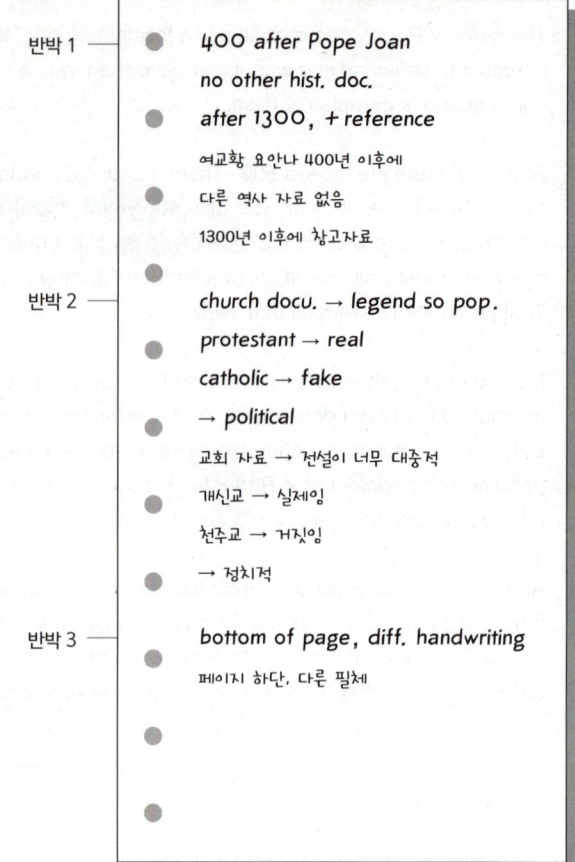

■ 모범 요약문

The lecturer explains Pope Joan was not a real person **while the reading passage supports the oppsite position**.

First, the speaker says that historical references appear 400 years after Pope Joan lived. He claims a record closer to the time of Pope Joan would exist if she had been real. **This strongly refutes the claim made by the reading passage that** Pope Joan is mentioned in a Tarot deck. The reading also says an account by Martin of Opava describes the female pope in detail.

Second, the man says that the Church only said Pope Joan was real because she was so popular. He says that the Church changed its mind later for political reasons. **This rebuts the point made in the reading that** there are references to a statue that was made for Pope Joan in the Church's records. He also says popes avoided the place where Pope Joan died.

Third, the professor states that the reference to Pope Joan in the *Liber Pontificalis*, is written at the bottom of the page and is in different handwriting. **This offers a counterpoint to the problem mentioned in the reading that** the reference was written by Anatasius Bibliothecarius, who was the Catholic Church's chief librarian.

해석 읽기 지문은 반대 입장을 지지하지만, 교수는 여교황 요안나는 실제 인물이 아니었다고 설명하고 있다.

첫째로, 교수는 역사 자료들이 여교황 요안나가 살았던 시점에서 400년이 지난 이후에 나타난다고 말한다. 그는 만약 그녀가 실제로 존재했다면, 여교황 요안나가 존재했던 시기에 가까운 기록들이 있었을 것이라 주장한다. 이것은 여교황 요안나가 타로 카드에서 언급되고 있다는 읽기 지문에서 제기한 주장을 강력히 반박한다. 읽기 지문은 또한 오파바의 마르틴의 이야기가 여교황에 대해 상세히 서술하고 있다고 말하고 있다.

두 번째로, 교수는 교회가 여교황 요안나가 너무 대중적이었기 때문에 그녀를 진짜라고 말했던 것이라고 말한다. 그는 교회가 정치적인 이유로 후에 마음을 바꾸었다고 말하고 있다. 이것은 교회의 기록들 중에 여교황 요안나를 위해 만들어진 조각상에 대한 언급이 있다는 읽기 지문에서 주장한 점을 반박한다. 그는 또한 교황들이 여교황 요안나가 죽었던 장소를 피했다고 말한다.

세 번째로, 교수는 '교황 연대표'에서 여교황 요안나에 대해 언급한 내용이 페이지 하단에 다른 필체로 적혀 있다고 말한다. 이것은 이 참고사항이 천주교의 수석 사서였던 Anatasius Bibliothecarius에 의해 쓰여진 것이라는 지문에서 언급된 문제를 반박한다.

어휘 **historical references** 역사 자료, 역사적 참고 문헌　**in detail** 상세히　**statue**[stǽtʃuː] 조각상　**librarian**[laibrɛ́əriən] (도서관의) 사서

선생님이 알려주는 점수보장 TIP

강의에서 단어들을 정확히 듣더라도, 주제가 친숙하지 않은 경우 명확한 의미를 모를 수도 있습니다. 그 정보 외에 몇몇 다른 세부사항들을 들었다면, 정확히 모르는 정보에 대해서는 짐작해서 적지 않는 것이 좋습니다. 오히려 말을 지어내느라 시간이 오래 걸리고, 점수를 잃을 수도 있어요 .

독립형 문제: 한 가지 기술만 개발하는 것이 더 이로움 vs. 여러 기술을 개발하는 것이 더 이로움

Question

Do you agree or disagree with the following statement?
It is better for students to focus on developing one skill than improving as many skills as possible.
Use specific reasons and examples to support your answer.

다음 명제에 찬성하는가 반대하는가?
학생들은 가능한 한 많은 기술을 개발하는 것보다 한 가지 기술을 개발하는 것이 더 낫다.
구체적인 이유와 예를 들어 자신의 의견을 뒷받침하시오.

아웃라인

나의 의견 — a specific skill 특정 기술

이유 1
일반적인 진술 — 1. proficiency in a specific skill: success in career 특정 기술에 대한 숙련도: 커리어의 성공
  — job markets require specialized skills 고용 시장에서 전문 기술 요구
예시 — ex) a job skill: the most important in hiring practice 예) 직무 기술: 채용 과정에서 가장 중요

이유 2
일반적인 진술 — 2. developing one skill → less stress 한 가지 기술에 집중 → 스트레스 덜 해
  — developing many different skills take away time for leisure activities 많은 기술 개발은 여가 활동 시간 빼앗아
예시 — ex) students developing one area: more satisfied with school lives
  예) 한가지 분야를 개발하는 학생들: 학교 생활에 더 만족

모범 에세이

A large number of people might argue that developing many different skills is better for future success than developing one skill. **Contrary to popular belief, I think that** focusing on a specific skill is the key to success **for the following reasons**: to land on a job easily and to live a less stressful life.

First of all, proficiency in a specific skill has a direct correlation to success in one's career. **It is obvious that** today's job markets require job candidates to have a specialized set of skills to stay competitive in the modern world. When people are equipped with such specialty, they are able to establish an optimal career path to success. **For example**, according to the Ministry of Labor of Korea in 2007, a job skill honed through experience in one field of concentration was the most important component in the hiring practice, taking up more than 70 percent of the final call. The interviewers looked at the applicant's knowledge and skills, mostly related to their particular business sector. This implies that specialization is a secure way for students to prepare for the future.

Moreover, when young people develop one skill, it helps them deal with stress better. **It is commonly observed that** it takes more time and effort to develop many different skills fully than to develop one skill, ultimately taking away time that can be spent on leisure activities. Plus, having leisure time can distract people from worries and stress. Therefore, this simple and quick escape from the reality may actually serve as a safety valve to let off some steam as well as a fun way to recharge energy. **For instance**, in a study done by the Ministry of Education of Korea in 2010, there was a huge difference between two groups of students in managing their academic pressure. Students in group A focused on developing one area they were interested in, while those in group B tried to develop as many skills as possible. The researchers found out that students in group A were more satisfied with their school lives than those in group B. Most of the students in group A had more free-time and had a hobby after school. Many of the students in group B tended to be more involved in dangerous activities, such as smoking, drinking, and doing drugs to cope with their stress. This implies that developing one skill and using the extra time to take a break serves as a safe and effective way to let out frustration and stress.

In conclusion, I firmly believe that enhancing multiple skills does not ensure future success **for the reasons I have mentioned above. All in all**, the importance of prioritizing and making life simpler cannot be underestimated in order to improve the quality of life.

해석 많은 이들이 미래의 성공을 위해서는 한 가지 기술을 개발하는 것보다 많은 다른 기술을 개발하는 것이 더 낫다고 주장할지도 모른다. 이런 통념과 반대로, 나는 다음과 같은 이유로 특정 기술에 집중하는 것이 성공을 위한 열쇠라고 생각한다. 쉽게 일자리를 구하고 스트레스가 덜한 삶을 살기 위함이다.

우선, 특정 기술에 대한 숙련도는 커리어의 성공과 직접적인 상관 관계가 있다. 오늘날 고용 시장이 입사 지원자들에게 현대 사회에서 경쟁력을 유지하기 위해 전문화된 기술을 갖출 것을 요구하고 있다는 것은 분명하다. 사람들이 이러한 전문성을 갖추고 있을 때, 그들은 성공으로 이어지는 최적의 진로를 만들 수 있다. 예를 들어, 2007년 한국 노동부에 따르면, 전공 분야의 경험을 통해 연마된 직무 기술이 채용 과정에서 가장 중요한 요소여서, 최종 합격의 70% 이상을 결정했다. 면접관들은 특정 비즈니스 분야와 가장 관련된 지원자들의 지식과 기술을 살펴보았다. 이는 전문화가 학생들이 미래를 준비하는 확실한 방법임을 의미한다.

그뿐만 아니라, 젊은이들이 한 가지 기술만을 개발하면, 이는 스트레스를 해결하는 데 더 도움이 될 수 있다. 한 가지 기술을 개발하는 것보다 많은 다른 기술을 완벽하게 개발하는 것은 더 많은 시간과 노력이 들어서, 결국에는 여가 활동에 쓰일 수 있는 시간을 빼앗아가게 된다는 것을 일반적으로 보게 된다. 게다가, 여가 활동을 갖는 것은 사람들이 걱정과 스트레스를 떨칠 수 있게 한다. 그러므로, 이렇게 단순하고도 빠른 현실로부터의 탈출구는 사실 에너지를 재충전하는 재미있는 방법일 뿐만 아니라 스트레스를 풀기 위한 안전 밸브의 역할을 할 수도 있다. 예를 들어, 2010년 한국 교육부가 실시한 연구에서, 학업의 압박감을 다루는 데 있어 두 학생 집단 간에는 큰 차이가 있었다. A 집단의 학생들은 그들이 관심 있는 한 가지 분야에만 집중한 반면에, B 집단의 학생들은 가능한 한 많은 기술을 개발하고자 노력했다. 연구원들은 A 집단의 학생들이 B 집단의 학생들보다 학교 생활에 더 만족하고 있다는 것을 밝혀냈다. A 집단의 학생들 대부분이 방과 후 더 많은 여가 시간과 취미를 즐겼다. B 집단의 많은 학생들은 스트레스를 해소하기 위해 흡연, 음주, 그리고 마약 복용과 같은 위험한 행위를 더 많이 하는 경향이 있었다. 이는 한 가지 기술만 개발하면서 나머지 시간을 휴식 시간으로 활용하는 것이 좌절감과 스트레스를 해소하기 위한 안전하고 효과적인 방법이라는 것을 의미한다.

결론적으로, 나는 위에서 언급한 이유 때문에 여러 가지 기술을 연마하는 것이 미래의 성공을 보장하지 않는다고 굳게 믿는다. 일반적으로, 삶의 질을 높이기 위하여 우선순위를 정해 삶을 보다 더 단순하게 사는 중요성은 결코 과소평가될 수 없다.

어휘 **focus on** ~에 집중하다   **proficiency** [prəfíʃənsi] 숙련도   **specialized** [spéʃəlàizd] 전문화된   **take away** 빼앗다
be interested in ~에 관심이 있다   **multiple** [mʌ́ltəpl] 여러 가지의   **prioritize** [praiɔ́:rəìaiz] 우선순위를 정하다

선생님이 알려주는 점수보장 TIP

[한 가지 vs. 여러 가지 선택 주제]

한 가지만 집중해서 할 것인지, 여러 가지를 하는 것이 좋을 것인지를 물어보는 주제는 다양하게 나올 수 있습니다. 이번 주제처럼 기술(skills)로 물어볼 수도 있고, 과목(subjects)이나 분야(fields)에 대해서 물어볼 수도 있습니다. 비슷한 이유와 흐름으로 응용하여 전개해 나갈 수 있겠지요. 모범 에세이를 미리 숙지하여, 시험장에서 막힘없이 쓸 수 있도록 연습합시다.

www.goHackers.com

스타토플 실전 WRITING

실전모의고사

11

통합형 문제
모범 답안·지문·해석

독립형 문제
모범 답안·해석

통합형 문제 스톤헨지에 지붕이 있었다는 증거

읽기 지문

Stonehenge, a famous monument made of very large stones in Wiltshire, England has been studied for centuries. Its original purpose is still unknown. Sarah Ewbank, an artist, has proposed the idea that the remains of Stonehenge are the ruins of a much larger building. She is the first person to suggest that the original building was very large, multi-storied, and also covered with a roof.

Ewbank believes that the original structure was covered by a wooden roof. Though the ruins today do not reveal any wooden artifacts, Ewbank has pointed to the quickly decaying nature of wood. She argues that stone abbeys that are only 500 years old still stand today without any trace of their original wooden roofs. As Stonehenge was first constructed in 3000 BC and completed in 1500 BC, it is only logical that any wooden pieces would have naturally decayed during the several millennia.

The 50 ton rock pieces in the monument were more than sturdy enough to serve as a supporting base for any higher structures. The rocks also contain small grooves cut into them in which four large support beams called trusses could fit. These trusses, when laid into the grooves would have been stable and could support more elevated construction. The weight of the trusses would have been immense. However, the fact that the 50 ton stones in Stonehenge had been transported 140 miles from their source means moving the trusses would have been much easier.

The structure required 1,500 years of construction to complete. Also, it is unclear how much time was spent planning and measuring the necessary spaces. Ewbank argues that it is simply illogical to spend such a large amount of effort on building something so massive if the area was exposed to rain or snow. With a roof, the building could function as a grand hall for celebrations held involving the numerous tribes that lived near the area unaffected by weather.

해석 스톤헨지는 영국 윌트셔에 있는 큰 돌로 만들어진 유명 기념물로, 수 세기 동안 연구되어 왔다. 이것의 본래 용도는 여전히 알려지지 않은 상태이다. 화가인 사라 이우뱅크는 스톤헨지 유적이 대형 건축물의 잔해라는 생각을 주장했다. 원래의 건축물은 매우 컸고, 여러 층으로 구성 되었으며, 지붕도 있었다고 주장하는 사람은 그녀가 처음이다.

이우뱅크는 원래 구조물이 나무 지붕으로 덮여 있었다고 생각한다. 비록 현재 유적지에서는 어떠한 목재 유물도 보이지 않지만, 이우뱅크는 목재의 빨리 부패하는 성질에 대해 지적했다. 그녀는 오늘날에도 여전히 서 있는 500년밖에 되지 않은 석조 수도원에도 원래 목재로 이루어진 지붕의 어떤 흔적이 전혀 없다고 주장한다. 스톤헨지가 기원전 3000년에 처음 세워져 기원전 1500년에 완성되었기 때문에, 수천 년이 지나는 동안 목재들이 자연적으로 부패되었을 것이라는 설명은 그저 타당할 뿐이다.

기념물에 사용된 50톤에 달하는 바위들은 더 높은 건축물의 지지대 역할을 하기에 충분히 견고했다. 이곳에는 트러스라고 하는 4개의 대형 지지대를 끼울 수 있었던 바위에는 작은 홈들도 파여져 있다. 이러한 홈에 트러스를 맞춰 끼우면 안정적이며 더 높은 구조물을 지탱할 수 있었을 것이다. 트러스의 무게는 엄청났을 것이다. 그러나, 스톤헨지의 50톤의 돌덩이들이 원래 있던 곳에서부터 140마일이나 이동했다는 사실은 트러스를 이동시키는 것이 훨씬 더 쉬웠을 것임을 의미한다.

이 건축물은 완성되기까지 1,500년의 공사 기간이 필요했다. 또한, 공사를 계획하고 필요 공간을 측정하는 데에 얼마나 많은 시간이 소요되었는지는 확실하지 않다. 이우뱅크는 만약 이 지역이 비나 눈에 그대로 노출되었다면, 이렇게 거대한 것을 짓는데 이처럼 많은 양의 노력을 쏟아붓는다는 것은 이치에 맞지 않는다고 주장한다. 지붕이 있었다면, 그 건물은 주변에 사는 수많은 부족들이 모여 날씨에 영향을 받지 않고 축제를 열 수 있는 대형홀의 기능을 할 수 있었을 것이다.

어휘 remain[riméin] 유적, 유물, 남은 것　ruin[rúːin] 잔해, 유적　multi-storied 여러 층의, 복층의　decay[dikéi] 부패하다　groove[gruːv] 홈, 고랑
truss[trʌs] 트러스(지붕·교량 따위를 버티기 위해 떠받치는 구조물)　elevated[éləvèitid] 높은, 고상한　measure[méʒər] 측정하다
illogical[ilάdʒikəl] 이치에 맞지 않는, 비논리적인　massive[mǽsiv] 거대한

강의 스크립트

The truth is that we don't really know what Stonehenge was for. I mean, there are a lot of theories. And this is, I have to say, one of the more creative ones I've heard. But, I think there are some critical flaws in the reasons discussed in your reading.

Now, Ewbank is right that wood decays. A lot of buildings lose wooden aspects after a few hundred years. But, they don't lose every single scrap of wood that was in the original building. You find something; either pieces of the structure or the tools used to shape the covering of the roof. We haven't at Stonehenge. I mean, they didn't use their bare hands. Also, I'd like to point out that the oldest wooden artifact, the Shigir Idol, which is 2.8 meters in height, is in very good condition, and was built in about 9000 BC. So, it's possible for wood from Stonehenge to have survived.

Next, scientists have been trying to figure out the little grooves that were cut into the stone pieces of Stonehenge. But, the problem with Ewbank's theory is that even if Stonehenge's ancient builders had tried to make wooden supports, they wouldn't have been very happy. The angle that the wooden supports would have been placed on the stones would have pushed out on the stones and caused an outward collapse. If that didn't happen the four wooden trusses would not have been able to support the proposed roof anyway.

Finally, one curious feature of Stonehenge is that one door faces exactly to sunrise and one door faces exactly to sunset. The Northeastern door faces towards a rock, called the Heel Stone. On the exact day that sunrise aligns with the northeastern door and the Heel Stone is the summer solstice. There are also sightlines marking the winter solstice. These were extremely important as they would mark the beginning and ending of the cold season. The building didn't need to be used year round, or have a roof, because just knowing the solstices was incredibly important because it told people when to plant and when to harvest crops.

읽기 노트

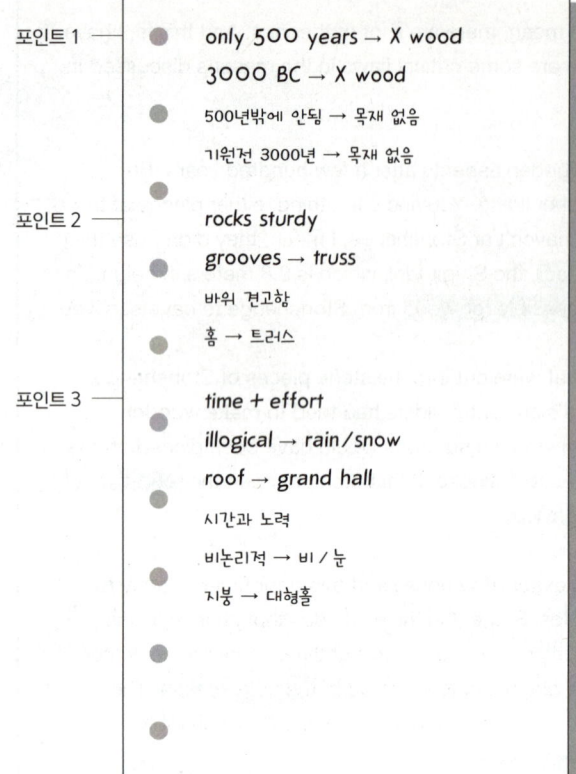

포인트 1
- only 500 years → X wood
- 3000 BC → X wood
- 500년밖에 안됨 → 목재 없음
- 기원전 3000년 → 목재 없음

포인트 2
- rocks sturdy
- grooves → truss
- 바위 견고함
- 홈 → 트러스

포인트 3
- time + effort
- illogical → rain/snow
- roof → grand hall
- 시간과 노력
- 비논리적 → 비 / 눈
- 지붕 → 대형홀

듣기 노트

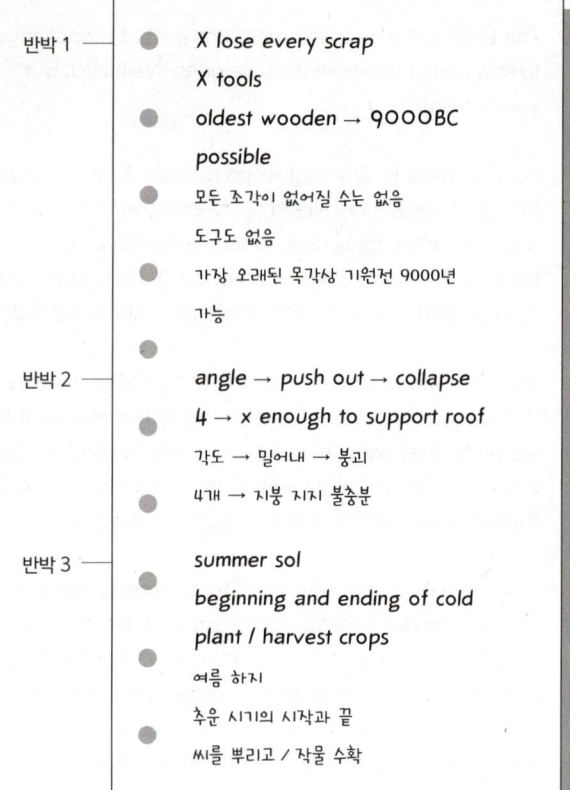

반박 1
- X lose every scrap
- X tools
- oldest wooden → 9000BC
- possible
- 모든 조각이 없어질 수는 없음
- 도구도 없음
- 가장 오래된 목각상 기원전 9000년
- 가능

반박 2
- angle → push out → collapse
- 4 → x enough to support roof
- 각도 → 밀어내 → 붕괴
- 4개 → 지붕 지지 불충분

반박 3
- summer sol
- beginning and ending of cold
- plant / harvest crops
- 여름 하지
- 추운 시기의 시작과 끝
- 씨를 뿌리고 / 작물 수확

모범 요약문

The reading passage discusses a possible roof that covered the Stonehenge monument in Wiltshire, England, **to which the professor responds by offering counterevidence**.

First, the reading says that Stonehenge may have had a wooden roof but all of the wood has now decayed. The reading points out that even 500 year old ruins no longer have wood because of decay. **The lecturer strongly disagrees with this and states that** even though much of the wood in ruins may decay, every scrap of wood will not disappear. Also, if Stonehenge had a roof, some tools should have been discovered by now. She also states that even an old wooden artifact from 9000 BC has survived.

Secondly, the reading says that the rocks on Stonehenge are very sturdy and have grooves cut into them. The reading claims that these grooves would have perfectly supported wooden supports called trusses. Also, these trusses would have supported the entire roof. **Again, the professor counters this by describing in detail that** the angle of the trusses would have pushed out on the rock and caused a collapse. Also, she states that four trusses would not have been about to support the weight of the entire roof.

Finally, the reading passage makes the point that the time and effort used in planning and making Stonehenge makes it illogical to not have a roof. The reading claims that the structure would have been exposed to rain or snow without a roof. **The speaker disproves this final contention by asserting that** Stonehenge was used to mark the beginning and ending of the cold season. She explains that this would have told people when to plant and when to harvest their crops. Therefore, the building did not need to be protected from rain or snow.

해석 읽기 지문은 영국 윌트셔의 스톤헨지 기념물을 덮고 있었던 지붕이 있었을 가능성에 대해 설명하고 있는데, 교수는 이에 대해 반증을 제시하며 대응하고 있다.

첫째, 지문은 스톤헨지에 목재로 된 지붕이 있었을 것인데 목재 전부가 현재 부패되었다고 말한다. 지문은 500년 이상 오래된 유물에서도 부패 때문에 목재가 남아 있지 않다는 점을 지적한다. 교수는 이에 강하게 반대하며 유적에 사용된 목재 대부분이 부패할 수는 있지만 그렇다고 나무 조각들 전부가 사라지지는 않는다고 설명한다. 또한 스톤헨지에 지붕이 있었다면, 일부 도구들이 지금쯤 발견되었어야만 한다. 그녀는 또한 심지어 기원전 9000년에 만들어진 오래된 목재 공예품이 남아 있다고 말하고 있다.

둘째, 지문은 스톤헨지의 돌들은 매우 견고하며 그 안에 홈이 파여 있다고 말한다. 지문에서는 이러한 홈이 트러스라고 불리는 목재 지지대를 완벽하게 지지했을 거라고 주장한다. 또한, 이러한 트러스들이 지붕 전체를 지지했을 것이다. 다시, 교수는 트러스의 각도로 인해 바위를 밀어내 무너지게 했을 것이라고 상세히 설명함으로써 이를 반박한다. 또한, 그녀는 4개의 트러스로는 지붕 전체의 무게를 지지할 수 없었을 것이라고 말한다.

마지막으로, 읽기 지문은 스톤헨지를 계획하고 만드는 데 들어간 시간과 노력을 감안하면 지붕이 없다는 것은 이치에 맞지 않는다고 주장한다. 지문은 지붕이 없으면 구조물이 비나 눈에 노출되었을 것이라고 주장한다. 교수는 스톤헨지가 추운 계절의 시작과 끝을 표시하기 위해 사용되었다고 주장함으로써 지문의 마지막 주장을 반박한다. 그녀는 이것이 사람들에게 그들의 농작물을 언제 심고 언제 수확하는지 알려주었을 것이라고 설명한다. 따라서, 이 건축물은 비나 눈으로부터 보호될 필요가 없었다.

어휘 monument[mánjumənt] 기념물, 기념비적인 건축물   wooden[wudn] 목재의, 나무로 된   scrap[skræp] 조각   harvest[háːrvist] 수확하다

선생님이 알려주는 점수보장 TIP

리스닝에서는 마인드 컨트롤을 할 수 있는지가 관건입니다. 일부 내용을 놓쳐 당황하게 되면 나머지 내용 모두 놓치게 됩니다. 그러므로, 최대한 침착하게 끝까지 집중력을 잃지 않는 연습이 필요합니다.

독립형 문제 오늘날 부모들은 더 이상 아이들을 돌보는 데 많은 시간을 소비하지 않음 vs. 아님

Question

Do you agree or disagree with the following statement?
Parents no longer spend a lot of time taking care of their children.
Use specific reasons and examples to support your answer.

다음 명제에 찬성하는가 반대하는가?
부모들은 더 이상 아이들을 돌보는 데 많은 시간을 소비하지 않는다.
구체적인 이유와 예를 들어 자신의 의견을 뒷받침하시오.

■ 아웃라인

나의 의견	• parents spend less time taking care of children 부모들이 아이들을 돌보는데 시간을 덜 소비함
이유 1	1. having less time to pay attention to children 아이에게 관심을 쏟을 시간이 적음
일반적인 진술	– the advent and spread of IT 정보 기술의 도래와 확산
예시	– ex) the number of working mothers↑ → family time↓ 예) 워킹맘의 수 증가 → 가족이 함께 하는 시간은 감소
이유 2	2. advancements in education technology 교육 기술의 진보
일반적인 진술	– traditional learning system → education cyber tool 전통적인 학습 시스템 → 교육 사이버 툴
예시	– ex) my youngest brother → English online course 예) 내 막내동생 → 영어 온라인 수업

■ 모범 에세이

A large number of people might argue that today's parents spend as much time looking after their children as parents in the past did. **Contrary to popular belief, I think that** parents no longer invest a lot of time in their children's care **for the following reasons**: they have become busier, and technology has helped children study alone.

First of all, today's parents have less time to pay attention to bringing up their children. **It is obvious that** with the advent and spread of Information Technology, people, especially women, have more chances to join the workforce. Not only that, they have to spend most of their time at work in order to survive today's competitive job market. As a result, they are unlikely to have enough time to supervise their child's progress in school. **For example**, according to the Ministry of Education of Korea in 2010, the amount of family time had decreased by geometric progression over the past decade. The contributing factor was that the number of working mothers had increased by 50 percent. This implies that today's children spend more time alone at home.

Moreover, today's parents pay less attention to their children's education due to advancements in education technology. **It is an undeniable fact that** education cyber tools, such as personal blogs, chat rooms, and online courses, have replaced the traditional learning system. Thus, parents do not have to help their children because children can learn even without their help. **For instance**, my youngest brother registered for an English online course which was filled with interactive animation, cartoon characters, and fun melodies. The website also came with many functions such as an online tutor and self-assessment guide which helped my brother to learn and study alone. As a result, my parents did not have to worry about his English education.

In conclusion, I firmly believe that parents are less involved in child-rearing than they were in the past **for the reasons I have mentioned above**. **All in all**, this trend will continue and pass down to the next generation.

해석　많은 이들이 오늘날의 부모들은 과거의 부모들이 그랬던 것만큼 아이들을 돌보는 데 더 많은 시간을 소비한다고 주장할지도 모른다. 이런 통념과 반대로, 나는 다음과 같은 이유로 부모들은 더 이상 아이들을 돌보는 데 많은 시간을 투자하지 않는다고 생각한다. 부모들은 바빠졌고 기술은 아이들이 혼자서 공부하도록 도와준다.

무엇보다도, 오늘날의 부모들에게는 아이들을 양육하는 데 관심을 쏟을 시간이 적다. 정보 기술의 도래와 확산 덕분에 사람들, 특히 여성들이 일할 기회가 더 많다는 것은 분명하다. 그뿐만 아니라, 이들은 오늘날의 경쟁이 심한 고용 시장에서 살아남기 위해 직장에서 대부분의 시간을 소비해야 한다. 그 결과로, 이들에게는 학교에서 아이의 발달 정도를 관리할 시간이 충분하지 않을 것이다. 예를 들어, 2010년 한국 교육부에 따르면, 가족이 함께 하는 시간이 지난 10년에 걸쳐 기하급수적으로 줄었다. 워킹맘의 수가 50% 증가한 것이 주된 요인이었다. 이는 요즘 아이들은 집에서 혼자 보내는 시간이 더 많다는 것을 의미한다.

그뿐만 아니라, 오늘날의 부모들은 교육 기술의 진보 덕분에 아이 교육에 관심을 덜 두고 있다. 개인 블로그와 채팅방 그리고 온라인 수업과 같은 교육 사이버 툴이 전통적인 학습 시스템을 대체했다는 것은 부정할 수 없는 사실이다. 따라서, 부모들은 아이들이 그들의 도움 없이도 학습할 수 있기 때문에 거들어줄 필요가 없다. 예를 들어, 내 막냇동생은 상호작용 애니메이션, 만화 캐릭터, 그리고 재미있는 음악이 있는 영어 온라인 수업에 등록했다. 이 웹사이트에는 동생이 혼자서 학습하고 공부할 수 있도록 도와주는 온라인 교습과 자기 평가 가이드와 같은 많은 기능이 있었다. 그 결과, 우리 부모님은 그의 영어 교육에 대해 걱정할 필요가 없었다.

결론적으로, 나는 위에서 언급한 이유 때문에 부모들이 과거에 그랬던 것보다 아이 양육에 덜 관여하고 있다고 굳게 믿는다. 전반적으로, 이 경향은 계속되어 다음 세대까지 이어질 것이다.

어휘　**advent**[ǽdvent] 도래　**spread**[spred] 확산　**by geometric progression** 기하급수적으로　**the number of** ~의 수　**registered for** ~에 등록하다　**be filled with** ~으로 가득차 있다

선생님이 알려주는 점수보장 TIP

['no longer'를 포함하는 주제]

'no longer'는 '더 이상 ~가 아니다'라는 의미로, 과거에 비해서 현재 더 그러한지 아닌지의 의미를 내포하고 있지요. 따라서 'no longer'가 나오면 과거와 현재를 비교하는 주제라고 볼 수 있습니다. 그렇기 때문에 단지 '현재 이러한 현상이 있다'라고만 진술한다면 질문에 적절하게 답한 에세이라고 볼 수 없겠지요.

[증가와 감소의 표현]

'~가 증가해왔다' '~가 감소해왔다'라는 표현은 독립형과 통합형 모두에서 많이 쓰이는 표현입니다. 매우 많은 표현들이 있지만 본인이 쓸 표현들만 잘 정리해놓으면 정확하고 빠른 속도로 써나갈 수 있습니다.

의미	자동사, 타동사 모두 가능	자동사	타동사
감소하다	decrease	decline	reduce
증가하다	increase	rise	raise

www.goHackers.com

스타토플 실전 WRITING

실전모의고사

12

통합형 문제
모범 답안·지문·해석

독립형 문제
모범 답안·해석

통합형 문제: 화석 연료를 대체할 방법들

읽기 지문

Fossil fuels are very dense packets of energy capable of powering the entire global economy. Unfortunately, the energy they provide comes at an extreme cost; the destruction of the environment through tremendous CO_2 emissions and mining or drilling related activities. Supplies are also limited. Numerous options to replace fossil fuels currently exist that require more serious scrutiny.

The term "biofuels" is given to any fuel that is derived from plant or animal based fuels, referred to as feedstock. Something that must be considered with biofuels is the amount of energy required to grow the feedstock until it is ready to be converted to fuel. Even in this respect, corn-based ethanol would cut greenhouse gas emission by 52% compared to gasoline. As 1/3 of all CO_2 emissions in the US come from gasoline, then developing a cleaner fuel would be a very ecologically responsible decision.

Hydrogen is the most readily available element in the universe. The only byproducts in the burning of hydrogen to produce energy are heat and water. The entire global supply of fossil fuels is managed by a very small number of entities that dictate its price. In the case of hydrogen, anyone is capable of obtaining hydrogen and producing energy with it since it is everywhere. This has the potential to lead to fully distributed shared energy networks where all participants produce energy and can sell excess energy back to others in their network.

The sun provides, in one year, enough power to run the world for 10,000 years. This is a free source of energy that has allowed for photosynthesis in all plant life across the planet. Though still considered expensive, solar panel technology has, for 20 years, decreased by about 5% each year. There are numerous cases of people switching completely to solar power and generating enough power to be fully self-sustained without any additional power provided by their local electrical grid.

해석 화석 연료는 세계 경제 전체를 움직일 수 있는 고밀도 에너지 덩어리이다. 유감스럽게도, 화석 연료가 제공하는 에너지를 얻는 데 엄청난 대가가 따른다. 엄청난 양의 이산화탄소 배출과 채굴이나 시추 작업과 같은 활동으로 인해 환경이 파괴되는 것이다. 공급량 또한 제한적이다. 더욱 철저한 검토가 필요한 화석 연료를 대체할 수많은 방법들이 있다.

공급 원료라 불리는 동식물을 기반으로 하는 연료에서 유래하는 모든 연료에 "바이오 연료"라는 용어가 주어진다. 바이오 연료와 관련하여 반드시 고려해야 하는 점은 해당 공급 원료가 연료로 전환할 준비가 되기까지 이것을 키우기 위해 필요한 에너지의 양에 관한 것이다. 심지어 이러한 관점에서도, 옥수수를 기반으로 하는 에탄올은 휘발유와 비교하여 온실가스 배출량을 52%나 줄일 수 있다. 미국에서 배출되는 이산화탄소의 1/3은 휘발유로부터 발생하기 때문에, 더 깨끗한 연료를 개발하는 것은 생태학적으로도 매우 책임 있는 결정이 될 것이다.

수소는 우주에서 가장 쉽게 구할 수 있는 성분이다. 에너지를 만들어내기 위해 수소를 태울 때 발생하는 유일한 부산물은 열과 물밖에 없다. 전 세계 화석 연료의 공급량은 가격을 좌우하는 매우 적은 수의 기업체에 의해 관리된다. 수소의 경우에는, 어느 곳에나 존재하기 때문에 누구나 수소를 얻을 수 있고, 이를 이용하여 에너지를 생산할 수 있다. 이것은 완전히 분배되는 공유 에너지 네트워크를 이뤄낼 가능성이 있고, 이 네트워크에서 모든 참여 업체들이 에너지를 생산하여 여기에서 발생하는 잉여 에너지를 네트워크 내의 다른 업체에 팔 수도 있다.

태양은 1년안에 1만 년 동안 세계가 기능하도록 할 충분한 에너지를 제공한다. 태양은 무료 에너지로 지구에 있는 모든 식물들이 광합성을 하도록 해주었다. 여전히 비싸다고 여겨지기는 하지만, 태양 전지판 기술은 20년 동안 해마다 약 5%씩 감소했다. 태양열 발전으로 완전히 전환하여 그들의 현지 전력망에 의해 제공되는 어떠한 추가 전력이 없이 자급자족으로 충분한 전기를 만들어내고 있는 많은 사례들이 있다.

어휘 drilling 시추, 구멍 뚫기　scrutiny 철저한 검토, 정밀 조사　feedstock 공급 원료
greenhouse gas emission 온실 가스 배출물　ecologically 생태학적으로　readily 손쉽게, 선뜻
byproduct 부산물　entity 기업체　dictate ~을 좌우하다, ~에 영향을 주다　photosynthesis 광합성
self-sustained 자급하는, 자립한　electrical grid 전력망

강의 스크립트

No one's going to disagree that fossil fuels are a problem, but, we run an entire civilization on its energy. There's just nothing available, right now, with the resources that we have, to replace the use of fossil fuels. So, let's talk about a few of the top candidates.

Biofuels are interesting because instead of relying on drilling and digging up organic remains, we grow something, a plant or animal, and use it in some way to make fuel. OK, so, here's a problem. Let's say that we get fuel from corn. Well, the corn would otherwise go to feed people right? 60% of the planet doesn't get enough to eat right now. If we set aside enough corn to replace fossil fuels, then, well, you're going to increase the global level of hunger. Even if you didn't use it for food, we don't have enough open land to grow enough feedstock to make enough fuel to power the planet. Yeah, that's just not happening.

Another often talked about substitute is hydrogen. The idea is that you can take a glass of water, break down the molecules and you get hydrogen. The problem is that the process of doing this and converting hydrogen gas directly to power requires the creation of a totally new power grid. Current methods to convert hydrogen to electricity are very inefficient. But, we already have a national electrical grid in place. It doesn't make sense to invest the resources into building an entire system from scratch.

I hear a lot about solar power all the time. It's true what they say—the sun does provide enough power in a single year to power the planet for a long time. But, the thing that solar power proponents fail to mention is that power would have to be absorbed across the total surface area of our planet to do that. It's not possible to cover the entire planet in solar panels. We don't even have the resources or scale of manufacturing to even produce the panels even if we had the land required to get enough power for just a single year's worth of energy.

해석 화석 연료가 문제가 된다는 것에 동의하지 않는 사람은 누구도 없겠지만, 우리는 화석 연료 에너지를 이용해 우리 문명 전체를 작동시키고 있습니다. 현재 우리가 가지고 있는 자원 중에는 당장 화석 연료의 사용을 대체할만한 것이 없습니다. 그럼, 몇 가지 유력한 후보에 대해 이야기해 봅시다.

바이오 연료는 유기물 잔해들을 시추하거나 채굴하는 것에 의존하는 대신, 우리가 식물이나 동물 등을 키워 그것을 연료를 만드는 데 활용할 수 있기 때문에 흥미롭습니다. 자, 그런데, 여기에는 문제가 있습니다. 옥수수에서 연료를 구한다고 합시다. 음, 그렇지 않으면 옥수수는 사람들을 먹이기 위해 사용되겠죠? 현재 세계 인구의 60%는 먹을 것이 충분하지 않습니다. 우리가 충분한 옥수수를 화석 연료를 대체하기 위해 비축한다면, 그러면, 음, 전 세계 기근의 수준을 높이게 될 것입니다. 설령 식량으로 이용하지 않았더라도, 지구에 동력을 공급하기에 충분한 연료를 만들 만큼의 공급 원료를 키울 충분히 넓은 땅도 가지고 있지 않습니다. 네, 그런 일은 일어나지 않을 것입니다.

대체 물질로 주로 언급된 또 하나는 수소입니다. 그 발상은 당신이 물 한잔을 가지고 와서 분자를 분해하여 수소를 얻는다는 것이죠. 문제는 수소 가스를 직접 에너지로 전환하는 과정은 완전히 새로운 전력망 구축을 필요로 한다는 것입니다. 수소를 전기로 전환하는 현재의 방식은 매우 비효율적입니다. 하지만, 우리는 이미 가동 중인 국가 전력망을 가지고 있습니다. 완전히 처음부터 전체 시스템을 구축하는 데 자원을 투자하는 것은 타당하지 않습니다.

태양열 발전에 대한 내용도 많이 들립니다. 태양이 지구에 오랫동안 동력을 공급하기에 충분한 에너지를 1년 안에 제공해준다고 그들이 말하는 것은 사실입니다. 하지만, 태양력 발전을 옹호하는 사람들이 설명하지 못하는 것은 그렇게 하기 위해서는 우리 지구의 전체 표면 면적에 걸쳐 태양에너지가 흡수되어야만 한다는 것입니다. 지구 전체를 태양 전지판으로 뒤덮는 것은 불가능하지요. 비록 우리가 단지 1년 동안 사용하기에 충분한 에너지를 얻는 데 필요한 땅을 가지고 있다 해도, 그 전지판을 만들어낼 생산 규모나 자원조차 없습니다.

어휘 **substitute**[sʌ́bstətʃùːt] 대체물, 대리자　**break down** 분해하다, 부수다　**molecule**[máləkjùːl] 분자　**convert**[kənvə́ːrt] 전환시키다　**power grid** 전력망　**from scratch** 아주 처음부터, 아무런 준비 없이　**proponent**[prəpóunənt] 옹호자, 지지자

■ 읽기 노트

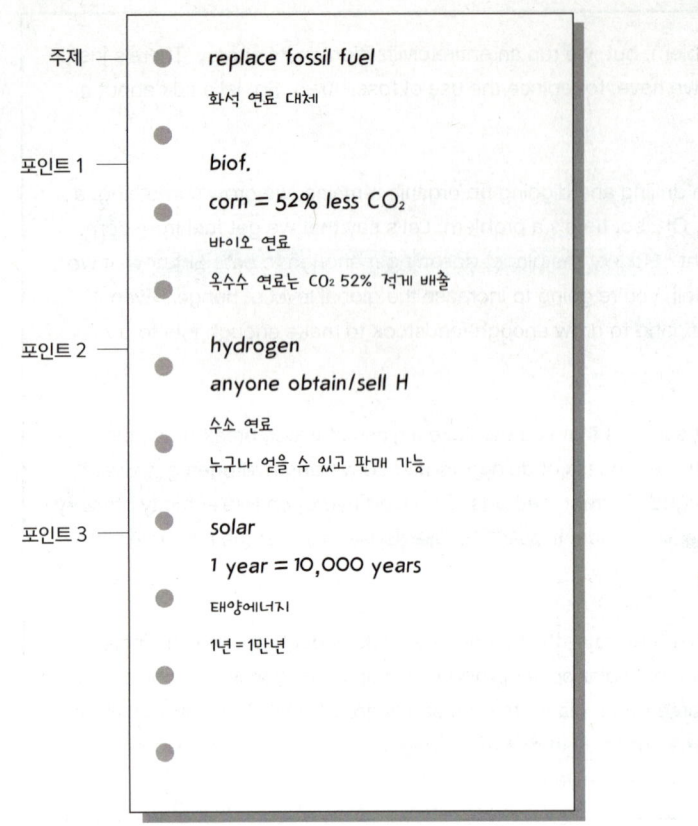

■ 듣기 노트

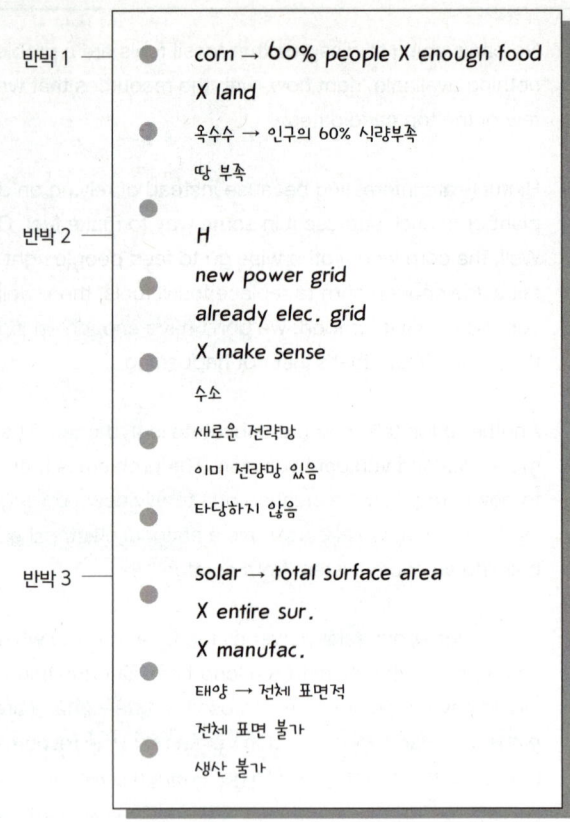

■ 모범 요약문

The reading passage discusses possible fuel sources that can replace fossil fuels, **to which the professor responds by offering counterevidence.**

First, the reading says that biofuels are a good replacement for fossil fuels. If corn-based ethanol was used, over one half of all CO_2 emissions from gasoline would be reduced. **The lecturer strongly disagrees with this and states that** 60% of the people in the world do not have enough to eat. Using corn for fuel would make more people hungry. Also, there is not enough land.

Secondly, the reading says that hydrogen can also replace fossil fuels. It states that if hydrogen was the source of fuel, anyone could collect and sell it. **Again, the professor counters this by describing in detail that** using hydrogen as a fuel source needs a new power system. He states that the US already has an electrical system so it doesn't make sense to make a new system.

Finally, the reading passage makes the point that solar is another alternative to fossil fuels because the sun makes enough power to run earth for 10,000 years in just one year. **The speaker disproves this final contention by asserting that** this is only true if the total surface area of the earth collected solar energy.

해석 읽기 지문은 화석 연료를 대체할 수 있는 가능한 연료 공급원에 대해 설명하고 있지만, 교수는 이에 대해 반증을 제시하며 대응하고 있다.

첫째, 지문은 바이오 연료가 화석 연료의 좋은 대체물이라고 말한다. 옥수수를 기반으로 한 에탄올을 사용하면 휘발유에 의한 이산화탄소 배출량의 절반 이상을 줄일 것이다. 교수는 이를 강하게 반박하며 전 세계 인구의 60%가 먹을 것이 충분하지 않다고 설명한다. 옥수수를 연료로 사용하는 것은 더 많은 사람들이 굶주리게 할 것이다. 또한, 충분한 경작지도 없다.

둘째, 지문은 수소 또한 화석 연료를 대체할 수 있다고 말한다. 만약 수소가 연료 공급원이 된다면, 누구나 수소를 모아서 판매할 것이라고 진술한다. 다시, 교수는 수소를 연료 공급원으로 활용하려면 새로운 전력망이 필요하다고 상세히 설명함으로써 이를 반박한다. 그는 미국은 이미 전력망을 가지고 있기 때문에 새로운 시스템을 만든다는 것은 타당하지 않다고 말한다.

마지막으로, 읽기 지문은 태양은 단 1년 안에 지구가 1만 년 동안 기능하기에 충분한 에너지를 만들기 때문에 태양 에너지가 화석 연료의 또 다른 대안이라고 주장한다. 교수는 지구 전체 표면적에서 태양 에너지를 모아야만, 이것이 가능하다고 주장함으로써 지문의 마지막 주장을 반박한다.

어휘 biofuel[báioufjù(:)əl] 바이오 연료, 생물 연료 hydrogen[háidrədʒən] 수소 electrical[iléktrikəl] 전기의, 전기를 이용하는
alternative[ɔːltə́ːrnətiv] 대안, 선택 가능한 것

선생님이 알려주는 점수보장 TIP

노트테이킹을 할 때, 듣기에 나오는 너무 길거나 생소한 단어들은 똑같이 쓰지 못하고 놓칠 수도 있습니다. 주제에 관한 큰 개념을 이해한다면, 다른 말로 표현하도록(paraphrase) 연습해 보세요!

독립형 문제: 부모가 아이들을 직접 돌봐야 함 vs. 남자 형제나 여자 형제가 돌봐야 함

Question

Some people think that parents should look after their young children. Others believe that their brothers or sisters should take care of their younger siblings. Which option do you agree with?
Use specific reasons and examples to support your answer.

어떤 이들은 부모가 그들의 어린 아이들을 돌봐야 한다고 생각한다. 다른 이들은 남자 형제나 여자 형제가 그들의 어린 동생을 돌봐야 한다고 믿는다. 어떤 선택에 동의하는가?
구체적인 이유와 예를 들어 자신의 의견을 뒷받침하시오.

아웃라인

나의 의견	brothers or sisters should take care of their young siblings 남자 형제나 여자 형제가 그들의 어린 동생을 돌봐야 함
이유 1	1. having less time to pay attention to children's education 아이의 교육에 관심을 쏟을 시간이 적음
일반적인 진술	– the advent and spread of IT 정보 기술의 도래와 확산
예시	– ex) the number of working mothers↑ → family time↓ 예) 워킹맘의 수 증가 → 가족이 함께하는 시간은 감소
이유 2	2. advancements in education technology 교육 기술의 진보
일반적인 진술	– traditional learning system → education cyber tool 전통적인 학습 시스템 → 교육 사이버 툴
예시	– ex) my youngest brother → English online course 예) 내 막냇동생 → 영어 온라인 수업

모범 에세이

A large number of people might argue that parents should take care of their young children because parents are supposed to be their legal guardians. **Contrary to popular belief, I think that** their brothers or sisters should take care of their younger siblings **for the following reasons**: parents have become busier, and technology has widened the generation gap between parents and children.

First of all, today's parents spend less time with their children. **It is obvious that** with the advent and spread of Information Technology, people, especially women, have more chances to join the workforce. Not only that, they have to spend most of their time at work in order to survive in today's competitive job market. As a result, they are unlikely to have enough time to build a closer relationship with their child. **For example**, according to the Ministry of Education of Korea in 2010, the amount of family time had decreased by geometric progression over the past decade. The contributing factor was that the number of working mothers had increased by 50 percent. This implies that today's children spend less time with their parents and spend more time with their siblings at home.

Moreover, today's parents have difficulty understanding their children's world due to advancements in technology. **It is an undeniable fact that** education cyber tools, such as personal blogs, chat rooms, and online courses, have replaced the traditional learning system. Thus, such cyber tools have created a larger generation gap between parents and children. **For instance**, my youngest brother registered for an English online course which was filled with interactive animation, cartoon characters, and fun melodies. When my parents saw that website, they thought that it was not the proper way to learn English and a waste of money. My parents regarded books and newspapers as a primary source of information. On the other hand, my brother thought that integrating technology into the curriculum was a fun way to learn and improve his abilities. I was able to understand his way of studying English and helped him with schoolwork since we come from the same generation.

In conclusion, I firmly believe that siblings should take better care of each other as the gap between parents and children has become wider **for the reasons I have mentioned above**. **All in all**, this trend will continue and pass down to the next generation.

해석 많은 이들이 부모가 법적인 보호자여야 하기 때문에 부모가 그들의 어린 아이들을 돌봐야 한다고 주장할지도 모른다. 이런 통념과 반대로, 나는 다음과 같은 이유로 남자 형제나 여자 형제가 그들의 어린 동생을 돌봐야 한다고 생각한다. 부모들이 바빠졌고 기술이 부모와 자식 간의 세대 차이를 더 벌려 놓았다.

우선, 오늘날의 부모들은 아이와 시간을 덜 보낸다. 정보 기술의 도래와 확산 덕분에 사람들, 특히 여성들이 일할 기회가 더 많다는 것은 분명하다. 그뿐만 아니라, 이들은 오늘날의 경쟁이 심한 고용 시장에서 살아남기 위해 직장에서 대부분의 시간을 소비해야 한다. 그 결과로, 부모에게는 아이와 더 돈독한 관계를 만들기 위한 충분한 시간이 없을 것이다. 예를 들어, 2010년 한국 교육부에 따르면, 가족이 함께 하는 시간이 지난 10년에 걸쳐 기하급수적으로 줄었다. 워킹맘의 수가 50% 증가한 것이 주된 요인이었다. 이는 요즘 아이들은 부모와 시간을 덜 보내고 집에서 그들의 형제와 더 많은 시간을 보낸다는 것을 의미한다.

그뿐만 아니라, 오늘날의 부모들은 기술의 발전 때문에 아이들의 세계를 이해하는 데 어려움을 겪고 있다. 개인 블로그와 채팅방 그리고 온라인 수업과 같은 교육 사이버 툴이 전통적인 학습 시스템을 대체했다는 것은 부정할 수 없는 사실이다. 그 결과, 이러한 사이버 툴이 부모와 자식 간의 큰 세대 차이를 만들었다. 예를 들어, 내 막냇동생은 상호작용 애니메이션, 만화 캐릭터 그리고 재미있는 음악이 있는 영어 온라인 수업에 등록했다. 우리 부모님은 이 웹사이트를 보셨을 때, 이것이 영어를 배우기에 적합한 방식이 아닌 돈 낭비라고 생각하셨다. 우리 부모님은 책과 신문을 주요 정보원으로 생각하셨다. 반면에 내 동생은 기술과 커리큘럼의 결합이 공부하기에 흥미로운 방법이어서 실력을 향상시켜준다고 생각했다. 나는 그가 영어를 공부하는 방식을 이해할 수 있었고 우리는 같은 세대이기 때문에 그가 학교 공부하는 것을 도와주었다.

결론적으로, 나는 위에서 언급한 이유 때문에 부모 자식 간에 격차가 더 커졌으므로 형제끼리 서로를 돌봐야 한다고 굳게 믿는다. 전반적으로, 이 경향은 계속되어 다음 세대까지 이어질 것이다.

어휘 generation[dʒènəréiʃən] 세대   build a relationship 관계를 맺다   have difficulty ~ing ~하는 데 어려움을 겪다   regard A as B A를 B로 여기다

선생님이 알려주는 점수보장 TIP

[A와 B 중 선택하는 유형]

A와 B 중 하나를 선택하는 문제에서 A를 선택하는 경우, 가능한 아웃라인은 다음 3가지 입니다.

(1)
본론 1	A 선택의 이유 / 장점
본론 2	A 선택의 이유 / 장점

(2)
본론 1	A 선택의 이유 / 장점
본론 2	B를 선택하지 않은 이유 / 단점

(3)
본론 1	B를 선택하지 않은 이유 / 단점
본론 2	B를 선택하지 않은 이유 / 단점

이 때, 본론 1과 2의 내용이 중복되지 않도록 주의합니다. 왜냐하면 각각의 본론은 다른 이유를 가져야 하기 때문입니다. 같은 이유이면 굳이 다른 본론으로 만들 이유가 없겠지요.

예를 들어, 다음과 같은 아웃라인은 중복되는 아웃라인 입니다.

본론 1	부모님과는 세대 차이가 많이 나서 이해가 힘들다. (×)
본론 2	형제 자매와는 세대 차이가 나지 않아서 이해가 쉽다. (×)

www.goHackers.com

스타토플 실전 WRITING

실전모의고사

13

통합형 문제
모범 답안·지문·해석

독립형 문제
모범 답안·해석

통합형 문제　동물 실험의 필요성

■ 읽기 지문

The quest for cures and vaccines against harmful pathogens is difficult because researchers can't simply test on humans. The effects and side effects of any compound in development need to be tested on living tissue before clinical trials in humans can begin. Much of this testing is done on animals, of which nearly all lab professionals support. There are many reasons for why animal testing is necessary.

- Animals and humans are very similar
Chimpanzee DNA is 99% identical to humans. The way experimental drugs react in their bodies is an excellent indicator of how it will react in humans. Animals all share the same basic design as human beings. They have hearts, brains, kidneys, lungs, and circulatory systems. By finding drugs that affect specific areas of the body in animals, it is safe to assume there will be a similar affect in humans.

- Animals benefit from animal testing
There are many diseases that both animals and humans can both contract. Distemper, rabies, and anthrax are just a few that would not have been high priorities if they weren't dangerous to humans. In discovering treatments or vaccines to these diseases, millions of animals have been saved as a result. Limited laboratories and doctors available for disease research means that these diseases would not have been addressed if they only affected animals.

- Animal testing is strictly regulated
The Animal Welfare Act of 1966 was created with the purpose of ensuring that animals were given the most humane treatment possible during testing. Federal law requires that animal test subjects are given strictly set living space requirements, clean food, and access to veterinarian checkups. Also, a formal request must be made to the Institutional Animal Care and Use Committee and cannot proceed with their explicit approval.

강의 스크립트

🎧 실전모의고사 13.mp3

OK, well, I know some of you are going to disagree with me on this—but, I actually disagree with animal testing. I don't think it's right, and, there are many reasons. But, for now, let's just focus on the three mentioned in your reading.

Right, so, first—genes. Chimps might be 99% human, but that last 1% is the difference between chimps and humans. And, well, the two species are very different. I mean c'mon, even banana genes are 50% human. Though there may be similar organs in animals, their function, especially in terms of metabolic rates, are not the same. Over 90% of drugs that pass animal tests fail in human trials and even the ones that pass aren't always safe.

Next, animals can benefit without animal testing. There are plenty of alternatives today to animal testing. Cells can be grown in petri dishes in the lab and experimental substances can be applied directly. Another method is to microdose human volunteers. Microdosing means giving the patient a very small amount of the experimental drug and taking readings from the patient. This would give researchers an exact data point for how the substance breaks down in the human body. Humans can give their consent and choose to participate. Animals don't get this choice.

Finally, the Animal Welfare Act is a great piece of legislation, for the animals that are covered in it. Rats, fish, and birds are not covered by it. Many times these animals are subjected to force feeding, burns, and extreme periods of physical restraint by being strapped in place while they are worked on. Animals that are covered by the law in one country are often experimented on in other countries that have not passed these types of laws.

해석 자, 음, 여러분들 중 일부는 이 부분에 있어서 저와 의견이 다를 수도 있겠지만, 저는 사실 동물 실험에 대해 동의하지 않습니다. 그것이 옳다고 생각하지 않으며, 여기에는 여러 이유가 있습니다. 하지만, 지금은, 지문에서 언급된 세 가지에 대해 집중해 보겠습니다.

그래요, 자, 먼저, 유전자입니다. 침팬지 유전자의 99%가 인간과 같다고 하지만, 나머지 1% 때문에 침팬지와 인간의 차이가 있는 것입니다. 그리고, 음, 두 종은 매우 다릅니다. 자 그러니까, 심지어 바나나 유전자의 50%가 인간과 같습니다. 동물에게도 비슷한 신체 기관이 있겠지만, 그것들의 기능은, 특히 대사율에 관해서는, 같지 않습니다. 동물 실험을 통과한 의약품의 90% 이상이 인간 실험에서는 실패하며, 심지어 통과한 약조차도 항상 안전하지는 않습니다.

다음으로, 동물 실험이 없어도 동물들은 도움을 받을 수 있습니다. 지금은 동물 실험을 대체하는 방법들이 아주 많이 있습니다. 실험실의 페트리 접시에서도 세포들을 배양하여 실험 물질들을 직접 적용해 볼 수 있습니다. 또 다른 방법은 인간 지원자에게 극소량을 투여하는 것입니다. 마이크로도징이란 환자에게 매우 적은 양의 실험 의약품을 투여하여 환자로부터 기록을 얻는 것을 의미합니다. 이것은 연구원들에게 해당 물질이 인체 내에서 어떻게 분해되는지에 대한 정확한 자료를 줄 것입니다. 인간은 실험의 참여 여부에 대해 동의하고 선택할 수 있습니다. 동물들은 이런 선택권이 없죠.

마지막으로, 동물복지법은 이 법의 보호를 받는 동물들에게는, 아주 훌륭한 법입니다. 쥐, 어류, 그리고 조류는 이 법에 의해 보호 받지 못하고 있습니다. 많은 경우 이러한 동물들은 강제로 먹이를 먹게 하거나, 불태워지거나, 그리고 실험되는 동안 한 자리에서 줄에 묶여 지나치게 긴 기간 동안 신체적 제약을 당합니다. 한 나라의 법에 의해 보호를 받는 동물들은 이러한 종류의 법이 통과되지 못한 다른 나라에서는 종종 실험 대상이 되기도 합니다.

어휘 in terms of ~에 관하여, ~에 면에서   metabolic rate 대사율   plenty of ~이 많은   alternative[ɔːltə́ːrnətiv] 대안, 선택 가능한 것
experimental substance 실험 물질   consent[kənsént] 동의   be subjected to ~을 받다, 당하다   physical restraint 신체적 제약, 물리적 제지
strap[stræp] 줄로 묶다

■ 읽기 노트

포인트 1
- similar
  99% chimp = human
- organs
  유사함
  침팬치 99%가 인간과 같음
  장기들

포인트 2
- animals benefit
  disease both
  save million
  동물도 이득
  모두 질병
  수백만을 구함

포인트 3
- space, food, checkup
  must request
  장소, 먹이, 검진
  반드시 요구

■ 듣기 노트

반박 1
- banana = 50% human
  X same function
- 90% drugs pass → fail human
  바나나와 인간 50% 같음
  같은 기능 없음
  통과한 의약품 90% → 인간에겐 실패

반박 2
- cell grown → lab
  small amount drug
  human volunteer
  세포 배양 → 실험실
  소량 의약품
  인간 지원자

반박 3
- rats, fish X covered
  other countries → X law
  쥐, 어류 보호 안 됨
  다른 나라 → 법 없음

■ 모범 요약문

The reading passage discusses benefits of animal testing, **to which the professor responds by offering counterevidence.**

First, the reading says that chimps and humans are very similar. It says that their DNA is 99% the same and if a new drug affects an animal's organs, then it may affect humans in a similar way. **The lecturer strongly disagrees with this and states that** even bananas have 50% of the same genes as humans. She states that 90% of drugs that pass animal testing fail in human testing.

Secondly, the reading says that animals benefit in animal testing because many diseases affect both humans and animals. It claims that animal testing has saved millions of animals. **Again, the professor counters this by describing in detail that** animal testing is not necessary. She argues that cells can be grown in labs. Also, she talks about microdosing, which is giving human volunteers a very small amount of a drug and recording data.

Finally, the reading passage makes the point that animal testing is very carefully managed. It states that the Animal Welfare Act requires that animals be given space, clean food, and checkups. **The speaker disproves this final contention by asserting that** many animals, such as rats and fish, are not covered by the law. Also, many animals are tested in countries that do not have similar laws protecting animals.

해석 읽기 지문은 동물 실험의 이점에 대해 이야기하고 있지만, 교수는 이에 대해 반증을 제시하며 대응하고 있다.

첫째, 지문은 침팬지와 인간은 매우 비슷하다고 말한다. 지문은 그들 DNA의 99%가 똑같고 신약이 동물의 장기에 영향을 주면, 인간에게도 비슷한 방식으로 영향을 줄 수 있다고 말한다. 교수는 이를 강하게 반박하며 심지어 바나나는 인간과 50% 동일한 유전자를 가진다고 말한다. 그녀는 동물 실험을 통과한 의약품 90%가 인간 실험을 통과하지 못한다고 말한다.

둘째, 지문은 많은 질병들은 인간과 동물 모두에게 영향을 줄 수 있기 때문에 동물 실험이 동물에게도 도움이 된다고 말한다. 동물 실험으로 수백만 마리의 동물들을 구할 수 있었다는 주장이다. 다시, 교수는 동물 실험이 필요하지 않다고 상세히 설명함으로써 이를 반박한다. 그녀는 세포들을 실험실에서 키울 수 있다고 주장한다. 또한, 그녀는 마이크로도징에 대해서도 이야기하는데, 이것은 인간 지원자들에게 아주 소량의 의약품을 투여하면서 자료를 기록하는 것이다.

마지막으로, 읽기 지문은 동물 실험이 매우 면밀하게 관리되고 있다고 주장한다. 동물복지법은 동물들이 공간, 깨끗한 먹이, 그리고 검진을 받도록 요구하고 있다고 말한다. 교수는 쥐와 어류와 같은 많은 동물들이 이 법에 보호받지 못한다고 주장함으로써 지문의 마지막 주장을 반박한다. 또한, 동물을 보호하는 유사한 법이 없는 나라들에서는 많은 동물들이 실험 대상이 되고 있다.

어휘 gene[dʒiːn] 유전자 claim[kleim] 주장하다 necessary[nésəsèri] 필요한 manage[mǽnidʒ] 관리하다, 처리하다 checkup[tʃékʌp] 점검, 검진

선생님이 알려주는 점수보장 TIP

통합형 라이팅의 가장 어려운 점 중 하나는 일반적으로 읽기 지문의 내용을 반박하는 내용의 강의와 달리, 읽기 지문의 내용이 맞기는 하지만 그것이 완전히 새로운 정보로 인해 문제가 되지 않는다고 설명하는 강의도 있다는 것입니다. 위 문제의 강의에서는, 읽기 지문에서 언급된 유전자 관련 내용은 맞는 설명이지만 남은 1퍼센트의 유전자가 인간과 침팬지를 완전히 다르게 만든다고 지적하고 있습니다. 이는 읽기 지문에서 언급되지 않은 정보이므로 유의해야 합니다.

독립형 문제   3세에서 8세 사이의 어린이들을 위한 TV 광고는 지양되어야 함 vs. 아님

Question

Do you agree or disagree with the following statement?
Children between the ages of three and eight should not be allowed to watch TV commercials.
Use specific reasons and examples to support your answer.

다음 명제에 찬성하는가 반대하는가?
3세에서 8세 사이의 어린이들은 TV 광고를 보도록 허용되어서는 안 된다.
구체적인 이유와 예를 들어 자신의 의견을 뒷받침하시오.

■ 아웃라인

나의 의견	• watching commercials should not be allowed 광고 시청이 허용되어서는 안 된다
이유 1	1. TV commercials stimulates violence TV 광고는 폭력을 조장
일반적인 진술	– TV: filled with stimulating contents TV: 자극적인 내용물이 많아
예시	– ex) Kim Jun: imitated a TV program and hurt a friend 예) 김준: TV 프로그램을 모방해서 친구를 다치게 함
이유 2	2. exposure to TV commercials → bad habits TV 광고에 대한 노출 → 나쁜 습관
일반적인 진술	– "Old habits die hard" "오랜 습관은 버리기 힘들다"
예시	– ex) children with a habit of begging their parent to purchase new items on TV still buy goods on impulse in adulthood 예) TV에 나온 새 상품을 사달라고 부모를 조르는 습관이 있는 아이들은 성인이 되어서도 여전히 충동적으로 물건을 구매함

■ 모범 에세이

A large number of people might argue that TV commercials aimed at children between the ages of three and eight should be permitted because they provide useful information. **Contrary to popular belief, I think that** TV advertisements for young children should be banned **for the following reasons**: violence is stimulated, and unnecessary habits are encouraged.

First of all, (1) TV commercials aimed at young children can introduce and stimulate violence to children. **It is obvious that** (2) they display many stimulating content such as exaggerated actions, sexuality, and vulgar language in order to attract the viewers' attention. Such content is likely to be easily imitated and picked up by children who lack a sense of morality and judgment especially when they are continuously exposed to them. **For example**, Jun Kim, a seven-year-old male in Korea, had watched television all day long ranging from advertisements to documentaries because both of his parents were busy with work and they used TV as a babysitter for him. (3) He saw a TV commercial describing a toy gun as a fun way to play with other kids by shooting each other. Unfortunately, when he used the same method on his friends, he ended up hurting them. However, he believed that it was okay to commit such actions because he only copied what was on TV, which looked cool to him.

Moreover, exposure to (4) TV commercials from an early age plays a significant role in forming bad habits. It is

an undeniable fact that people cannot make sudden dramatic changes in life, such as controlling their desires or changing behaviors one morning, as the saying goes, "Old habits die hard". **For instance**, according to the Ministry of Education of Korea in 2010, there was a huge difference between two groups of children: group A had watched TV including TV commercials for more than five hours a day, and group B had not been allowed to watch TV at all. Children in Group A developed a habit of (5) <u>begging their parent to purchase</u> new items shown on TV. After fifteen years, the researchers tracked down the same group of the participants and observed that most of them still bought goods on impulse. In addition, their credit status was less stable with more debt than others who were rarely exposed to (6) <u>TV commercials</u>. This implies that restricting the amount of TV time contributes to forming lifelong habits.

In conclusion, I firmly believe that the negative impacts of TV commercials for young children far outweigh its positive ones **for the reasons I have mentioned above**. **All in all**, the importance of parental guidance cannot be underestimated in order to improve the quality of life.

해석

많은 이들이 3세에서 8세 사이의 어린이들을 겨냥한 TV 광고는 유용한 정보를 주기 때문에 허용되어야 한다고 주장할지도 모른다. 이런 통념과 반대로, 나는 다음과 같은 이유로 어린이들을 대상으로 하는 TV 광고는 금지되어야 한다고 생각한다. 폭력을 조장하고, 불필요한 습관을 부추긴다.

무엇보다도, 어린이들을 겨냥한 TV 광고는 아이들에게 폭력을 접하게 하고 부추길 수 있다. TV 프로그램이 시청자들의 관심을 끌기 위해 과장된 행동, 성적인 선정성, 그리고 저속한 언어와 같은 많은 자극적인 내용을 보여준다는 것은 분명하다. 특히 이런 내용에 계속해서 노출되었을 때, 도덕성과 판단력이 부족한 아이들은 이런 내용을 쉽게 모방하고 습득할 수 있다. 예를 들어, 한국의 7살짜리 남자 아이인 김준은, 그의 부모님이 모두 일 때문에 바빠서 TV를 그를 위한 베이비시터로 사용했기 때문에 광고에서부터 다큐멘터리에 이르기까지 하루 종일 TV를 시청했다. 그는 장난감 총을 서로에게 쏘면서 다른 아이들과 노는 재미있는 방법으로 묘사한 TV 광고를 보았다. 불행하게도, 그는 친구들에게 똑같은 방법을 사용하였고, 결국 친구들을 다치게 하고 말았다. 하지만, 그는 TV에 있던 것을 모방했을 뿐이고 그 행동이 그에게 멋있어 보였기 때문에 이런 행동을 하는 것이 괜찮다고 믿었다.

게다가, 어린 나이에 TV 광고에 노출되는 것은 나쁜 습관을 형성하는 데 중요한 역할을 한다. "오래된 습관은 버리기 힘들다"라는 말이 있듯이, 욕구를 억제하거나 하루 아침에 행동을 바꾸는 것처럼, 사람들이 살면서 갑자기 극적으로 변할 수 없다는 것은 부인할 수 없는 사실이다. 예를 들어, 2010년 한국 교육부에 따르면, 두 집단의 어린이들 사이에는 큰 차이가 있었다. A 집단은 TV 광고를 포함하여 하루 5시간 이상 TV를 시청했고, B 집단은 TV를 보는 것이 전혀 허용되지 않았다. A 집단의 어린이들에게는 TV에 등장하는 새로운 물건을 사달라고 부모님에게 조르는 습관이 생겼다. 15년 후, 연구원들이 이 참가자들의 동일한 집단을 추적하였고, 이들 대부분이 여전히 충동적으로 물건을 구입한다는 것을 관찰했다. 그뿐만 아니라, 이들의 신용 상태는 TV 광고에 거의 노출되지 않은 아이들보다 더 많은 빚을 져서 덜 안정적이었다. 이는 TV 시청 시간을 제한하는 것이 평생의 습관 형성에 영향을 미친다는 것을 의미한다.

결론적으로, 나는 위에서 언급한 이유 때문에 어린이들을 위한 TV 광고의 부정적인 영향력이 긍정적인 면보다 훨씬 크다고 굳게 믿는다. 일반적으로, 삶의 질을 높이기 위해, 부모 지도의 중요성은 절대 과소평가될 수 없다.

어휘

unnecessary[ʌ̀nnésəseri] 불필요한　display[displéi] 보여주다　stimulating[stímjulèitiŋ] 자극적인　vulgar[vʌ́lgər] 저속한
attract[ətrǽkt] ~의 관심을 끌다　lack of 부족하다　morality[mərǽləti] 도덕성　be exposed to ~에 노출되다　form[fɔːrm] 형성하다

선생님이 알려주는 점수보장 TIP

[TV관련 다른 주제에 적용]

만약, TV가 아이들에게 어떤 영향을 미치는지를 물어보는 주제가 나오면 어떻게 할까요? 약간만 변형하면 이 모범에세이로 적용이 가능합니다.

• 본론1
(1) <u>TV commercials aimed at young children</u> → television
(2) <u>they</u> → TV programs
(3) <u>He saw a TV commercial describing a toy gun as a fun way to play with other kids by shooting each other.</u> → He saw a TV program describing a gun as a good way to solve problems and promote social justice.

• 본론2
(4) <u>TV commercials</u> → television
(5) <u>begging their parent to purchase</u> → purchasing
(6) <u>TV commercials</u> → TV

주제에서 주체의 범위를 구체적으로 언급하는 경우, 그 범위를 벗어나지 않도록 주의합니다. 이 문제에서 물어본 주체는 "children between the ages of three and eight"이므로 young adults나 people로 쓰지 않도록 합니다.

www.goHackers.com

스타토플 실전 WRITING

실전모의고사
14

통합형 문제
모범 답안·지문·해석

독립형 문제
모범 답안·해석

통합형 문제 자기부상열차 건설을 지지하는 이유

읽기 지문

The maglev is a special type of train that uses magnets on guideways to create both lift and propulsion. No wheels touch the ground, eliminating friction and enabling very high speeds. Creating a maglev between New York and Washington D.C. would provide riders with a convenient way to travel between the two cities. Northeast Maglev is a company attempting to construct the route and supporters of the proposal have highlighted several key points in favor of the project.

The public agrees that the construction will be positive for the region. In private funding, the company has been able to raise over 50 million dollars. This shows that people are willing to invest now in a potential maglev even though the construction will can take well over a decade to complete. Northeast Maglev, was awarded 27 million dollars in government funding for the research and development of the project. The government is also excited about the opportunity to bring cutting edge technology to the east coast.

The low impact on the environment caused by maglevs is another reason why supporters would like to begin construction. Traditional railways require at least 14 meter wide tracks to be laid down between destination points. Freeways for cars have an even greater land requirement of at least 30 meter wide cleared areas for road construction. Maglevs only require 12 meter wide tracks, called guideways, and leave the smallest footprint on the environment.

People who frequently commute between D.C. and New York care a lot about the time they spend traveling. Northeast Maglev predicts that their route will take less than an hour. Though, the train they plan to use reaches speeds of over 500km/h and can theoretically travel between D.C. and New York in only 15 minutes, actual travel time is expected to be under an hour. This is considerably faster than any traditional railway network, including higher speed trains that currently operate at a maximum speed output of 240km/h.

해석 자기부상열차는 가이드웨이 위에서 자력을 이용하여 위로 부상하는 힘과 추진력을 만드는 특수한 형태의 열차이다. 지면에 닿는 바퀴가 없어, 마찰이 제거되며 매우 빠른 속도를 낼 수 있다. 뉴욕과 워싱턴 사이에 자기부상열차를 만드는 것은 승객들에게 두 도시를 이동하는 편리한 방법을 제공하게 될 것이다. Northeast Maglev라는 회사가 현재 노선을 건설하려고 시도하고 있으며, 이 계획의 지지자들은 이러한 사업에 찬성하는 몇 가지 핵심적인 부분을 강조하였다.

사람들도 공사가 그 지역에 긍정적일 것이라는 점에 동의한다. 이 회사는 민간 자금으로 5천만 달러를 모을 수 있었다. 이것은 공사 완공에 10년 이상이 소요되더라도 사람들이 현재 잠재성 있는 자기부상열차에 기꺼이 투자할 용의가 있음을 보여주는 것이다. Northeast Maglev는 프로젝트 연구와 개발에 필요한 2,700만 달러 규모의 정부의 재정 지원도 확보했다. 정부 또한 동부연안 지역에 최첨단 기술을 도입할 기회에 대해 흥분하고 있다.

자기부상열차가 환경에 미치는 영향이 적다는 점도 지지자들이 공사를 시작하고 싶어 하는 또 다른 이유이다. 기존 철로의 경우에는 양쪽 도착 지점 사이에 최소한 14미터 폭의 선로가 확보되어야 한다. 자동차 전용도로는 도로 공사를 위해 최소한 30미터 폭으로 도로를 만들어야 하므로 훨씬 많은 부지를 차지한다. 자기부상열차는 가이드웨이라고 불리는 12미터 폭의 선로만 필요로 하고, 환경에는 거의 흔적을 남기지 않는다.

워싱턴과 뉴욕 사이를 빈번하게 통근하는 사람들은 그들이 이동하는 데 쓰는 시간에 대해 매우 신경쓴다. Northeast Maglev는 이 경로가 1시간이 걸리지 않을 것으로 예측한다. 하지만, 그들이 사용하기로 계획한 이 열차는 시속 500킬로미터 이상의 속도에 도달하여, 이론적으로 워싱턴과 뉴욕 사이를 단 15분 안에 이동할 수 있고, 실제 이동 시간은 한 시간 이내일 것으로 예상된다. 이 속도는 최대 출력 시속 240킬로미터로 현재 운행 중인 고속 열차를 포함해, 기존의 어느 철도망보다 상당히 더 빠르다.

어휘 maglev[mǽglèv] 자기부상식 고속 철도   guideway[gáidwèi] (기계의 이동 통로나 궤도 역할을 하는) 미끄럼홈   propulsion[prəpʌ́lʃən] 추진력
eliminate[ilímənèit] 제거하다, 없애다   friction[fríkʃən] 마찰   highlight[hàiláit] 강조하다   complete[kəmplíːt] 완료하다, 완성하다
cutting edge technology 최첨단 기술   destination point 도착 지점   commute[kəmjúːt] 통근하다, 출퇴근하다

강의 스크립트

Well, I definitely think that the maglev system is worth studying more. And we've seen countries that have been able to construct and implement the system commercially; uh, Japan, and South Korea, for example. But, I gotta say, the reasons that your reading mentions just doesn't convince me that it would make sense in the northeastern United States.

OK, so, first, I'm thrilled to see that there's public support out there for building new technology. And, sure, 70-80 million dollars is a lot of money, but not for a maglev. That won't get the maglev train out of D.C. since each kilometer of guideway costs at least 20 million. Oh, that's if the guideway is installed above ground. If they build underground, well, that number is going to go way up. I think the last figure I saw said an aboveground system would cost around 10 billion dollars. So, we still have a long way to go.

Next—the environment. Right, so, sure, the maglev does have the thinnest road requirement for its guideways, um, when compared to trains and highways. But maglev tracks are new. There isn't a lot of open land left between New York and D.C.. You'd basically have to take whatever natural environment is left in some places and destroy it to make tracks. Roads and train tracks are already in place though. So, I actually think it might be better, in this case at least, to use the existing structures.

And, last—we have the travel time. Less than an hour between D.C. and New York would be fantastic. And, 15 minutes? Haha, Wow I would love that. But, you know who wouldn't love that? Airlines, and, actually, other train companies. These companies have a lot of lobbying power, especially in D.C.. I can tell you with absolute certainty that they would do everything possible to slow down every step of the construction process. I mean, permits, construction sites, etc.

해석 음, 자기부상열차에 대해서는 앞으로도 계속 연구할만한 가치가 있다고 분명히 생각합니다. 그리고, 어, 예를 들어, 일본이나 한국처럼 이러한 시스템을 건설해서 상업적으로 시행할 수 있었던 나라들을 보아왔습니다. 그런데, 한 가지 말씀드려야 할 것은, 지문에서 언급하는 이유들은 이것이 미국 북동부에서도 통할지에 대해 확신을 주지 않는다는 점입니다.

좋습니다, 자, 우선, 새로운 장비를 그곳에 세운다는 것에 대해 대중들의 지지가 있다 하니 무척 기분이 좋습니다. 그리고, 분명히, 7~8천만 달러라는 비용은 매우 큰 금액이지만, 자기부상열차의 경우라면 이야기가 달라지지요. 워싱턴에서 자기부상열차가 출발하기에는 턱없이 부족한 금액인데, 왜냐하면 가이드웨이를 1km 건설하는 데에만 최소 2천만 달러가 소요되니까요. 오, 이 금액은 가이드웨이가 지상에 설치되는 경우입니다. 만일 지하에 지어진다면, 글쎄요, 비용이 크게 올라갈 것입니다. 제 생각에 제가 보았던 마지막 수치는, 지상 시스템일 경우 약 100억 달러의 비용이 든다고 했던 것 같네요. 그러니, 아직 갈 길이 멉니다.

다음은, 환경에 관한 내용입니다. 맞습니다, 자, 물론, 철도나 고속도로와 비교한다면, 음, 가이드웨이는 가장 좁은 도로를 필요로 합니다. 하지만 자기부상열차의 선로는 새로운 것이지요. 뉴욕과 워싱턴 사이에는 평지가 많지 않습니다. 기본적으로, 선로를 만들기 위해서는 일부 지역에 남아 있는 자연환경은 무엇이든 정리하거나 파괴해야 할 것입니다. 하지만 도로와 열차 선로가 이미 자리를 차지하고 있습니다. 그래서, 실제로 이번 같은 경우에는, 적어도, 기존 구조물을 활용하는 것이 낫다고 생각합니다.

그리고, 마지막으로, 이동 시간이라는 것이 있지요. 워싱턴과 뉴욕 사이가 1시간 이내라면 정말 환상적인 일입니다. 그리고, 15분이라고 했나요? 하하, 와, 너무 좋네요. 하지만, 누가 싫어할지 아시나요? 항공사, 그리고, 실제로, 다른 철도회사들도 그렇겠지요. 이런 회사들은 로비 능력이 아주 뛰어나고, 특히 워싱턴 지역에서 그렇습니다. 분명히 말씀드릴 수 있는 것은 이들이 공사 과정의 모든 단계를 지연시키기 위해 가능한 한 무엇이든 할 것이라는 점입니다. 그러니까, 허가나 건축 부지 등이겠지요.

어휘 implement[ímpləmənt] 시행하다, 실시하다 commercially[kəmə́ːrʃəli] 상업적으로 convince[kənvíns] 확신시키다, 설득하다
have a long way to go (목표를 달성하려면) 아직 멀었다 lobby[lábi] (정치적인) 로비를 하다 construction site 건축 부지, 공사 현장

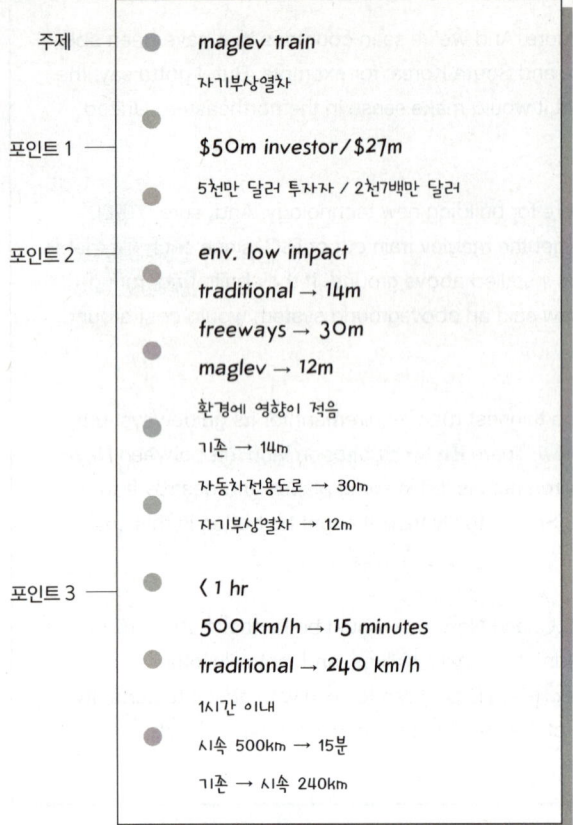
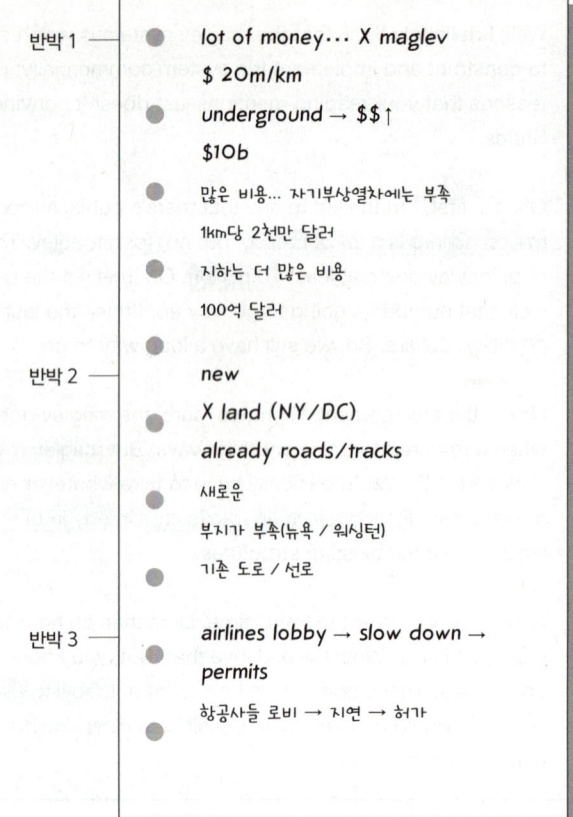

모범 요약문

The reading passage discusses Northeast Maglev should build a maglev train system between New York and Washington D.C., to which the professor responds by offering counterevidence.

First, the reading says that there is already significant support for the train system. One of the numbers that it points to is that investors have given the project 50 million dollars in funding. The government has also given 27 million dollars. The lecturer strongly disagrees with this and states that it is not really relevant. The tracks used in the maglev system will cost 20 million dollars per kilometer and 10 billion in total.

Secondly, the reading says that the maglev does not affect the environment as much as trains and cars. The maglev only requires 12 meter wide tracks while trains require 14 meter wide tracks. Cars require 30 meter wide tracks. Again, the professor counters this by describing in detail that even though the maglev system does not require very wide tracks, it doesn't make sense to build them because there is not much open land left between New York and D.C..

Finally, the reading passage makes the point that the travel time is short. It states that the new maglev system will take less than an hour to travel between New York and Washington D.C.. The speaker disproves this final contention by asserting that other airline and train companies will not be happy. He states that they will try to obstruct any progress on construction by lobbying against permits or construction zones.

해석 읽기 지문은 Northeast Maglev라는 회사가 뉴욕과 워싱턴 사이에 자기부상열차를 건설해야 한다는 것에 대해 설명하고 있지만, 교수는 이에 대해 반증을 제시하며 대응하고 있다.

첫째, 지문은 이미 철도 시스템에 대한 상당한 지지가 있다고 말한다. 지문에서 제시하는 수치 중 하나는 투자자들이 프로젝트를 위해 투자한 5천만 달러를 자금으로 주었다고 지적한다. 정부에서도 2천7백만 달러를 지원했다. 교수는 이를 강하게 반박하며 이 금액이 사실 적절하지 않다고 설명한다. 자기부상열차 시스템에 사용되는 선로 공사를 위해서는 킬로미터당 2천만 달러, 총 100억 달러의 비용이 들 것이다.

둘째, 지문은 자기부상열차가 기차나 자동차만큼 환경에 영향을 주지 않는다고 말한다. 자기부상열차는 단지 12미터 폭의 선로 부지가 필요하지만 기차는 14미터 폭의 선로 부지가 필요하다. 자동차는 30미터 폭의 도로 부지가 필요하다. 다시, 교수는 자기부상열차 시스템이 넓은 폭의 선로를 필요로 하지 않더라도 뉴욕과 워싱턴 사이에는 평지가 많지 않기 때문에, 그것들을 건설하는 것은 합리적이지 않다고 상세히 설명함으로써 이를 반박한다.

마지막으로, 읽기 지문은 이동 시간이 짧다고 주장한다. 새로운 자기부상열차는 뉴욕과 워싱턴 사이를 이동하는 데 1시간 이내로 걸릴 것이라는 주장이다. 교수는 다른 항공사와 철도회사가 기뻐하지 않을 것이라고 주장함으로써 지문의 마지막 주장을 반박한다. 그는 이들이 공사 허가나 공사 지역에 반대하는 로비 때문에 공사 진행을 방해하려고 시도할 것이라고 말한다.

어휘 significant[signífikənt] 중요한, 의미 있는   relevant[réləvənt] 관련 있는, 적절한   permit[pə́ːrmit] 허가, 허가증

선생님이 알려주는 점수보장 TIP

영어로 타이핑하는 속도를 높이도록 연습해야 합니다. 책에 나오는 에세이들을 타이핑하면서 공부하는 것도 좋은 방법입니다. 타이핑 연습을 하면서 동시에 템플릿도 외울 수 있도록 연습하세요.

독립형 문제 교사의 급여는 전문직의 급여만큼 많아야 함 vs. 아님

Question

Do you agree or disagree with the following statement?
Teachers' salaries should be as much as professionals', such as doctors and lawyers.
Use specific reasons and examples to support your answer.

다음 명제에 찬성하는가 반대하는가?
교사의 급여는 의사와 변호사와 같은 전문직의 급여만큼 되어야 한다.
구체적인 이유와 예를 들어 자신의 의견을 뒷받침하시오.

아웃라인

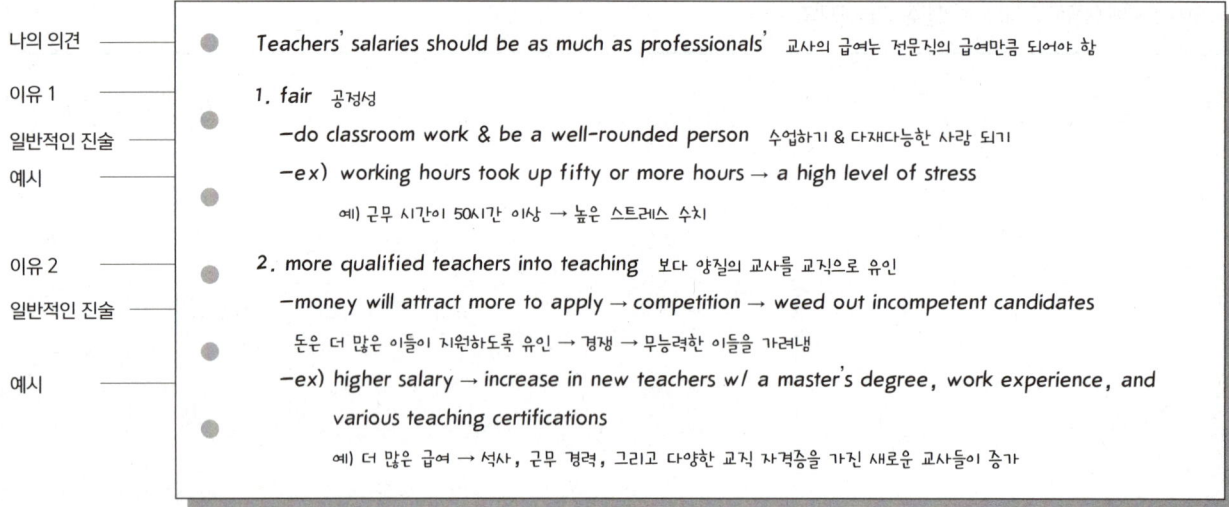

모범 에세이

A large number of people might argue that teachers should not be paid as much as other professionals, such as doctors and lawyers because teaching does not require professional skills. **Contrary to popular belief, I think that** teachers should be paid as much as other professionals if not more **for the following reasons**: their work load cannot be underestimated, and more pay will bring more teachers.

To begin with, higher pay is fair because teachers work just as hard as other professionals. **It is obvious that** teachers must not only do the classroom work, but they also must be a well-rounded person in general, such as being charismatic, respectable, humorous, and quick to understanding students' needs. Their contribution should be appreciated and rewarded. **For example**, according to a study conducted by Seoul National University of Korea in 2007, the working hours including research, preparation, and the actual teaching took up fifty or more hours a week. Teachers were constantly under a high level of stress and suffered from insomnia and migraine. This implies that teaching is just as difficult as other highly-esteemed professions.

Moreover, higher pay will allow more qualified people to enter into the field of teaching, leading to improving the quality of education. **It is an undeniable fact that** money will attract more people to apply, which will result in fierce competition among the group. This process will weed out all incompetent candidates and pull out the aces, providing higher chances of hiring more competent candidates. **For instance**, in a study done by the Ministry of Labor of Korea in 2007, there was a correlation between the educational background level for prospective teachers and the amount of pay offered. Higher salary brought about an increase in new teachers with a master's degree, work experience, and various teaching certifications. On the other hand, lower salary led to a decrease in new teachers with such high qualifications. This shows that higher salary guarantees highly-qualified teachers.

In conclusion, I firmly believe that although it can be a financial burden for schools to pay a higher salary to teachers, its advantages far outweigh its disadvantages **for the reasons I have mentioned above. All in all**, the importance of providing a sufficient reward cannot be underestimated in order to improve the quality of education in the world.

해석 많은 이들이 교직은 전문적인 기술을 요하는 것은 아니기 때문에 교사가 의사나 변호사와 같은 전문직 종사자들만큼의 급여를 받아서는 안 된다고 주장할지도 모른다. 이런 통념과 반대로, 나는 다음과 같은 이유로 교사가 더 많이는 아니더라도 다른 전문직만큼 급여를 받아야 한다고 생각한다. 그들의 업무량이 과소평가되어서는 안 되며, 더 많은 급여가 더 많은 교사들을 유인할 것이다.

우선, 교사들은 다른 전문직 종사자들만큼 열심히 일하기 때문에 더 많은 급여가 공정하다. 교사들은 수업을 할 뿐만 아니라 카리스마 있고, 존경할만해야 하며, 유머 있고, 학생들의 요구를 빠르게 이해해야 하는 등 전반적으로 다재다능한 사람이 되어야 한다. 이들의 헌신은 인정받고 보상받아야 한다. 예를 들어, 2007년 서울대학교가 실시한 조사에 따르면, 연구, 준비, 그리고 실제 수업을 포함한 근무 시간은 주당 50시간 이상이었다. 교사들은 지속적으로 많은 스트레스를 받았고 불면증과 편두통으로 고생했다. 이는 교직이 다른 존경받는 전문직만큼 어렵다는 것을 암시한다.

그뿐만 아니라, 더 많은 급여는 보다 자격을 갖춘 이들이 교직에 입문하도록 할 것인데, 이는 교육의 질을 높이게 할 것이다. 돈은 더 많은 사람들이 지원하도록 유인할 것이고, 그러면 이들 사이에 치열한 경쟁이 있게 된다는 것은 부정할 수 없는 사실이다. 이러한 과정은 무능한 지원자는 제거하고 에이스를 뽑아내서, 보다 능력 있는 지원자를 고용할 가능성을 높여준다. 예를 들어, 2007년 한국 노동부가 실시한 조사에 따르면, 예비 교사의 교육 배경과 제시되는 급여 간에는 상관 관계가 있었다. 더 높은 급여는 석사 학위, 근무 경력, 그리고 다양한 교직 자격증이 있는 새로운 교사의 증가를 가져왔다. 반대로, 급여가 낮으면 이러한 양질의 자격을 갖춘 교사의 수가 감소했다. 이는 더 많은 급여가 양질의 교사를 보장한다는 것을 보여준다.

결론적으로, 나는 위에서 언급한 이유 때문에, 교사들에게 더 많은 급여를 주는 것이 학교에는 재정적 부담이 될 수 있을지라도, 이에 대한 장점이 단점보다 훨씬 많다고 굳게 믿는다. 전체적으로, 이 세상에서 교육의 질 향상을 위해 충분한 보상을 제공하는 것의 중요성은 결코 과소평가될 수 없다.

어휘 competition[kàmpətíʃən] 경쟁　**weed out** 제거하다　**incompetent**[inkάmpətənt] 무능한　**candidate**[kǽndidèit] 지원자, 후보자　**competent**[kάmpətənt] 능력 있는　**correlation**[kɔ̀ːrəléiʃən] 상관 관계　**guarantee**[gæ̀rəntíː] 보장하다

선생님이 알려주는 점수보장 TIP

[콜론과 세미콜론]

(1) Colon (:)
　　콜론 뒤에 나오는 내용이 콜론 앞에 있는 내용을 설명한다는 것을 표시하기 위해 사용합니다. 보다 구체적인 항목들을 제시합니다.
　　ex) My two main reasons are as follows: electives help students plan for their careers and motivate them to show greater interest in class. I prefer to eat out for two reasons: to save time and to experience diverse ethnic dishes.

(2) Semicolon (;)
　　밀접한 두 개의 독립절을 연결하기 위해 사용합니다. 즉, 콤마 보다는 강하게, 마침표 보다는 약하게 두 절을 분리 시키는 구두점입니다.
　　ex) Students have valuable opportunities to explore their talents; as a result, students can learn about the requirements of careers areas that they are considering.

www.goHackers.com

스타토플 실전 WRITING

실전모의고사

15

통합형 문제
모범 답안·지문·해석

독립형 문제
모범 답안·해석

통합형 문제: 국립북극 야생동물보호지역을 개발해야 하는 이유

읽기 지문

The Arctic National Wildlife Refuge located in Alaska was established in 1960 and further expanded in 1980. It encompasses an area that is 78,000 square kilometers. It has been a source of controversy since evidence showed it may also sit on a giant fossil fuel reserve. There are many arguments for drilling in the Arctic National Wildlife Refuge to gain access to its sizeable oil reserves.

The Arctic National Wildlife Refuge is home to dozens of unique species as well as 100s of migratory birds. Concerns over destroying their natural habitat are a primary argument against drilling in the area. However, the area that contains the majority of the oil reserves in the ANWR is very small in a location marked as "1002 Area". In fact, animals can be relocated to other areas of the refuge and all human disturbances can be limited to just 1002.

The release of oil located in the ANWR would reduce the import costs of foreign sources of oil by over 200 billion dollars. Some estimates place the number much higher. In addition to the national savings that the government would receive, local residents in Alaska would also benefit. An agreement made by the oiling industry and Alaskan residents states that a payment must be made to citizens for any oil taken from Alaska. In 2013, this amounted to $900 per person.

The amount of oil that has been estimated in Alaska is somewhere between 6 and 16 billion barrels. Even if the actual amount is somewhere in between, at around 11 billion barrels, this would be a huge addition to American oil reserves. Proven reserves in the US are only 29 billion barrels of oil. Having access to such a large supply of oil would make the country much safer in times of energy crises.

해석

알래스카에 있는 국립북극 야생동물보호지역은 1960년에 설립되었고 1980년에 추가로 확대되었다. 이는 7만8천 제곱미터에 이르는 지역을 포함한다. 이곳은 대규모 화석 연료가 매장되어 있을 수 있다는 증거가 나타나면서 논란의 근원이 되어 왔다. 상당한 석유 매장량을 확보하기 위해서 국립북극 야생동물보호지역에서 시추 작업을 해야 한다는 주장들도 많다.

국립북극 야생동물보호지역은 100여종의 철새들뿐만 아니라 수십 개의 특별한 종들의 서식지이다. 이들의 자연 서식지 파괴에 대한 우려가 이곳에 대한 시추 작업을 반대하는 주요 이유이다. 그러나, 국립북극 야생동물보호지역에서 대부분의 석유가 매장되어 있는 위치는 "1002 지역"이라고 표시된 곳에 있는 매우 작은 부분이다. 실제로, 동물들은 보호지역 내의 다른 곳으로 이전될 수도 있고 모든 인간의 폐해들은 1002 지역으로만 제한될 수 있다.

국립북극 야생동물보호지역에 있는 석유의 방출은 외국산 석유 자원의 수입 비용을 2천억 달러 이상 절감해줄 것이다. 일부 추정치는 이 숫자를 훨씬 더 높게 보고 있다. 정부가 얻게 될 국가의 예금에 더하여, 알래스카 현지 주민들 또한 혜택을 보게 될 것이다. 석유 업계와 알래스카 주민들이 체결한 합의서에는 알래스카에서 생산되는 모든 석유에 대해 주민들에게 일정 금액을 지급하도록 명시되어 있다. 2013년의 경우, 이 금액은 1인당 900달러에 달했다.

알래스카에서 추정되는 석유의 양은 60억 배럴에서 160억 배럴 사이이다. 실제 매장량이 이것의 사이인 110억 배럴이라고 하더라도, 미국의 석유 보유량은 엄청나게 늘어나게 될 것이다. 미국에서 현재 확인된 매장량은 290억 배럴에 불과하다. 이러한 대규모의 석유 공급원을 이용할 수 있는 것은 미국을 에너지 위기의 시기에도 더 안전한 나라로 만들어줄 것이다.

어휘

refuge [réfju:dʒ] 보호 구역, 피난처 **establish** [istǽbliʃ] 설립하다, 확립하다 **encompass** [inkʌ́mpəs] 포함하다, 아우르다
fossil fuel reserve 화석 연료 매장물, 비축물 **drilling** [drílin] 시추, 파내는 것 **sizeable** [sáizəbl] 상당한, 꽤 큰 **migratory bird** 철새
relocate [rì:loukéit] 이전하다, 이동시키다 **disturbance** [distə́:rbəns] 폐해, 방해 **local resident** 지역 주민

강의 스크립트

🎧 실전모의고사 15.mp3

I happen to very strongly disagree with drilling in any national park, especially the ANWR. It was designated as a national park because of how clean, how naturally perfect, it still is. Maybe getting oil from there is important, but, I don't think the reasons mentioned in your reading are good enough. Not even close.

The reading simplifies drilling in the park claiming that animals can just be moved over to another area of the park. That's just not true. Take the porcupine caribous. They make the longest known migration of all land mammals; and, in a group that has 170,000 animals. This animal also only gives birth to young in the 1002 Area. If they begin drilling there, it will scare them away and force them to give birth in flatter areas where newborns would be much more vulnerable to predation.

Next, your reading makes claims about the economic benefits of drilling in the arctic. The truth is that these benefits are not the best deal the state can get. Fracking involves extracting oil from rocks called shale. It's controversial, I mean, anything with fossil fuels is. Fracking in Alaska is ideal as all of the shale reserves are far away from developed areas and they're also very far away from ANWR. The industry employs millions of people worldwide currently, adding a whole lot of jobs to Alaska would be a lot better than giving Alaskans 900 dollars a year.

The last thing in your reading, um, about the amount of oil in Alaska. 11 billion barrels? That hasn't been proven. I mean, it's just a guess. And, do you know how they made that guess? They looked at areas, areas that were drilled for oil, they looked at rock formations in those areas and then compared them to the rock formations in the ANWR. Proven oil reserves in the US may be 29 billion barrels, but, the estimated oil reserves are 120 billion barrels. If we're just guessing, why can't we just look at other areas first before wrecking a national treasure?

해석 저는 국립공원에서 시추 작업을 하는 것에 대해 매우 강력히 반대하며, 특히 국립북극 야생동물보호지역은 더욱 그렇습니다. 이곳은 깨끗하고 완벽한 자연 상태를 여전히 유지하고 있기 때문에 국립공원으로 지정되었습니다. 여기에서 석유를 확보하는 일이 중요할 수도 있겠지만, 지문에 언급된 이유가 충분히 좋다고 생각하지는 않습니다. 전혀요.

지문에서는 공원 내의 다른 곳으로 동물들을 옮길 수 있다고 주장하며 공원 내에서의 시추 작업을 단순화합니다. 그건 사실이 아니에요. 북미산 순록의 예를 봅시다. 그들은 육상 포유류 중에서 알려진 가장 긴 거리를 이동하고, 한 무리가 17만 마리에 달합니다. 이 동물은 또한 1002 지역에서만 새끼를 낳습니다. 이곳에서 시추 작업을 한다면, 어미들은 놀라서 달아나 평지에서 새끼를 낳아야만 하는데, 이곳은 포식에 훨씬 더 취약할 것입니다.

다음으로, 읽기 지문에서는 북극에서의 시추 개발의 경제적인 이점들에 대해 주장합니다. 사실은 이러한 이점들이 국가에서 얻을 수 있는 최선의 합의는 아닙니다. 프래킹은 셰일이라고 불리는 암석에서 석유를 추출하는 것을 수반합니다. 이것은 논란이 되는데, 그러니까, 화석 연료와 관련된 무엇이든 그렇죠. 알래스카에서의 프래킹은 모든 셰일 매장물이 개발 지역에서 멀리 떨어져 있고 또한 국립북극 야생동물보호지역에서도 매우 멀리 떨어져 있다는 점에서 이상적입니다. 이 산업은 현재 전 세계적으로 수백만의 사람들을 고용하고 있으며, 알래스카 사람들에게는 일 년에 매년 900달러를 주는 것보다 훨씬 더 많은 일자리를 추가하는 것이 훨씬 더 좋을 것입니다.

지문의 마지막 부분은, 음, 알래스카의 석유 매장량에 대한 내용입니다. 110억 배럴이라고 했나요? 그건 전혀 입증되지 않은 숫자입니다. 제 말은, 단지 추정치라는 것이죠. 그리고, 여러분은 이러한 추정치가 어떻게 만들어진지 아시나요? 그들은 석유가 시추되었던 지역을 보고, 그 지역의 암석 형태를 살펴본 다음, 이것들을 국립북극 야생동물보호지역의 암석 형상과 비교했습니다. 미국에서 입증된 석유 매장량은 290억 배럴이지만, 추정되는 석유 매장량은 1,200억 배럴입니다. 만약 우리가 단지 추정만 할 것이라면, 나라의 보물을 파괴하기 전에 우선 그 지역들을 살펴봐야 하지 않을까요?

어휘 be designated ~으로 지정되다, 지명되다　　simplify [símpləfài] 단순화하다　　vulnerable [vʌ́lnərəbl] 취약한, 연약한　　predation [pridéiʃən] 포식
fracking [frǽkiŋ] 셰일가스 시추기술　　extract [ikstrǽkt] 추출하다, 뽑다　　controversial [kàntrəvə́:rʃəl] 논란이 많은　　wreck [rék] 파괴하다, 망가뜨리다

■ 읽기 노트

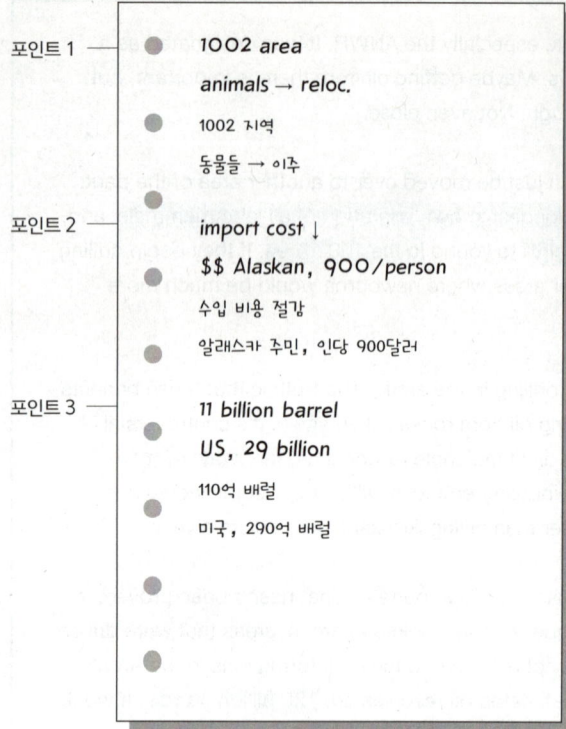

■ 듣기 노트

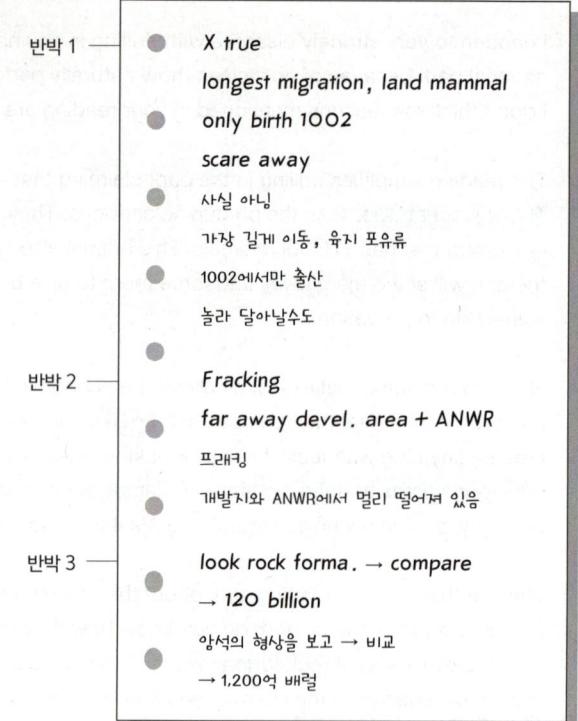

■ 모범 요약문

The reading passage discusses why drilling for oil in the Arctic National Wildlife Refuge is a good idea, to which the professor responds by offering counterevidence.

First, the reading says that only one small area in the ANWR would be affected by drilling. It claims that animals that live in those areas now can be relocated to other areas of the park. The lecturer strongly disagrees with this and states that there is one animal that cannot be relocated, which has the longest land migration for a land mammal. This is because it only gives birth in area 1002. Drilling would scare them away.

Secondly, the reading says that drilling in the ANWR would decrease the import cost of foreign oil. Also, Alaskans would receive some of the money from sales of the oil. Again, the professor counters this by describing in detail that there is a much better type of drilling. This other type of drilling can be done far away from any developed areas and far away from the ANWR.

Finally, the reading passage makes the point that the ANWR contains between 6 and 16 billion barrels of oil while the US has proven reserves of 29 billion barrels. It says that obtaining the oil from the ANWR would be good protection from energy crises. The speaker disproves this final contention by asserting that they only looked at rock formations in the ANWR and it might not have a lot of oil.

해석 읽기 지문은 국립북극 야생동물보호지역에서 석유를 시추하는 것이 좋은 이유에 대해 설명하고 있지만, 교수는 이에 대해 반증을 제시하며 대응하고 있다.

첫째, 지문은 국립북극 야생동물보호지역의 작은 지역만이 시추 작업의 영향을 받는다고 말한다. 해당 지역에 살고 있는 동물들은 공원 내 다른 곳으로 옮길 수 있다고 주장한다. 교수는 이를 강하게 반박하며 옮겨질 수 없는 한 동물이 있으며, 이 동물은 육지 포유류 중 가장 먼 거리를 이동한다고 설명한다. 이는 그 동물이 1002 지역에서만 새끼를 낳기 때문이다. 시추 작업은 그들이 겁이 나 달아나게 할 것이다.

둘째, 지문은 국립북극 야생동물보호지역에서 시추 작업을 하면 해외 석유 수입 비용이 줄어들 것이라고 말한다. 또한, 알래스카 주민들은 석유 판매로부터 얼마간의 돈을 받게 될 것이다. 다시, 교수는 더 나은 방식의 시추가 있다고 상세하게 설명함으로써 이를 반박한다. 이 다른 방식의 시추는 개발 지역 및 국립북극 야생동물보호지역으로부터 멀리 떨어진 곳에서 이루어질 수 있다.

마지막으로, 읽기 지문은 미국의 입증된 매장량이 290억 배럴 정도인데, 국립북극 야생동물보호지역은 60억에서 160억 배럴의 석유를 보유하고 있다고 주장한다. 국립북극 야생동물보호지역에서 석유를 얻는 것은 에너지 위기로부터의 좋은 보호책이 될 것이라는 주장이다. 교수는 국립북극 야생동물보호지역의 암석 형태만 살펴보았으므로 그곳에 많은 석유가 매장되어 있지 않을 수 있다고 주장함으로써 지문의 마지막 주장을 반박한다.

어휘 mammal[mǽməl] 포유동물   give birth (아이·새끼를) 낳다, 출산하다   import cost 수입 비용, 수입 경비   crisis[kráisis] 위기, 고비

선생님이 알려주는 점수보장 TIP

만약 일반적인 아이디어는 이해가 되지만 듣기 지문의 주장들 중 세부적인 부분을 이해하기 어려운 경우에는, 여러분의 주장을 만들기 위해 읽기 지문에 있는 단어를 참고하여 반대 의견을 만드는 연습을 하는 것도 도움이 됩니다.

허용되는 경우 - 교수는 그들이 ANWR에 있는 암석을 보기만 했으며 많은 석유를 보유하고 있지 않다고 주장하며 마지막 주장을 반박한다.

허용되지 않는 경우 - 교수는 ANWR에 있는 암석이 매년 1,200억 배럴의 석유의 비용이 든다고 주장하며 마지막 주장을 반박한다.

독립형 문제 빠른 발전은 사회에 긍정적인 영향을 줌 vs. 아님

Question

Do you agree or disagree with the following statement?
Rapid development has positively affected society.
Use specific reasons and examples to support your answer.

다음 명제에 찬성하는가 반대하는가?
빠른 발전은 사회에 긍정적인 영향을 미쳐왔다.
구체적인 이유와 예를 들어 자신의 의견을 뒷받침하시오.

아웃라인

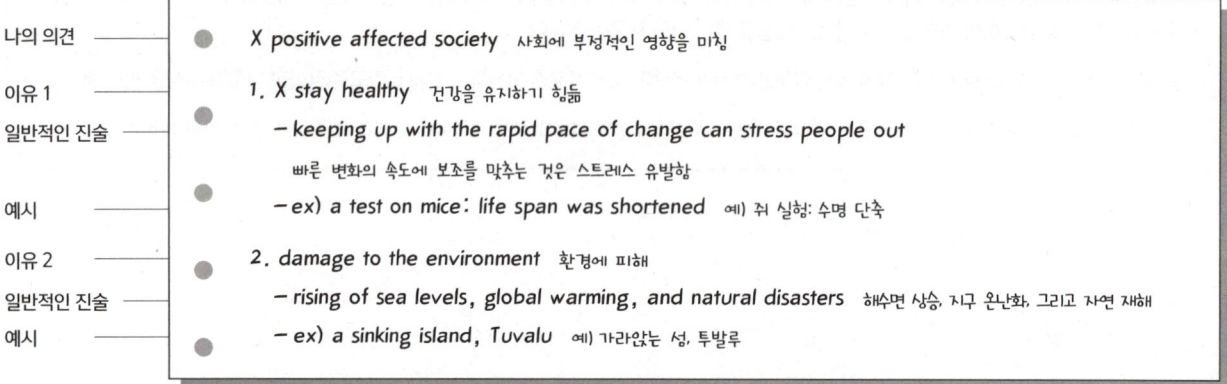

모범 에세이

A large number of people might argue that rapid development has positively influenced society because it has improved the standard of living. **Contrary to popular belief, I think that** speedy development has had a negative impact on society **for the following reasons**: it has harmed people's health and the environment.

First of all, living in a fast-developing society has deterred people from staying healthy. **It is obvious that** keeping up with the rapid pace of change can stress them out by making them feel anxious, depressed, and discouraged because it is challenging. Also, stress is one of the main factors of diseases through the weakening of the immune system. **For example**, according to a study conducted by Seoul National University of Korea in 2010, a test on mice showed that life span was shortened when they regularly underwent a series of electric shocks. The mice that were continuously under a high level of stress showed signs of deteriorating body conditions. Interestingly, the researchers found a link between this and human beings who suffered from periodic stress. This implies that high stress levels coming from rapid change in life can negatively affect humans, resulting in a shorter life span.

Moreover, rapid industrialization has brought about unnecessary damages, especially to the environment. **It is an undeniable fact that** a large number of developments have resulted in many negative environmental effects, including the rising of sea levels, global warming, and natural disasters. **A good example of this** is a sinking island, Tuvalu, a Polynesian nation in the South Pacific. Due to global warming, the water has steadily crept up Tuvalu's shores and now threatens to swallow up the nation. Unless we all reduce the total amount of gas emission, we cannot stop

Tuvalu from sinking in a few years.
In conclusion, I firmly believe that although rapid development can benefit people in some way, its negative effects far outweigh its positive effects **for the reasons I have mentioned above. All in all**, this trend will continue for the next generation.

해석 많은 이들이 빠른 발전은 생활 수준을 높이기 때문에 사회에 긍정적인 영향을 미친다고 주장할지도 모른다. 이런 통념과 반대로, 나는 다음과 같은 이유로 빠른 발전은 사회에 부정적인 영향을 미친다고 생각한다. 이는 사람들의 건강과 환경에 해를 끼친다.

우선, 빠르게 발전하는 사회에 살면 건강을 유지하는 데 방해가 된다. 빠른 변화의 속도에 보조를 맞추는 일은 어렵기 때문에 사람들이 불안하고, 우울하며, 위축감을 느끼도록 함으로써 많은 스트레스를 받을 수 있다. 또한, 스트레스가 면역 체계를 약화시키며 질병의 주요 요인 중 하나라는 것은 분명하다. 예를 들어, 2010년 한국의 서울대학교가 실시한 연구에 따르면, 쥐를 대상으로 한 실험에서, 쥐가 정기적으로 연속적인 전기 충격을 받았을 때 수명이 단축되는 것으로 밝혀졌다. 연속적으로 높은 수치의 스트레스를 받은 쥐는 건강 상태가 악화되는 징후를 보였다. 흥미롭게도, 연구원들은 이 쥐 실험과 주기적으로 스트레스를 받은 사람과의 연관성을 밝혀냈다. 이는 빠른 삶의 변화로 인한 높은 스트레스 수치가 사람에게도 부정적인 영향을 미쳐 수명이 단축될 수 있다는 것을 의미한다.

게다가, 빠른 산업화는 특히 환경에 불필요한 피해를 초래했다. 많은 발전이 해수면 상승, 지구 온난화, 그리고 자연 재해 등과 같이 환경에 부정적인 영향을 많이 가져왔다는 것은 부정할 수 없는 사실이다. 남태평양의 폴리네시아 국가인 가라앉고 있는 섬, 투발루가 좋은 예이다. 지구 온난화 때문에 해수면이 투발루의 해안까지 서서히 올라왔고 지금은 국가 전체가 삼켜질 위기에 있다. 우리 모두가 가스 배출의 전반적인 총량을 줄이지 않는 한, 몇 년 후 투발루가 가라앉는 것을 막을 수 없다.

결론적으로, 나는 위에서 언급한 이유 때문에 빠른 발전이 어떤 면에서는 사람들에게 이득이 되기도 하지만, 이것의 단점이 장점보다 훨씬 많다고 굳게 믿는다. 전반적으로, 이런 경향은 다음 세대까지 이어질 것이다.

어휘 rapid[rǽpid] 빠른   harm[hɑ:rm] ~에 해를 끼치다   pace[peis] 속도   deteriorate[ditíəriərèit] 악화시키다   global warming 지구 온난화
disaster[dizǽstər] 재해   swallow up 집어 삼키다

선생님이 알려주는 점수보장 TIP

[서론 작성시 주의사항]
시험장에서 긴장해서 문제를 제대로 이해하지 않고 시간에 쫓겨 글을 쓰다 보면 질문에 대한 답을 제대로 하지 못하는 경우가 종종 있습니다. 다음과 같은 경우들은 주제에 대한 충분한 답이 되지 못하므로 주의해야 합니다.

- 문제에서 물어본 찬성 혹은 반대의 입장이 명확히 드러나지 않는 경우
  ex) Some people say that rapid development has taken place. However, I disagree that it continues for the following reasons. (×)

- 문제에서 현재완료로 물어봤는데 다른 시제로 글을 작성한 경우
  ex) It is often said that rapid development negatively affects society because it destroys the environment. However, I believe that it positively influences people's lives for two reasons: it improves the quality of life and the standard of living. (×)

www.goHackers.com

스타토플 실전 WRITING

실전모의고사

16

통합형 문제
모범 답안·지문·해석

독립형 문제
모범 답안·해석

통합형 문제　메노미니에 균열이 발생한 원인

읽기 지문

In the woods of Michigan, a large crack appeared in the ground that was 110 meters long and almost 2 meters in depth. The crack angled upwards like something had burst from the ground. Such occurrences are referred to as "pop-ups" as it seems like the ground is popping up. How the crack at Menominee occurred is unclear but there are numerous possibilities.

"Pop-ups" are often seen in areas that contain receding glaciers. Glaciers often increase in size during colder months and shrink again as the weather warms up. Sometimes, as the glacier melts and leaves the ground exposed, the sudden loss of downward force can cause the ground to burst. The weight of the glacier is responsible for holding the ground in place. In the West Antarctic Ice Sheet, land is actually 2.5 km under sea level simply due to the weight of the ice pushing it down while the southern tip of Britain has been rising since its glacier disappeared 11,000 years ago.

The phenomenon can also occur in areas where heavy quarrying occurs. The mining of large amounts of mineral deposits will remove an enormous amount of weight from an area. As the weight is removed, similar to the physics of glacier loss, the ground may burst upwards. The largest limestone quarry in the world is located in Michigan. It is possible that removing the limestone may have caused underground pressure to cause the burst.

Earthquakes are frequently responsible for "pop-ups" because they can disturb the balance underground that result in tearing forces as one tectonic plates shifts on top of another plate. When this happens, there is a sudden sharp upward movement vertically along the plate that can cause the ground above it to tear open. A magnitude 1 earthquake was recorded in Menominee shortly before the crack appeared.

해석　미시간 주의 숲에서, 길이 110미터, 깊이 2미터가량의 대규모 균열이 지면에 발생했다. 그 균열은 마치 지면에서부터 터진 것처럼 위쪽을 향하고 있었다. 이러한 현상은 마치 지면이 터져 나온 것 같아서 "돌출 현상"이라고 불린다. 메노미니에 어떻게 이러한 균열이 발생했는지는 분명하지 않지만 수많은 가능성들이 있다.

"돌출 현상"은 주로 후퇴하는 빙하를 포함한 지역에서 발견된다. 빙하는 보통 추운 달에는 커지고 날씨가 따뜻해지면 다시 줄어든다. 때로는, 빙하가 녹으면서 지면이 노출되게 하여서, 아래로 향하는 힘이 갑자기 없어지면서 지면이 파열되게 한다. 빙하의 무게가 지면을 제자리에 있도록 해주는 원인이다. 남극 서쪽 빙하의 경우, 빙하가 지면을 누르는 무게 때문에 지면이 해수면 2.5km 아래에 있으며, 그런가 하면, 영국의 남단 지역은 11,000년 전에 빙하가 사라지면서 지면이 계속 위로 조금씩 올라오고 있다.

이러한 현상은 대규모 채석 작업이 진행되는 곳에서도 발생할 수 있다. 광물을 대량으로 채굴하게 되면 그 구역에서 엄청난 양의 무게가 없어지게 된다. 그 무게가 사라지면, 빙하 유실과 유사한 물리적 현상으로 지면이 위로 터져 나올 수도 있다. 세계 최대의 석회암 채석장은 바로 미시간 주에 위치해 있다. 석회암이 없어지면서 지하 압력이 터져 나오도록 야기했을 가능성이 있다.

지진이 때때로 "돌출 현상"의 원인이 되기도 하는데, 하나의 지각판이 또 다른 지각판 위로 이동하면서 찢어지는 힘을 초래하는 지하의 균형이 무너질 수 있기 때문이다. 이러한 현상이 발생하게 되면, 지각판을 따라 수직으로 갑작스럽게 급격한 상승 운동이 일어나고 그 위에 있는 지면이 찢어져 열리게 된다. 균열이 나타나기 직전에 메노미니에서는 진도1의 지진이 발생한 것으로 기록되어 있다.

어휘　burst[bə́ːrst] 터지다, 파열하다　occurrence[əkə́ːrəns] 발생, 사건　recede[risíːd] 물러나다, 멀어지다　shrink[ʃriŋk] 줄어들다, 오그라지다
phenomenon[finámənàn] 현상　mineral deposit 광물, 광물 매장량　tear[tɛər] 찢다, 뜯다
tectonic plate 지각판(판상을 이루어 움직이는 지각의 표층)　vertically[vɔ́ːrtikəli] 수직으로　magnitude[mǽɡnətjùːd] 규모, 중요도

강의 스크립트

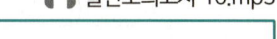

The Menominee Crack is interesting because we're pretty sure what it is. Most scientists agree that it's a geological "pop-up". But, not everyone agrees with how it happened. The theories in your reading can, though, be discounted.

The first point that your reading makes is that the melting of a glacier during the hotter months can cause the ground to erupt. Now, this is actually totally true, and, we see this, all over the world in places that have glaciers. The problem here is that the last glacier that was in Menominee was the Wisconsin glacier. And, that was, oh, let's see, about 12,000 years ago. There haven't been any glaciers down that far in a very long time. So, we can basically rule out glaciers.

Next, the reading points out that rock quarrying could result in an imbalance and maybe that could've caused the pop-up. But, the problem with this theory is that there is no mining activity anywhere near the site of the Menominee crack. Though some very high tonnage in limestone has been removed from the quarry that's mentioned in your reading, it is located too far away from the crack in Menominee to have caused the crack.

And, finally, the theory that an earthquake caused the crack is important because Michigan is considered aseismic, uh, that is, it basically never has earthquakes. But, there was an earthquake in Michigan right around when the crack appeared. Earthquakes are rated in intensity using the Richter scale from 1 to 10, with 10 being the most devastating. Now, the earthquake in Menominee was a 1. That means that humans basically can't even feel it and only seismic sensors, oh, and strangely, some animals, ever detect this type of quake. It's just not likely that tiny earthquake caused the ground to crack the way it did.

해석 메노미니의 균열 현상은 우리가 그것이 무엇인지 꽤 분명히 알고 있기 때문에 흥미롭습니다. 대부분의 과학자들은 이것이 지질학적 "돌출 현상"이라는 점에 동의합니다. 하지만, 모두가 이 현상이 어떻게 일어나는가에 대해 동의하지는 않습니다. 하지만, 지문에 나온 이론들은 신빙성이 없습니다.

지문에서 강조하는 첫 번째는 더운 달들 동안 빙하가 녹으면 지면이 터질 수 있다는 것입니다. 자, 이 부분은 전적으로 맞는 내용이며, 빙하가 있는 곳이면 세계 어느 곳에서든지 이런 현상을 볼 수 있습니다. 여기서 문제는 메노미니의 마지막 빙하가 위스콘신 빙하였다는 점입니다. 그리고, 그것은, 자, 봅시다, 대략 12,000년 전입니다. 그 이후로 아주 오랫동안 빙하가 그렇게 내려온 적이 없었습니다. 그렇다면, 우리는 근본적으로 빙하를 배제할 수 있겠네요.

다음, 지문에서는 채석 작업이 불균형을 초래해서 그것이 돌출 현상을 야기했을 수 있다고 지적하고 있습니다. 하지만, 이 이론의 문제는 메노미니의 균열 현장 인근 어디에서도 채굴 활동이 없다는 것입니다. 지문에서 언급된 채굴장에서 많은 양의 석회암이 제거되었다 하더라도, 채석장이 메노미니의 균열에서 너무 멀리 위치해 있어서 균열을 야기할 수는 없습니다.

그리고, 마지막으로, 미시간 주는 지진이 없는 지역으로 간주되는, 즉, 기본적으로 지진이 전혀 발생하지 않는 지역이기 때문에 지진이 균열의 원인이라는 이론은 중요합니다. 하지만, 균열이 발생했던 바로 그때 즈음, 미시간 주에 지진이 있었습니다. 지진은 1에서 10까지 리히터 척도를 이용해 지진 강도의 등급을 매기는데, 10이 가장 파괴적인 단계입니다. 자, 메노미니의 지진은 1이었습니다. 그것은 사람이 기본적으로 느낄 수 없고 지진 감지 센서만이 가능하다는 의미입니다. 아, 그리고 이상하게도, 일부 동물들도 이러한 종류의 지진을 감지하기도 합니다. 약한 지진이 땅에 그 정도로 균열을 일으켰다는 것은 그저 가능성이 없어 보입니다.

어휘 erupt[irʌ́pt] 터지다, 분출하다   glacier[gléiʃər] 빙하   rule out (가능하거나 적절하지 않다고) ~을 배제하다   quarry[kwɔ́ːri] 채석하다, 채석장   mining activity 채굴 작업, 광산 활동   aseismic[eisáizmik] 지진이 없는, 비지진성   intensity[inténsəti] 강도, 강함   devastating[dévəstèitiŋ] 대단히 파괴적인   Richter scale (지진의 규모를 나타내는) 리히터 척도

■ 읽기 노트

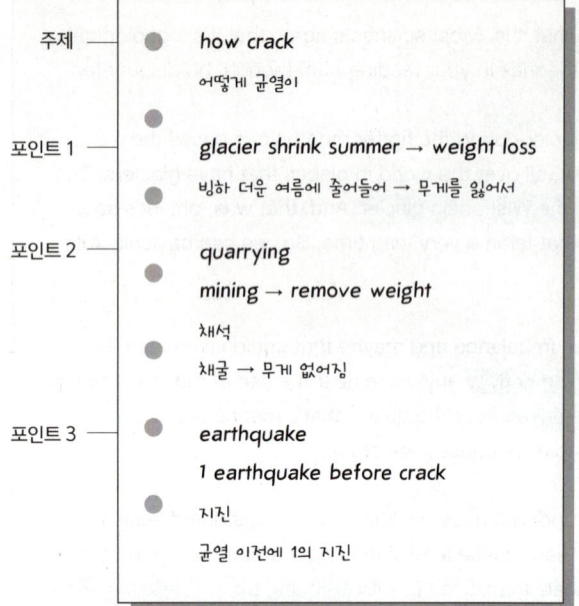

■ 듣기 노트

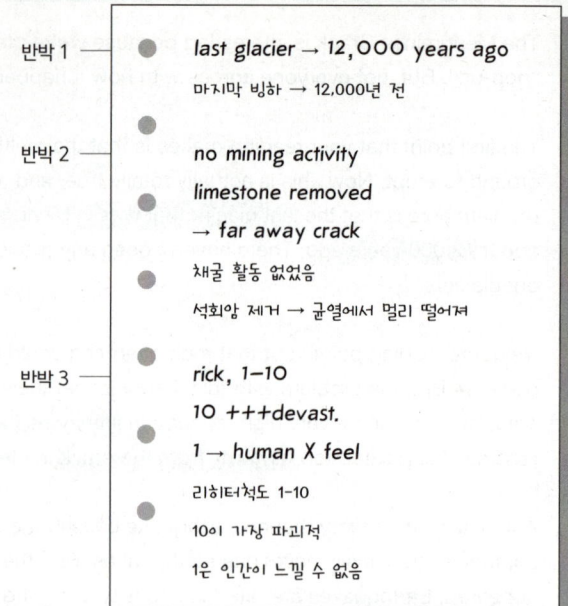

■ 모범 요약문

The reading passage discusses possible causes of a "pop-ups" in the ground in Menominee, Michigan, to which the professor responds by offering counterevidence.

First, the reading says that glaciers grow during the winter and shrink during the summer. As a glacier shrinks, it can leave the land exposed and also removes much of the weight. The sudden removal of downward force can cause the ground to crack open. The lecturer strongly disagrees with this and states that even though glaciers all over the world cause cracks similar to the one in Menominee, the last glacier that was in Michigan disappeared 12,000 years ago.

Secondly, the reading says that mining in an area can remove a lot of weight. It says that the world's largest limestone mine is located in Michigan and mining there might have caused the crack. Again, the professor counters this by describing in detail that the limestone quarry that is mentioned in the reading passage is not located close to where the crack formed. He says that there is no other mining activity near the Menominee crack.

Finally, the reading passage makes the point that an earthquake may have caused the crack near Menominee because a level 1 earthquake was recorded near the area before the crack appeared. The speaker disproves this final contention by asserting that earthquakes are measured from 1 to 10 and 10 is the most devastating. The earthquake in Michigan was only level 1, which is so small humans might not be able to feel it.

해석 읽기 지문은 미시간 주 메노미니의 지면의 "돌출 현상"의 가능한 원인들에 대해 설명하고 있는데, 교수는 이에 대해 반증을 제시하며 대응하고 있다.

첫째, 지문은 겨울에는 빙하가 커지고 여름에는 빙하가 줄어든다고 말한다. 빙하가 줄어들면, 지면이 노출될 수 있고 그 무게 또한 많이 없어질 수 있다. 아래로 향하는 힘이 갑자기 없어지면서 지면에 균열을 야기할 수 있다. 교수는 이에 강하게 반대하며 전 세계 빙하들이 메노미니에서 발생한 것과 유사한 균열을 야기한다 해도, 미시간 주에 있던 마지막 빙하는 12,000년 전에 사라졌다고 말한다.

둘째, 지문은 한 지역에서의 채굴 활동 때문에 많은 무게가 제거될 수 있다고 말한다. 세계 최대의 석회암 채석장이 미시간 주에 위치해 있고 이곳의 채굴 작업으로 균열이 발생했을 것이라고 주장한다. 다시, 교수는 읽기 지문에 언급된 석회암 채석장이 균열이 발생한 곳에서 가깝지 않다고 상세히 설명함으로써 이를 반박한다. 그는 메노미니 균열 현상이 발생한 근처에서는 채굴 활동이 없다고 말한다.

마지막으로, 읽기 지문은 균열이 일어나기 전에 그 지역 근처에서 진도 1의 지진이 기록되었기 때문에, 지진이 메노미니 인근에 균열을 발생시켰을 것이라고 주장한다. 교수는 지진이 1부터 10까지의 강도로 측정이 되며 10이 가장 파괴적이라고 주장함으로써 지문의 마지막 주장을 반박한다. 미시간 주에서 발생한 지진은 진도 1로, 이는 너무 약해서 사람이 느낄 수 없는 정도이다.

어휘 **downward**[dáunwərd] 아래쪽으로 내려가는, 하향의   **ground**[graund] 땅바닥, 지면   **limestone**[láimstòun] 석회암(석)   **measure**[méʒər] 측정하다

선생님이 알려주는 점수보장 TIP

사소한 문법 실수가 있어도 만점을 받을 수 있습니다. 하지만, 이런 문법 실수가 반복되면 감점될 수 있으니 유의해야 합니다. 마지막 2-3분 동안 전반적으로 문법을 점검하는 시간을 꼭 갖도록 하세요.

독립형 문제 텔레비전이 사람들의 삶에 더 많은 영향을 줌 vs. 신문이 더 많은 영향을 줌

Question

Do you agree or disagree with the following statement?
Television has had a greater impact on people's lives than newspapers have.
Use specific reasons and examples to support your answer.

다음 명제에 찬성하는가 반대하는가?
텔레비전이 신문보다 사람의 삶에 더 많은 영향을 미친다.
구체적인 이유와 예를 들어 자신의 의견을 뒷받침하시오.

아웃라인

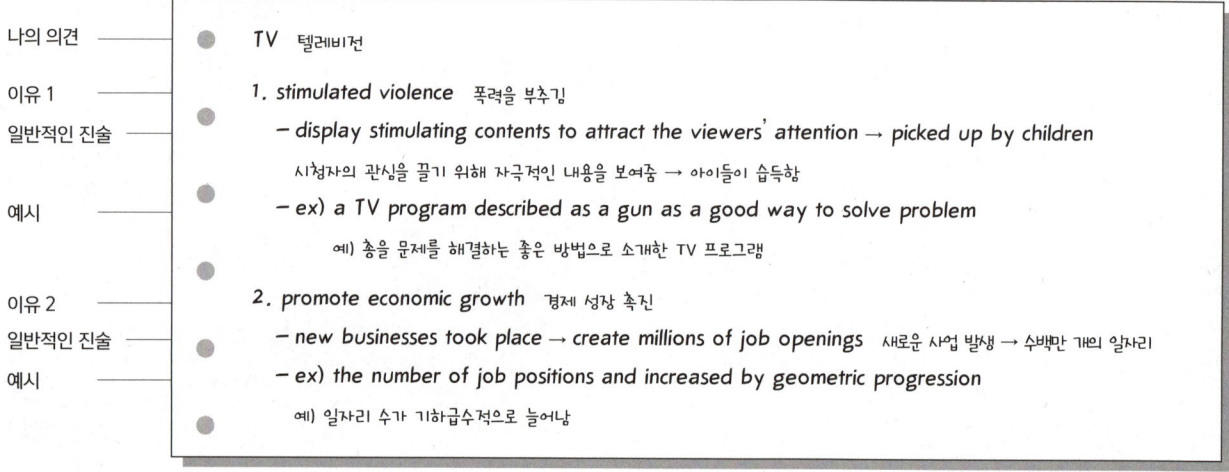

모범 에세이

A large number of people might argue that newspapers have had a greater effect on society than television has. **Contrary to popular belief, I think that** television has had much greater impact on people's lives than newspapers have **for the following reasons**: it has promoted violence and economic growth.

First of all, television has introduced and stimulated violence to children. **It is obvious that** unlike newspapers, TV programs display many stimulating content such as exaggerated actions, sexuality, and vulgar language in order to attract the viewers' attention. Such content is likely to be easily imitated and picked up by children who lack a sense of morality and judgment especially when they are continuously exposed to them. **For example**, Jun Kim, a ten-year-old male in Korea, had watched television all day long ranging from advertisements to documentaries because both of his parents were busy with work and they used TV as a babysitter for him. He saw a TV program describing a gun as a good way to solve problems and promote social justice. Unfortunately, when he used the same method on his friends, he ended up hurting them. However, he believed that it was okay to commit such actions because he only copied what was on TV, which looked cool to him.

Moreover, the television industry has made a bigger contribution to promoting economic growth. **It is an undeniable fact that** with the invention of TV, many new businesses have taken place and formed massive conglomerates. This trend has been creating millions of job openings, leading to a huge boost in the national economy. **For instance**, according to a study conducted by Seoul National University of Korea in 2008, after the TV boom in the market in the early 1980s, the number of job positions had increased by geometric progression. The study showed that the new rise of middle class allowed people to spend more, which stimulated Korea's economic growth. Even to this day, the TV industry still contributes to creating jobs for millions of people. This implies that TV has brought realistic, positive results to society.

In conclusion, I firmly believe that the impact of TV has far outweighed that of newspapers **for the reasons I have mentioned above. All in all**, the impact of TV will continue and pass down to the next generation.

해석 많은 이들이 신문이 텔레비전보다 사회에 더 큰 영향을 미친다고 주장할지도 모른다. 이런 통념과 반대로 나는 다음과 같은 이유로 텔레비전이 신문보다 사람들의 삶에 훨씬 더 큰 영향을 미친다고 생각한다. 바로 텔레비전은 폭력을 조장하고 경제 성장을 촉진시킨다.

무엇보다도, 텔레비전은 아이들에게 폭력을 접하게 하고 부추겨 왔다. 신문과 달리 TV 프로그램은 시청자들의 관심을 끌기 위해 과장된 행동, 성적인 선정성, 그리고 저속한 언어와 같은 많은 자극적인 내용을 보여준다는 것은 분명하다. 특히 이런 내용에 계속해서 노출되었을 때, 도덕성과 판단력이 부족한 아이들은 이런 내용을 쉽게 모방하고 습득할 수 있다. 예를 들어, 한국의 10살짜리 남자아이인 김준은 그의 부모님이 모두 일 때문에 바빠서 TV를 그를 위한 베이비시터로 사용했기 때문에 광고에서부터 다큐멘터리에 이르기까지 하루 종일 TV를 시청했다. 그는 문제를 해결하고 사회 정의를 촉진시키는 좋은 방법으로 총을 묘사하는 TV 프로그램을 보았다. 불행하게도, 그는 친구들에게 똑같은 방법을 사용하였고, 결국 친구들을 다치게 하고 말았다. 하지만 그는 TV에 있던 것을 모방했을 뿐이고 그 행동이 그에게 멋있어 보였기 때문에 이러한 행동을 하는 게 괜찮다고 믿었다.

게다가, 텔레비전 산업은 경제 성장 촉진에 더 큰 기여를 해왔다. TV의 발명과 함께, 수많은 새로운 사업들이 생겨서 거대한 대기업을 이루었다는 것은 부인할 수 없는 사실이다. 이러한 흐름은 수백 개의 일자리가 생겨나게 했고 국가 경기의 큰 진작으로 이어졌다. 예를 들어, 2008년 한국의 서울대학교가 실시한 조사에 따르면, 1980년대 초, 시장에서의 TV 붐 이후에 일자리 수가 기하급수적으로 증가했다. 이 조사는 중산층의 새로운 부상이 더 많은 소비를 부추겨 한국의 경제 성장을 촉진시켰다는 점을 보여주었다. 심지어 지금까지도 TV 산업은 여전히 수백만 개의 일자리를 만드는 데 기여하고 있다. 이는 TV가 사회에 현실적이고도 긍정적인 영향을 미쳤음을 보여준다.

결론적으로, 나는 위에서 언급한 이유 때문에 TV의 영향력이 신문보다 훨씬 크다고 굳게 믿는다. 전반적으로, TV의 영향력은 계속되어 다음 세대까지 이어질 것이다.

어휘 violence[váiələns] 폭력   economic growth 경제 성장   exaggerated[igzǽdʒərèitid] 과장된   the new rise of ~의 새로운 부상
contribute to ~에 기여하다

선생님이 알려주는 점수보장 TIP

[영향력을 묻는 주제]

이번 주제처럼 "영향을 미치다"에 해당하는 동사(impact, affect, influence)로 문제가 주어지면 세부적인 인과 관계없이 단순히 사실만을 전개하는 경우가 많습니다. 하지만 어떤 부분에 어떻게 영향을 미쳤는지를 포함하여서 본론의 첫 문장을 작성해야 주제를 효과적으로 다룬 것처럼 보일 수 있습니다. 즉 영향을 미치는 부분을 2가지 생각해서 본론 1과 2로 구성하면 중복되지도 않고 전개하기가 수월합니다.

예를 들어, 이번 주제에서는 TV의 쉬운 접근성 때문에 가족끼리 대화가 없어졌다거나 스트레스 해소가 더 간편해졌다는 식으로 작성할 수 있습니다. 이 모범 에세이와 같은 경우는 '폭력성'과 '경제'로 나누어 전개한 것이지요. 사회에 미치는 영향에 대한 주제는 주로 '경제', '삶의 질(스트레스 관리)', '환경', '시야/문화적으로 성숙', '폭력'과 같은 아이디어를 이용하여 전개할 수 있습니다.

www.goHackers.com

스타토플 실전 WRITING

실전모의고사 17

통합형 문제
모범 답안·지문·해석

독립형 문제
모범 답안·해석

통합형 문제 인간이 기후 변화를 야기하지 않았다는 증거

읽기 지문

Global warming has accounted for many recent months, one after another, being the hottest ever on record. Continually rising temperatures affects weather conditions and sea levels. A very hotly debated topic is the role humans have had on this through the burning of fossil fuels. However, it is important to note that humans might not have caused climate change.

Burning fossil fuels increases carbon dioxide emissions, which also happens naturally through events such as volcanic eruptions and CO_2 released from oceans. To cope with this, the earth has several methods of absorbing CO_2. Plants use CO_2 and sunlight to create energy and oxygen. Many populations of trees have been observed growing larger than normal as a result of increased CO_2. This means that plant life will simply use the additional CO_2 produced by humans as part of their photosynthetic processes.

Rising seas are often cited as evidence of global warming through human actions. Supporters of this fail to point out that the sea has been rising steadily since the end of the last ice age, over 10,000 years ago. 10,000 years ago, sea levels were over 100 meters lower than they are today. Though the rising of sea levels will adversely affect the roughly 200 million people that live near coastal areas by the year 2100, humans have not caused this to happen.

The sun does not produce the exact same amount of energy each year. It is most likely that solar forcing, or variations in the total output of the sun, is the biggest reason for climate change. From 1900 to 2000, solar output increased by 0.19% and directly caused rises in temperature during that period. The majority of all climate fluctuations that occurred after 1850 can be attributed to small changes in the amount of power generated by the sun during those years.

해석 지구 온난화는 최근 몇 달간, 연이어, 사상 최고치를 기록하는 무더운 날씨의 원인이 되어 왔다. 기온이 계속해서 상승하면 기상 상태와 해수면에 영향을 주게 된다. 화석 연료의 연소로 인해 여기에 미치는 인간의 역할에 관한 논쟁이 뜨겁다. 그러나, 인간이 기후 변화를 야기하는 것이 아닐 수 있다는 점을 주목할 필요가 있다.

화석 연료를 연소시키면 이산화탄소 방출을 증가시키게 되는데, 이것은 또한 화산 분출이나 바다로부터 방출되는 이산화탄소와 같은 현상을 통해서 자연적으로 발생하기도 한다. 이에 대처하기 위해, 지구는 이산화탄소를 흡수하는 몇 가지 방법을 가지고 있다. 식물들은 에너지와 산소를 만들어 내기 위해 이산화탄소와 햇빛을 이용한다. 증가된 이산화탄소의 결과로 일반적인 경우보다 더 크게 성장한 나무들도 많이 발견되었다. 이것은 식물들이 그들의 광합성 과정의 일부분으로 인간에 의해 만들어진 추가적인 이산화탄소를 간단히 사용할 수 있다는 것을 의미한다.

해수면 상승은 지구 온난화가 인간의 활동 때문이라는 것을 보여주는 증거로 자주 인용된다. 이에 대한 지지자들은 10,000년 이상 이전의 마지막 빙하 시대 이후 해수면이 꾸준히 높아졌다는 사실을 언급하지 않고 있다. 10,000년 전에는 해수면이 지금보다 100미터 이상 아래에 있었다. 해수면 상승으로 2100년이 되면 해안 지대에서 생활하는 대략 2억 명의 사람들에게 해로운 영향을 주겠지만, 인간이 이를 야기한 것은 아니다.

태양은 매년 동일한 양의 에너지를 정확하게 만들어내지 않는다. 태양 방출력 즉, 태양에서 방출되는 총 에너지의 차이가 기후 변화의 가장 큰 이유일 가능성이 높다. 1900년부터 2000년까지, 태양 에너지는 0.19% 증가하였고 이 시기 동안 기온 상승을 직접적으로 야기했다. 1850년 이후에 발생한 대부분의 기후 변동은 그 시기 동안에 태양에서 발생한 에너지의 양에 작은 변화가 있었기 때문일 수 있다.

어휘 account for ~의 원인이 되다　emission[imíʃən] 방출, 배출　volcanic eruption 화산 분출　absorb[æbsɔ́ːrb] 흡수하다　photosynthetic process 광합성 과정　steadily[stédili] 꾸준하게, 착실하게　adversely[ædvə́ːrsli] 해롭게, 반대로　roughly[rʌ́fli] 대략, 거의　variation[vɛ̀əriéiʃən] 차이, 변화　be attributed to ~때문이다, ~ 덕분으로 여겨지다

강의 스크립트

🎧 실전모의고사 17.mp3

Global warming is a very serious problem but I also think that it's important to recognize that humans are greatly contributing to it. Your reading's claim that it's not really man's fault is simply wrong.

While the earth was in balance before mankind, humans have produced so much carbon dioxide that the planet cannot balance itself. The US alone adds over 6 million metric tons of CO_2 to the air every year. Before the Industrial Revolution, CO_2 levels never reached above 300 ppm, or parts per million, for 400,000 years. Today it's just over 400 ppm. We know for sure that it's humans that caused it because human produced CO_2 is molecularly different than naturally produced CO_2. Also, we can't just count on plants because people cut down huge numbers of trees every year.

So, ok, sea levels have been rising, but, sea levels haven't been rising this quickly until 50 years ago. Researchers have determined that ocean levels have risen faster in that time than during the entire 2,000 years before it. One study found that sea level rising accelerated significantly from 1870 to 2004, which is less than a hundred years after the burning of fossil fuels for energy began. The acceleration of sea levels rising faster than it ever has shortly after humans began to use fossil fuels is a clear indication of the role humans have in driving it.

There's this theory that fluctuations in the sun's energy output is causing the changes in temperature. But, the thing is, this doesn't explain what's happening right now with global warming. See, if the sun produces more heat, then you see heat in the upper atmosphere. That's because, well, as heat enters earth from the sun, it has to enter the upper atmosphere first. What we see right now is that the upper atmosphere is cooler and the lower atmosphere is hotter. This means that CO_2 in the atmosphere is trapping heat.

해석 지구 온난화는 아주 심각한 문제이지만, 인간이 이것에 크게 기여했다는 점을 인정하는 것 또한 중요하다고 생각합니다. 읽기 지문의 지구 온난화가 인간의 잘못이 아니라는 읽기 주장은 아주 틀린 내용입니다.

인류가 나타나기 전에는 지구는 균형을 유지했지만, 인간이 너무 많은 이산화탄소를 배출하면서 지구는 스스로 균형을 유지할 수 없습니다. 미국에서만 매년 600만 톤 이상의 이산화탄소를 공기 중으로 배출합니다. 산업 혁명 전에는 40만 년 동안 이산화탄소 수준이 300ppm, 그러니까 100만 분의 300을 넘은 적이 없었습니다. 현재는 400ppm을 넘은 수준입니다. 인간이 배출하는 이산화탄소는 자연적으로 발생하는 이산화탄소와 분자 구조가 다르기 때문에, 이것을 야기한 것은 바로 인간이라는 점을 우리는 분명 알고 있습니다. 게다가, 사람들이 매년 엄청난 수의 나무들을 벌목하기 때문에 식물에게만 의존할 수도 없습니다.

그래요, 좋습니다, 해수면이 상승해 오긴 했지만, 50년 전까지만 해도 해수면이 이렇게 빠르게 상승하지는 않았습니다. 연구원들은 해수면이 이전 2,000년 전체 시기 동안 진행된 속도보다 그 시기 동안 더 빠르게 상승했다는 점을 밝혀냈습니다. 어느 연구에서는 1870년부터 2004년까지 해수면 상승이 크게 가속화되었음을 발견했는데, 이때는 에너지를 위해 화석 연료의 연소를 시작한지 100년도 채 되지 않은 시기입니다. 인간이 화석 연료를 사용하기 시작한 직후, 이전보다 해수면 상승 속도가 가속화되었다는 것은 이를 촉진한 인간의 역할에 대한 확실한 지표입니다.

태양 에너지의 방출량 변동이 온도의 변화를 야기하고 있다는 이론이 있습니다. 하지만, 문제는, 이것이 지구 온난화로 인해 지금 당장 일어나고 있는 일들을 설명하지 못한다는 점입니다. 보세요, 만약 태양이 더 많은 열을 발생시키면, 상층 대기권에 열이 생기겠지요. 그 이유는, 음, 열이 태양에서 지구로 들어갈 때 상층 대기권에 먼저 들어가야 하기 때문입니다. 그래서 지금 현재 보이는 것으로, 상층 대기권의 온도가 더 낮고 하층 대기권의 온도가 더 높다는 것입니다. 이는 대기권에 있는 이산화탄소가 열을 가두고 있다는 것을 의미합니다.

어휘 recognize[rékəgnàiz] 인정하다, 알아보다 contribute to ~에 기여하다 Industrial Revolution 산업 혁명
molecularly[məlékjuərli] 분자로, 분자의 accelerate[æksélərèit] 가속화하다 indication[ìndikéiʃən] 지표, 조짐
fluctuation[flʌ̀ktʃuéiʃən] 변동, 오르내림 trap[træp] 가두다

읽기 노트

포인트 1
- volcanic erpt.
- plants → CO₂
- trees larger
- 화산 분출
- 식물들 → 이산화탄소
- 나무 더 크게

포인트 2
- sea level + 10,000 years
- → 100 meter lower
- 만 년 동안 해수면 상승
- → 100미터 아래

포인트 3
- solar forcing
- 0.19% ↑ 1900-2000
- temp ↑
- 태양 방출력
- 1900년-2000년 0.19% 증가
- 기온 상승

듣기 노트

반박 1
- CO₂ 300 ppm → 400 ppm
- 400,000 years
- human CO₂ → molecule diff.
- cut tree
- 40만 년간 CO₂ 300ppm에서 400ppm으로
- 인간 CO₂ → 분자 구조 다름
- 벌목

반박 2
- sea level↑ quick → 50 years
- 1870-2004 rising faster
- → shortly after fossil fuel
- 해수면 빠르게 상승 → 50년 동안
- 1870-2004년 더 빠르게 상승
- → 화석 연료 사용한 직후

반박 3
- fluc. solar energy X now
- upper atmosphere cold
- CO₂ trap heat
- 태양 에너지 변동은 현재 설명하지 못함
- 상층부는 온도 낮아
- CO₂가 열을 가둠

모범 요약문

The reading passage discusses evidence that proves humans are not causing global warming, **to which the professor responds by offering counterevidence.**

First, the reading says that volcanic eruptions naturally create CO_2. Plants have evolved to use CO_2 and sunlight to create oxygen and energy. The reading states that trees have become larger due to increased CO_2 and will absorb it. **The lecturer strongly disagrees with this and states that** CO_2 in the atmosphere was never over 300ppm for the last 400,000 years but is now over 400ppm. The reason for this increase is humans because human-produced CO_2 is molecularly different from natural CO_2. Also, trees cannot remove the extra CO_2 because humans cut down trees.

Secondly, the reading says that sea levels have been rising for the last 10,000 years and not because of human activities. It says that sea levels were over 100 meters lower 10,000 years ago than they are today. **Again, the professor counters this by describing in detail that** sea levels have been rising more quickly in the last 50 years. She says that sea levels rose much faster from 1870 to 2004 beginning shortly after humans began burning fossil fuels.

Finally, the reading passage makes the point that solar forcing, or fluctuations in the sun's output of energy, is the reason for temperature changes and not humans. The reading claims that as the sun generated 0.19% more energy from 1900-2000, temperatures increased. **The speaker disproves this final contention by asserting that** fluctuations in solar energy cannot explain what is currently happening because the upper atmosphere is cold. Temperatures are rising because the increased levels of CO_2 gas is trapping heat.

해석 읽기 지문은 인간이 지구 온난화를 야기하지 않는다는 것을 증명하는 증거에 대해 설명하고 있는데, 교수는 이에 대해 반증을 제시하며 대응하고 있다.

첫째, 지문은 화산 폭발이 이산화탄소를 자연적으로 발생시킨다고 말한다. 식물들은 이산화탄소와 햇빛을 이용하여 산소와 에너지를 만들도록 진화하였다. 지문에서는 증가된 이산화탄소로 인해 나무들이 더 커졌고 이산화탄소를 흡수할 것이라고 진술한다. 교수는 이에 강하게 반대하며 대기 중의 이산화탄소는 과거 40만 년 동안 300ppm을 초과한 적이 없지만 지금은 400ppm 이상이라고 말한다. 이렇게 증가한 이유는 바로 인간인데, 인간에 의해 생성되는 이산화탄소는 자연적인 이산화탄소와 분자 형태가 다르기 때문이다. 또한 인간이 나무를 벌목하기 때문에 나무가 더 많은 이산화탄소를 제거할 수 없다.

둘째, 지문은 해수면이 지난 10,000년 동안 상승해 왔지만 인간의 활동 때문은 아니라고 말한다. 10,000년 전의 해수면은 지금보다 100미터 이상 낮았다는 설명이다. 다시, 교수는 해수면이 지난 50년 동안 더 빠르게 상승해 왔다고 상세히 설명함으로써 이를 반박한다. 그녀는 인간이 화석 연료를 연소하기 시작한 직후인 1870년부터 2004년까지 해수면이 훨씬 빠르게 상승했다고 말한다.

마지막으로, 읽기 지문은 태양 방출력, 즉, 태양에서 방출되는 에너지의 변동이 기후 변화의 이유이지 인간이 아니라고 주장한다. 지문에서는 1900년부터 2000년까지 태양에서 발생되는 에너지가 0.19% 많아졌기 때문에 기온이 올라갔다고 주장한다. 교수는 상층 대기권이 차갑기 때문에 태양 에너지의 변동으로는 현재 발생하고 있는 현상을 설명할 수 없다고 주장함으로써 지문의 마지막 주장을 반박한다. 증가한 이산화탄소 가스 수치가 열을 가두기 때문에 기온이 상승하고 있다.

어휘 atmosphere [ǽtməsfìər] 대기   sea level 해수면   rise [raiz] 상승하다, 오르다   generate [dʒénərèit] 발생시키다, 만들어내다

선생님이 알려주는 점수보장 TIP

시험을 치를 때 학생들이 저지르기 쉬운 일반적인 실수는 모든 숫자들이 중요하다고 생각하는 것입니다. 숫자를 너무 정확하게 잡으려고 하다 보면, 실제 내용을 놓칠 수 있으므로, 내용에 더 집중하는 것이 중요합니다. 숫자 자체보다, 양이나 수준이 증가했는지 감소했는지를 보도록 하세요. 예) 교수는 이산화탄소가 과거보다 현재 더 높아졌다고 진술하며 이를 강하게 반박하고 있다.

독립형 문제: 오늘날 아이들이 겪는 문제는 그들의 부모님들이 겪었던 문제와는 다름 vs. 아님

Question

Do you agree or disagree with the following statement?
Today's children go through different problems from those their parents went through.
Use specific reasons and examples to support your answer.

다음 명제에 찬성하는가 반대하는가?
오늘날의 아이들은 그들의 부모님들이 겪었던 것과는 다른 문제를 겪고 있다.
구체적인 이유와 예를 들어 자신의 의견을 뒷받침하시오.

아웃라인

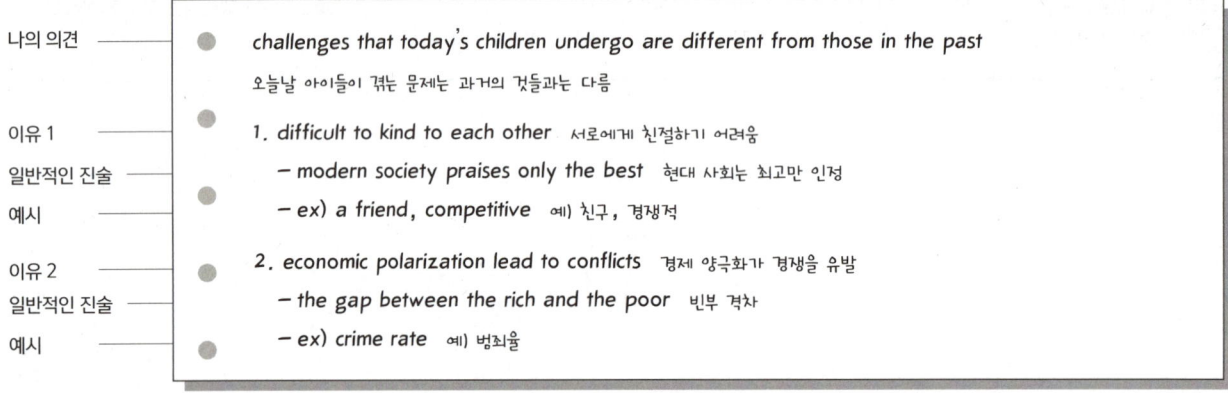

모범 에세이

A large number of people might argue that today's children go through similar difficulties that their parents went through. **Contrary to popular belief, I think that** many challenges that today's children undergo are different from those in the past **for the following reasons**: economic polarization and competition.

First of all, today's competitive environment discourages children from being kind to each other, which is very different from how children were back in our parents' generation. **It is obvious that** modern people live in a society that praises only the best. Their priorities have changed, and winning has become more important than being considerate to one another. **For example**, when I was studying for my SATs in high school, I had a friend who gave me attitude every time I asked for help. He would say that he did not know the answers to specific questions or that he was too busy to help me. He was very competitive and winning was everything to him. In fact, he was doing a lot to prepare, such as getting private tutoring lessons and spending much time doing research and studying. In the end, he got into an Ivy League school. I was deeply hurt by his lies.

Moreover, economic polarization in the modern world can lead to many conflicts. **It is an undeniable fact that** the gap between the rich and the poor is widening. It is human nature for people to consistently compare themselves to each other. People tend to be disappointed or get angry in extreme cases if they find themselves inferior to other people, resulting in disputes, break ups, or even crimes. **For instance**, in a study conducted by Seoul National

University of Korea in 2009, there was a difference between two groups of neighborhoods. Group A had a wide gap between the rich and the poor, and group B's gap was narrower. The researchers showed that group A had a higher crime rate than group B by thirty percent. The contributing factor was that people in group A felt victimized by the huge differences in lifestyle. Many conflicts can arise among different people.

In conclusion, I firmly believe that it has become more difficult for children to live a successful and happy life **for the reasons I have mentioned above**. **All in all**, this trend will continue and pass down to the next generation.

해석 많은 이들이 오늘날의 아이들은 그들의 부모님들이 겪었던 것과 비슷한 어려움을 겪고 있다고 주장할지도 모른다. 이런 통념과 반대로 나는 다음과 같은 이유로 오늘날의 아이들이 겪고 있는 많은 문제들이 과거의 그것들과 다르다고 생각한다. 바로 경제 양극화와 경쟁이다.

무엇보다도, 오늘날의 경쟁이 심한 환경은 아이들이 서로에게 친절하지 못하게 하는데 이는 과거 우리 부모님 세대 아이들의 모습과는 굉장히 다른 것이다. 현대인들이 최고만 인정하는 사회에 살고 있다는 것은 분명하다. 우선순위가 바뀌면서 남을 배려하는 것보다 이기는 것이 더 중요해졌다. 예를 들어, 내가 고등학교에서 SAT를 공부할 때, 내가 도와달라고 할 때마다 냉담하게 대했던 친구가 있었다. 그는 특정 문제에 대한 답을 모른다거나 너무 바빠서 도와줄 수 없다고 말하곤 했다. 그는 매우 경쟁심이 강했고 그에게는 이기는 것이 전부였다. 사실, 그는 개인 과외를 받거나 연구와 공부에 엄청난 시간을 투자하는 등 많은 준비를 하고 있었다. 결국, 그는 아이비리그 대학교에 입학했다. 나는 그의 거짓말에 큰 상처를 받았다.

게다가, 현대 사회의 경제 양극화는 많은 갈등을 일으킬 수 있다. 빈부 격차가 커지고 있다는 것은 부인할 수 없는 사실이다. 사람들이 끊임없이 남과 자신을 비교하는 것은 인간의 본성이다. 만약 자신이 다른 이들에 비해 열등하다는 것을 알게 되면, 사람들은 실망하거나 극단적인 경우 분노하는 경향이 있고, 이는 다툼과 불화, 심지어 범죄라는 결과로 이어진다. 예를 들어, 2009년 한국의 서울대학교가 실시한 조사에서 두 이웃 집단 간에는 큰 차이가 있었다. A 집단은 빈부 격차가 컸고 B 집단의 격차는 그보다 좁았다. 연구원들은 A 집단의 범죄율이 B 집단보다 30% 더 높다고 밝혔다. 그 요인은 A 집단의 사람들은 생활 양식에 있어서의 큰 격차 때문에 피해 의식을 느꼈기 때문이었다. 다른 사람들 간에는 많은 갈등이 일어날 수 있다.

결론적으로, 나는 위에서 언급한 이유 때문에 아이들이 성공적이고 행복한 삶을 사는 것이 더 어려워졌다고 굳게 믿는다. 전체적으로 이러한 경향은 계속되어서 다음 세대까지 이어질 것이다.

어휘 go through ~를 겪다　be different from ~와 다르다　consistently [kənsístəntli] 끊임없이, 항상　dispute [díspju:t] 다툼　break up 불화　crime [kraim] 범죄

선생님이 알려주는 점수보장 TIP

[부모 세대 vs. 지금 세대를 비교하는 주제]

부모 세대와 지금 세대를 비교하는 주제에서는 단순히 그때와는 다르다고만 설명하지 않도록 주의합시다. 다른 문제점들은 무엇이 있는지, 다르지 않다면 그 이유가 무엇이고 비슷한 문제점으로는 어떤 것들이 있는지가 글에 명확하게 나와야 합니다. 이번 주제의 경우에는 부모 세대가 겪었던 문제점들과 오늘날의 아이들이 겪는 문제점들의 공통점 혹은 차이점을 보여주면 됩니다. 이전과 다른 현대 사회의 문제점들로는 미디어에 노출이 수월해지면서 생기는 폭력성, 심한 경쟁, 경제 양극화, 환경오염 등이 있습니다.

www.goHackers.com

스타토플 실전 WRITING

실전모의고사

18

통합형 문제
모범 답안·지문·해석

독립형 문제
모범 답안·해석

통합형 문제: 불태환제도의 문제점

읽기 지문

The United States used a gold standard to determine the value of its currency until 1971. This meant that every dollar that was in existence was backed by gold, which is a commodity. Every dollar was guaranteed to be worth a certain amount of gold. After 1971, the country moved to a fiat system, which is money not backed by a commodity. However, the fiat system has many flaws.

The paper money that is printed under a fiat system is not worth anything. It's not backed by any recognizable commodity and the issuing government simply dictates the price. This can cause severe trade imbalances and increase doubts among trade partners about currency manipulation. If everything was backed by gold, the value of money would be equal across countries and manipulation of currency values could not occur because every country would be using the same resource to back their respective currencies.

Unlimited debt is possible in the fiat system. In the US, there were 48 billion dollars before the fiat system, now there is over 1.5 trillion. As long as there is faith that the government will not collapse, then the value of its money should theoretically remain stable; but, this is an unnecessary risk. If the government were to fail, then every dollar would suddenly be worth nothing. In unstable countries, money often loses value because people do not believe the government will last.

Fiat systems do not have any regulating control features. Commodity backed securities, such as gold or silver backed currencies, are regulated by the supply of the metal available. When currency is issued without an additional commodity deposit, more of that commodity is needed. Increased demand for gold or silver would drive mining activities. As the supply of the commodity increases, its price, along with mining activities, would decrease. This self-regulating system means that the value of money or gold cannot run out of control.

해석 미국은 1971년까지 통화 가치를 결정하는 데 금본위제도를 이용했다. 이것은 실재하는 모든 달러가 금으로 보증되었음을 의미하는 것인데, 이는 상품이다. 모든 달러는 특정 양의 금만큼 가치가 보증되었다. 1971년 이후, 미국은 불태환제도로 전환했는데, 이것은 화폐가 상품으로 보증되지 않는 제도이다. 그런데, 불태환제도에는 여러 결점들이 있다.

불태환제도에서 발행되는 지폐는 아무런 가치가 없다. 이것은 확인 가능한 상품으로 보증되는 것도 아닐 뿐더러, 발행하는 정부도 단지 금액만 결정할 뿐이다. 이는 심각한 교역 불균형을 초래하고 교역국 간에 통화 조작에 대한 의구심을 늘릴 수 있다. 모든 것이 금으로 보증된다면, 모든 나라들은 그들 각각의 통화를 보증하기 위해 동일한 자원을 사용할 것이므로 화폐의 가치는 어느 나라든 동일하며 통화 가치의 조작은 발생할 수 없었을 것이다.

불태환제도에서는 무한정으로 채무가 발생할 수 있다. 미국의 경우, 불태환제도 이전에는 480억 달러였지만 지금은 1조 5천억 달러 이상이다. 정부가 붕괴되지 않을 것이라는 믿음이 있는 한, 이론적으로 화폐 가치는 안정적으로 유지되겠지만, 이것은 불필요한 위험 요소이다. 만약에 정부가 도산한다면, 모든 달러가 갑자기 아무 가치도 없어질 것이다. 불안정한 국가의 경우, 사람들이 정부가 지속될 거라고 믿지 않기 때문에 대개 돈의 가치를 잃게 된다.

불태환제도에는 통제 기능이 없다. 상품으로 보증하는 유가증권, 예를 들어 금이나 은으로 보증하는 화폐는 해당 금속의 공급 상황에 의해 통제된다. 추가적인 상품 예치 없이 화폐를 발행하면, 더 많은 상품이 필요하다. 금이나 은에 대한 수요가 증가하면 광산 활동을 더 활발하게 만든다. 상품의 공급이 늘어나면 광산 활동과 더불어 가격도 내려갈 것이다. 이러한 자기 통제 시스템은 화폐나 금의 가치가 통제력을 벗어날 수 없다는 것을 의미한다.

어휘 gold standard 금본위제 commodity[kəmάdəti] 상품, 물품 flaw[flɔː] 결점 dictate[díkteit] 결정하다, ~을 좌우하다 currency manipulation 통화 가치 조작 respective[rispéktiv] 각각의, 각자의 theoretically[θìːərétikəli] 이론적으로 regulate[régjulèit] 통제하다, 규제하다 run out of control 통제력을 벗어나다

Returning the gold standard, uh, this comes up every few years. It's been going on for a long time. And, I get the arguments. There are some flaws with the fiat system, but, I still think it's far better than other systems, like the gold standard.

The fiat system isn't backed by a traditional commodity. This is true. But, commodities change in value. They don't just remain the same. If the global demand for gold goes up and causes a 10% increase in its value, then all of a sudden, all of a country's money is worth 10% more. Same thing happens in a decrease. This is very unpredictable and when it happens, an economy might not be able to handle the shock. In a fiat system, if countries try to manipulate the price of their currency, then other countries can just change the value of their own currency to match.

Another point I'd like to make is that not being able to print money is a weakness, not a strength. OK, what if unemployment suddenly increased? The government, under a fiat system, could print more money and use it to stimulate the economy. That's exactly what happened in 2009 when the Obama administration printed almost 800 billion dollars to stimulate the economy. It saved 3 million jobs. You can't do this under a gold standard. You'd have to wait for that much gold to be found to back the money or you risk a panic when people realize the gold doesn't exist.

Last, the fiat system in America has a solid regulating body; the Federal Reserve. All banks borrow money from the Federal Reserve. The Federal Reserve stimulates spending by decreasing interest rates to banks during recessions or depressions. It will decrease spending by increasing interest rates in times of inflation. This system is much more under a government's control than mining. With mining, you don't know how much gold you will find or when.

■ 읽기 노트

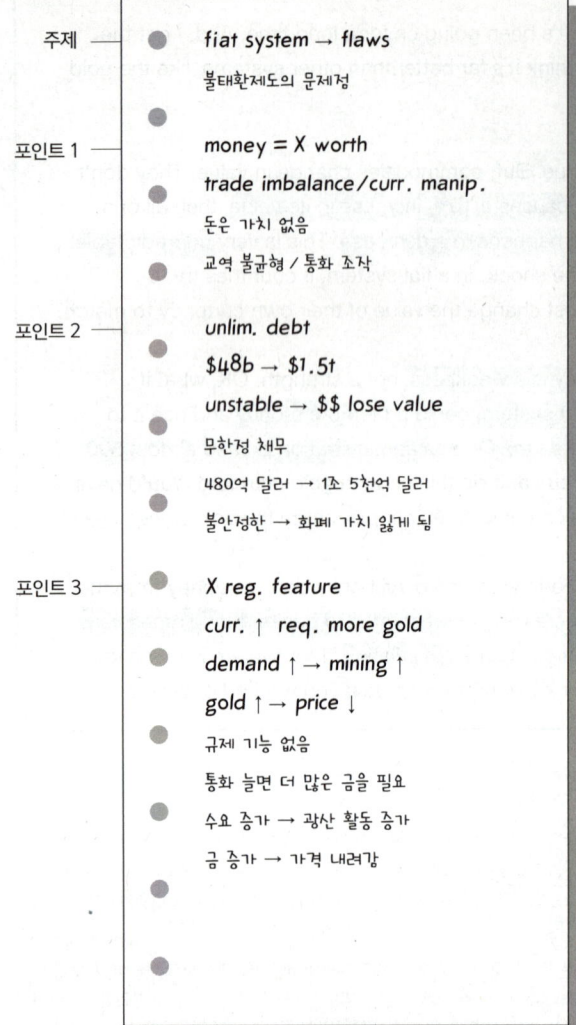

■ 듣기 노트

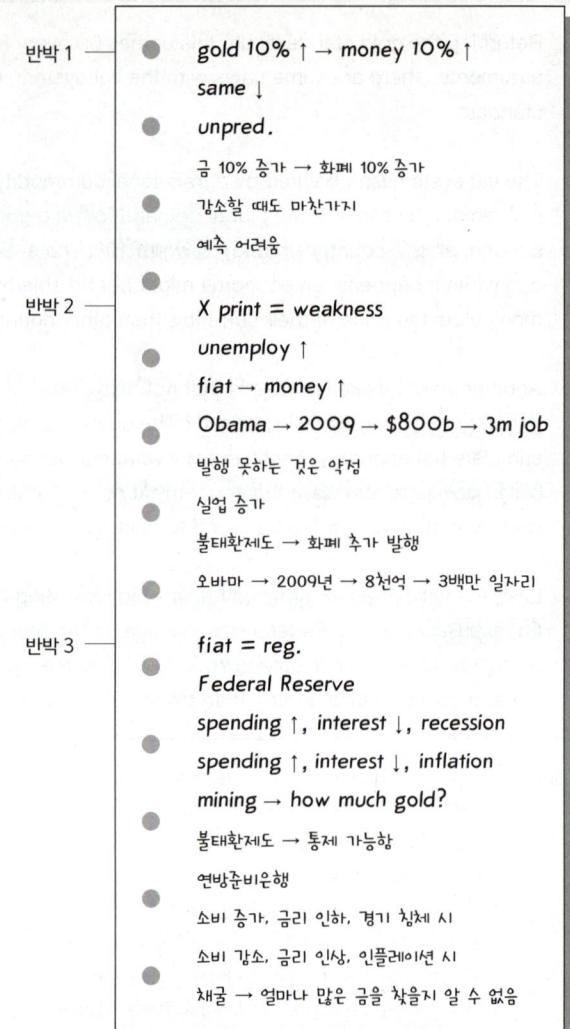

■ 모범 요약문

The reading passage discusses several reasons that the fiat system is flawed, to which the professor responds by offering counterevidence.

First, the reading says that money in a fiat system is not worth anything. The government dictates the price, which may increase trade imbalances or suspicions of currency manipulation. The lecturer strongly disagrees with this and states that if a country used the gold standard and gold prices increased, then the country's money would suddenly be worth more. If the price of gold decreased, then the country's money would be worth less. These changes are unpredictable.

Secondly, the reading says that fiat systems may result in unlimited debt. The reading states that the US had 48 billion dollars in 1971 but now has over 1.5 trillion. In unstable countries, money often loses value because people do not believe the government will last. Again, the professor counters this by describing in detail that not being able to print money is a weakness. He explains that in 2009 Obama was able to save 3 million jobs because he could print money.

Finally, the reading passage makes the point that the fiat system does not have any regulating features. It states that under the gold standard, if more currency is required, then more gold is required. This increases demand until the price of gold falls. When the price of gold falls, then mining activities slow down. **The speaker disproves this final contention by asserting that** the fiat system is regulated by the Federal Reserve. The Federal Reserve stimulates spending by decreasing interest in a recession and increasing interest during inflation. He claims that mining is harder to regulate.

해석 읽기 지문은 불태환제도가 결점이 있는 몇 가지 이유에 대해 설명하고 있는데, 교수는 이에 대해 반증을 제시하며 대응하고 있다.

첫째, 지문은 불태환제도에서 화폐는 아무런 가치가 없다고 말한다. 정부가 가격을 결정하는데, 이는 교역 불균형이나 통화 조작에 대한 의구심이 늘어나게 한다. 교수는 이에 강하게 반대하며 만약 한 국가가 금본위제도를 채택하고 금 값이 올라가면 그 국가의 화폐 가치도 갑자기 올라간다고 설명한다. 만약 금 값이 떨어지면, 그 국가의 화폐의 가치도 떨어질 것이다. 이러한 변화는 예측할 수 없다.

둘째, 지문은 불태환제도가 무한정 채무로 이어질 수 있다고 말한다. 지문에서는 1971년 미국의 채무는 480억 달러였지만 지금은 1조 5천억 달러 이상이라고 진술한다. 불안정한 국가의 경우, 국민들은 정부가 지속될 것으로 생각하지 않기 때문에 대개 화폐 가치가 떨어진다. 다시, 교수는 화폐를 발행할 수 없는 것이 약점이라고 상세히 설명함으로써 이를 반박한다. 그는 2009년에 오바마가 화폐를 발행할 수 있었기 때문에 300만 개의 일자리를 유지할 수 있었다고 설명한다.

마지막으로, 읽기 지문은 불태환제도에는 통제 기능이 없다고 주장한다. 이는 금본위제도에서는 더 많은 화폐가 필요하면 그만큼 더 많은 금이 필요하다는 설명이다. 이는 금 값이 떨어질 때까지 수요를 증가시킨다. 금 값이 내려가면 광산 활동도 둔화된다. 교수는 불태환제도가 연방준비은행에 의해 통제된다고 주장함으로써 지문의 마지막 주장을 반박한다. 연방준비은행은 불경기 시에는 금리를 내려서 소비를 활성화하고, 인플레이션 동안에는 금리를 올린다. 그는 광산 활동이 더 통제하기 어렵다고 주장한다.

어휘 **worth**[wəːrθ] ~의 가치가 있는   **imbalance**[imbǽləns] 불균형   **suspicion**[səspíʃən] 의구심, 혐의, 의혹   **debt**[det] 채무, 빚   **demand**[dimǽnd] 수요

선생님이 알려주는 점수보장 TIP

읽기 지문에 나왔던 정보를 다른 말로 바꿔 쓰지 않고 지문의 정보를 있는 그대로 똑같은 표현을 써도 괜찮습니다. 하지만, 강의와 읽기 지문의 요점을 적을 때, 전체적인 에세이의 작문 수준과 구조가 일관성 있도록 하는 것이 중요합니다.

독립형 문제 진정한 휴식을 취할 수 있는 가장 좋은 방법

Question

Which of the following do you think is the best way to truly relax?
- **managing your stress level**
- **playing sports with others**
- **eating good food**

Use specific reasons and examples to support your answer.

다음 중 진정으로 휴식을 취하기 위한 가장 좋은 방법은 무엇이라고 생각하는가?
- 스트레스 수치 관리하기
- 다른 사람들과 운동 하기
- 좋은 음식 먹기

구체적인 이유와 예를 들어 자신의 의견을 뒷받침하시오.

아웃라인

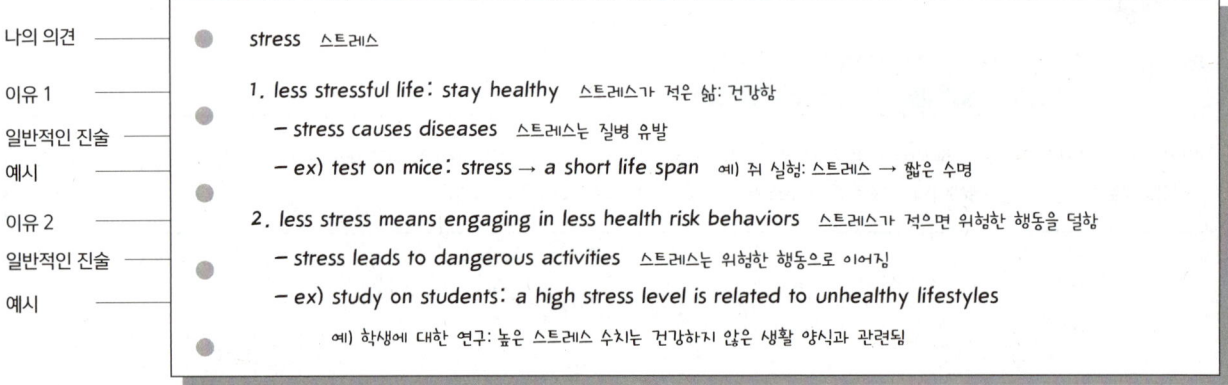

모범 에세이

There are many ways to truly relax, such as managing one's stress level, playing sports with others, and eating good food. **Among them, I believe that** people can obtain true relaxation by reducing their stress level for the following reasons: to strengthen their immune system and to live a healthy lifestyle.

First of all, having a less stressful life allows people to stay healthy. **It is obvious that** stress is one of the main factors of diseases through the weakening of the immune system. **For example,** according to a study conducted by Seoul National University of Korea in 2010, a test on mice showed that life span was shortened when they regularly underwent a series of electric shocks. The mice that were continuously under a high level of stress showed signs of deteriorating body conditions. Interestingly, the researchers found a link between this and human beings who suffered from periodic stress. This implies that high stress levels can negatively affect humans, resulting in a shorter life span.

Moreover, when people decrease the amount of pressure they are under, it can prevent them from engaging in health risk behaviors. **It is commonly observed that** when people are stressed out, they tend to be more involved in dangerous activities, such as smoking, drinking, and doing drugs to cope with their stress. **For instance,** in a study done by the Ministry of Education of Korea in 2010, there was a huge difference between two groups of students in managing their academic pressure. Students in group A were often stressed from doing homework every day, while those in group B were not stressed because they were not given any assignments. The researchers found out that the number of smokers in group A was higher than that of group B by thirty percent. This implies that a high stress level has a direct correlation to unhealthy lifestyles.

In conclusion, I firmly believe that living a stress-free life is the greatest way to relax for the reasons I have mentioned above. **All in all,** the importance of maintaining a stress-free life cannot be underestimated in order to improve the quality of life.

해석   스트레스 수치 관리하기, 다른 사람들과 운동하기, 그리고 좋은 음식 먹기 등과 같이 진정으로 휴식을 취하기 위한 많은 방법이 있다. 그 중에서도 나는 다음과 같은 이유로 스트레스 수치를 줄임으로써 사람들이 진정한 휴식을 취할 수 있다고 믿는다. 바로 면역 체계를 강화하고 건강한 생활 방식의 삶을 살기 위함이다.

무엇보다도, 스트레스가 덜한 삶은 건강을 유지할 수 있게 한다. 스트레스가 면역 체계를 약화시킴으로써 질병의 주요 요인 중에 하나라는 것은 분명하다. 예를 들어, 2010년 한국의 서울대학교가 실시한 연구에 따르면, 쥐를 대상으로 한 실험에서, 쥐가 정기적으로 연속적인 전기 충격을 받았을 때, 수명이 단축된 것으로 밝혀졌다. 연속적으로 높은 수치의 스트레스를 받은 쥐는 건강 상태가 악화되는 징후를 보여줬다. 흥미롭게도 연구원들은 이 쥐 실험과 주기적으로 스트레스를 겪은 사람과의 연관성을 발견했다. 이는 높은 스트레스 수치가 사람에게 부정적인 영향을 미쳐서 수명을 단축시킬 수 있음을 의미한다.

뿐만 아니라, 그들이 겪고 있는 압박의 양을 줄였을 때, 사람들이 건강에 위협이 되는 행동들을 하는 것을 막을 수 있다. 스트레스를 받을 때, 사람들이 이 스트레스를 없애기 위해 흡연, 음주, 마약 복용과 같은 위험한 행동을 더 하려는 경향이 있음을 일반적으로 보게 된다. 예를 들어, 2010년 한국 교육부가 실시한 연구에서는 학업의 압박에 대처하는 데 있어서 두 학생 집단 간에 큰 차이가 있었다. B 집단의 학생들은 숙제가 없어서 스트레스를 받지 않은 반면에 A 집단의 학생들은 매일 숙제를 하는 것 때문에 스트레스를 자주 받았다. 연구원들은 A 집단의 흡연자가 B 집단보다 30% 더 많다는 것을 밝혀냈다. 이는 높은 스트레스 수치가 건강하지 않은 생활 방식과 직접적인 상관관계가 있다는 것을 암시한다.

결론적으로, 나는 위에서 언급한 이유 때문에, 스트레스가 없는 생활을 하는 것이 휴식을 취하는 가장 좋은 방법이라고 굳게 믿는다. 일반적으로, 삶의 질을 높이기 위해서는 스트레스가 없는 삶을 유지하는 것의 중요성은 결코 과소평가될 수 없다.

어휘   **stay healthy** 건강하다   **weaken**[wíkən] 약화시키다   **immune system** 면역 체계   **deteriorate**[ditíəriərèit] 악화되다   **suffer from** ~를 겪다   **periodic**[pìəriádik] 주기적인   **life span** 수명   **maintain**[meintéin] 유지하다

선생님이 알려주는 점수보장 TIP

[3가지 중 한가지 선택하는 유형]

A, B, C 중 1개를 선택하는 주제의 경우, A를 선택했을 때 가능한 아웃라인은 다음 3가지입니다.

(1)

본론 1	A의 장점
본론 2	A의 장점

(2)

본론 1	A의 장점
본론 2	B의 단점 또는 C의 단점

(3)

본론 1	B의 단점
본론 2	C의 단점

서론에서는 반드시 A, B, C를 모두 언급해야 하고, 최상급으로 나의 의견이 작성되어야 합니다.

한가지 주의할 사항은 선택한 A의 장점이 B와 C의 장점에도 해당되는 너무 포괄적인 내용으로 써서 off-topic이 되지 않도록 하는 것입니다. 이를 방지하기 위해서는, 본론을 전개할 때 애초에 포괄적이지 않은 구체적인 내용으로 작성하거나, 포괄적인 내용으로 본론 첫 번째 문장을 작성했다면 차별화된 설명을 추가하는 것입니다. 만약에 차별화된 설명 없이 포괄적인 내용으로만 전개한다면 off-topic을 받을 수 있습니다. 예를 들어 이번 주제에서 운동을 선택한 후 본론에서 "기분 전환해서 스트레스를 풀 수 있다" 라고만 설명하고 본론을 전개하면 위험합니다. 왜냐하면 선택 사항인 '스트레스 관리' 또한 "기분 전환해서 스트레스를 풀 수 있다"라고 설명할 수 있기 때문입니다.

www.goHackers.com

스타토플 실전 WRITING

실전모의고사

19

통합형 문제
모범 답안·지문·해석

독립형 문제
모범 답안·해석

통합형 문제 최저임금이 인상되어서는 안 되는 이유

읽기 지문

The minimum wage was first created in 1938 and was intended to create a minimum standard of living that would support even the lowest earning individuals in the country. Into the 2000s, worker productivity has increased dramatically while wages have not increased proportionally. It has been estimated that, in the US, for the federal minimum wage to match historical worker productivity, the wage should be $22/hr as opposed to its current $7.25/hr rate. There are several reasons for why minimum wage should not be increased.

One negative aspect of raising the minimum wage is that not all companies can afford to pay all of their workers at a higher federal rate. The result would be the firing of individuals not seen as absolutely critical to operations. The employees that remain in the company would then have to do the full amount of the remaining work. This means they would have longer shifts and fewer vacations, which would greatly decrease their standard of living.

Another negative effect of raising minimum wages is products would become more expensive for all consumers. This is because companies would be forced to have their customers pay for the increased labor costs. Being faced with much smaller profit margins, companies will need to charge higher prices to keep shareholders happy. Otherwise, they would need to reduce the amount of their product that is given to their customers.

A third negative impact of raising minimum wages is that companies may replace as many of their human employees as possible with robots. Automated truck driving systems have already begun testing through several European countries. The replacement of human drivers with automated systems will not only cause drivers to lose jobs, but also the owners of all of the sleeping areas and restaurants frequently used by those same drivers. The same would happen in other industries with the replacement of human workers.

해석 최저임금은 1938년에 처음 생겼으며 국가에서 소득이 최하위에 속하는 사람들까지도 지원해주는 최소한의 생활 수준을 만들기 위한 것이었다. 2000년대에 들어서면서, 노동자 생산성은 급격히 높아졌지만 임금은 그에 비례하여 오르지 않았다. 미국의 경우, 연방 최저임금이 이러한 역사상 노동자 생산성에 부합되려면, 임금은 현재의 시간당 7.25달러와 대비하여 22달러로 인상되어야 할 것으로 추정된다. 최저임금이 인상되어서는 안 되는 몇 가지 이유들이 있다.

최저임금 인상의 부정적인 측면 한 가지는, 모든 기업들이 높은 연방 기준으로 직원들의 급여를 지급할 여유가 없다는 것이다. 그 결과 회사 운영에 절대적으로 중요해 보이지 않는 인력은 해고될 것이다. 회사에 남은 직원들은 남아 있는 모든 일을 해야만 한다. 이것은 그들의 교대 근무 시간은 더 길어지고 휴가는 줄어든다는 것을 의미하는데, 이것은 이들의 생활 수준을 크게 낮출 것이다.

최저임금 인상의 또 다른 부정적인 영향은 물건들이 모든 소비자들에게 있어서 더 비싸질 것이라는 점이다. 이는 회사가 인상된 인건비를 고객이 부담하도록 할 수밖에 없기 때문이다. 이윤이 크게 줄어들면, 회사는 주주들을 지속적으로 만족시키기 위해 더 높은 가격을 부과해야 할 것이다. 그렇지 않으면, 고객에게 제공되는 제품의 양을 줄여야 할 것이다.

최저임금 인상의 세 번째 부정적인 영향은 회사들이 그들의 직원들을 가능한 한 많이 로봇으로 대체할 수도 있다는 것이다. 트럭 자동 운행 시스템은 몇몇 유럽 국가들을 통해 이미 실험을 시작하였다. 운전기사를 자동화 시스템으로 대체하면 운전기사의 일자리도 없어지겠지만, 이들 운전기사가 자주 이용하는 숙박업소나 식당의 주인들 모두 일자리를 잃게 될 것이다. 사람 노동자를 로봇으로 대체하는 다른 산업 분야에서도 이와 똑같은 현상이 발생할 것이다.

어휘 minimum wage 최저임금 standard of living 생활 수준 federal[fédərəl] 연방제의 oppose[əpóuz] 반대하다 critical[krítikəl] 대단히 중요한
labor cost 인건비, 노무비 shareholder[ʃɛərhòuldər] 주주

강의 스크립트

Minimum wage is a very controversial topic. Your, uh, reading makes a lot of good arguments for why not having a minimum wage is best. But, I don't think they're really correct because I happen to think that having a minimum wage is essential in a strong economy.

Alright, so, first, it makes sense that if you increase the cost of an employee, that companies will hire fewer workers and they will also let some of their workers go. But, if you think about it, by giving more to employees, they go spend the money, right? Wherever they spend their money, well, those businesses will see increased demand. Because of the increase in demand, they will need to hire more employees, right? In fact, it's projected that raising the federal minimum wage to $10.10 would actually create 85,000 jobs.

Next, your reading mentions inflation. But, inflation has happened anyway in the last 50 years but minimum wage hasn't matched it. In 1968, the minimum wage was $1.60, and, in today's dollars, that's equal to $11.16. That means people making a minimum wage in the 60s could actually buy more stuff than people making a minimum wage today. Bringing it up to $11.16 means that the standard of living is the same as the 60s and hasn't improved. I think that's ridiculous considering that average worker productivity has gone up by more than four times in some industries.

Finally, automation is something that is going to happen. There's nothing we can do to stop it. Raising the minimum wage may speed that up but keeping wages the same will still not prevent it. So, people in those jobs that are becoming automated are going to lose them anyway. By bringing up the minimum wage, you still give them a chance to find a new job that provides a decent wage.

해석 최저임금은 매우 논란이 많은 주제입니다. 어, 지문은 왜 최저임금을 받지 않는 것이 최선인지에 대해 좋은 주장을 많이 하고 있습니다. 하지만, 저는 최저임금을 받는 것이 튼튼한 경제에 있어 필수적이라고 생각하기 때문에 그들이 정말 옳다고 생각하지 않습니다.

좋습니다, 그럼, 첫째로, 만약 직원 비용이 증가한다면, 회사들이 더 적은 직원을 고용하고 직원 일부를 해고할 것이라는 점은 이해가 됩니다. 하지만, 직원들에게 돈을 더 많이 주면, 그들이 가서 돈을 더 쓴다고 생각하면 어떨까요, 그렇죠? 그들이 돈을 소비하는 어느 곳에서든, 음, 그들의 사업은 수요가 증가하게 될 것입니다. 수요의 증가로 인해, 그들은 더 많은 직원을 고용해야만 하고요, 그렇죠? 사실, 연방 최저임금을 10.10달러로 인상하는 것이 실제 8만 5천개의 일자리를 창출해낼 것으로 예상됩니다.

다음으로, 지문에서는 인플레이션에 관해 언급하고 있습니다. 하지만, 인플레이션은 지난 50년간 발생해왔지만 최저임금은 이에 맞춰 인상되지 않고 있습니다. 1968년에, 최저임금은 1.60달러였으며, 오늘날 달러로, 11.16달러와 같습니다. 그것은 60년대에 최저임금을 벌었던 사람들이 사실 오늘날 최저임금을 버는 사람들보다 더 많은 물건들을 구입할 수 있었다는 것을 의미합니다. 최저임금을 11.16달러로 올리는 것은 생활 수준은 60년대와 같지만 향상되지는 않았음을 의미합니다. 평균 노동자 생산성이 일부 산업에서 4배 이상의 정도로 상승했다는 것을 고려한다면, 이는 말도 안 되는 일이라고 생각합니다.

마지막으로, 자동화는 앞으로 일어날 일입니다. 그것을 멈추기 위해 우리가 할 수 있는 것은 없습니다. 최저임금을 인상하는 것이 그것을 가속화할 수는 있지만 임금을 유지한다고 해서 여전히 그것을 막을 수는 없습니다. 그러므로, 자동화되고 있는 직업에 있는 사람들은 결국 직장을 잃을 수밖에 없습니다. 최저임금을 상승시킴으로써, 그들에게 적절한 임금을 제공하는 새로운 직업을 찾을 수 있는 기회를 줄 수 있습니다.

어휘 controversial[kàntrəvə́ːrʃəl] 논란이 많은　projected[prədʒéktid] 예상되는　ridiculous[ridíkjuləs] 말도 안 되는
worker productivity 노동자 생산성, 직원 생산성　decent[díːsnt] 적절한, 제대로

■ 읽기 노트

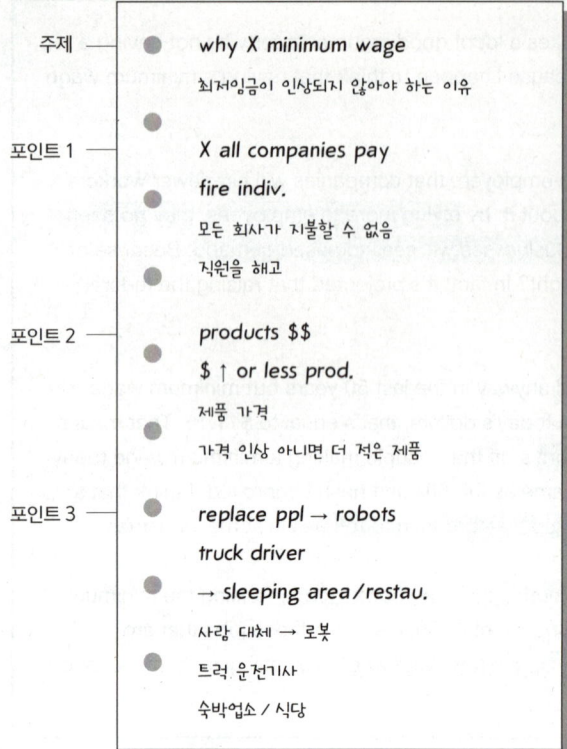

■ 듣기 노트

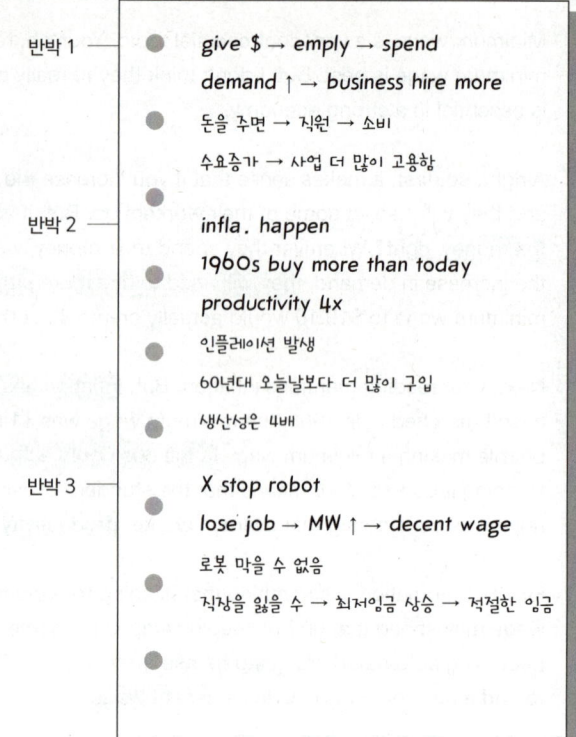

■ 모범 요약문

The reading passage discusses why raising the federal minimum wage is not a good idea, **to which the professor responds by offering counterevidence**.

First, the reading says that not all companies will be able to pay for their employees. This will lead to firing individuals that are not critical. **The lecturer strongly disagrees with this and states that** giving more money to employees means that they will spend their money. They will increase demand in businesses. Those businesses will then hire more people.

Secondly, the reading says that the price of products will increase if the minimum wage increases. Otherwise, companies will reduce the amount of their product. **Again, the professor counters this by describing in detail that** inflation happens anyway and the minimum wage hasn't matched it. She says that workers making minimum wage in the 1960s could buy more than workers today. This doesn't make sense because productivity has increased by 4 times.

Finally, the reading passage makes the point that higher minimum wages will cause people to be replaced by robots. There is already testing in Europe for replacing all human truck drivers with robots. **The speaker disproves this final contention by asserting that** nothing will stop the use of robots. She states that people will lose jobs to robots. Increasing the minimum wage will make sure they get a decent wage.

해석 읽기 지문은 연방 최저임금을 인상하는 것이 좋지 않은 이유에 대해 설명하고 있지만, 교수는 이에 대해 반증을 제시하며 대응하고 있다.

첫째, 지문은 모든 기업이 직원들에게 급여를 지급할 수 없을 것이라고 말한다. 이는 중요하지 않은 인력은 해고하는 것으로 이어질 것이다. 교수는 이를 강하게 반박하며 직원에게 더 많은 급여를 주면 직원들은 그들의 돈을 쓸 것이라고 설명한다. 그들은 사업의 수요를 증가시킬 것이다. 그러면 이러한 사업들은 더 많은 사람들을 고용할 것이다.

둘째, 지문은 최저임금이 올라가면 제품의 가격이 인상될 것이라고 말한다. 그렇지 않으면, 기업들이 제품의 양을 줄일 것이라는 것이다. 다시, 교수는 인플레이션은 언제라도 발생할 수 있고 최저임금은 이에 맞춰 인상되지 않고 있다고 상세히 설명함으로써 이를 반박한다. 그녀는 1960년대에 최저임금을 받았던 노동자들은 오늘날의 노동자들보다 더 많이 구매할 수 있었다고 말한다. 생산성이 4배나 늘어났기 때문에 이러한 설명은 타당하지 않다.

마지막으로, 읽기 지문은 높은 최저임금이 사람들이 로봇으로 대체되도록 야기할 것이라고 주장한다. 유럽에서는 이미 모든 트럭 운전기사를 로봇으로 대체하는 실험이 진행되고 있다는 것이다. 교수는 로봇의 활용은 어느 것도 막을 수 없다고 주장함으로써 지문의 마지막 주장을 반박한다. 그녀는 사람들이 로봇 때문에 일자리를 잃게 될 것이라고 말한다. 최저임금을 올리면 반드시 그들이 적절한 임금을 받을 수 있도록 해줄 것이다.

어휘 raise[reiz] 올리다, 들어올리다　　fire[faiər] 해고하다　　demand[dimǽnd] 수요　　inflation[infléiʃən] 통화 팽창, 물가 상승율

선생님이 알려주는 점수보장 TIP

강의에서 나온 정보를 반드시 먼저 언급할 필요는 없습니다. 읽기 지문에서 나온 사항들을 먼저 설명해도, 듣기 정보에서 나온 사항들을 먼저 언급한 것과 동일한 점수를 받을 수 있어요.

독립형 문제 성공하는 직업을 정의하기가 어려워짐 vs. 아님

Question

Do you agree or disagree with the following statement?
It becomes more difficult to identify what kinds of jobs will result in a successful future.
Use specific reasons and examples to support your answer.

다음 명제에 찬성하는가 반대하는가?
어떤 직업이 성공적인 미래로 이어지는지 정의하는 것이 점점 더 어려워지고 있다.
구체적인 이유와 예를 들어 자신의 의견을 뒷받침하시오.

아웃라인

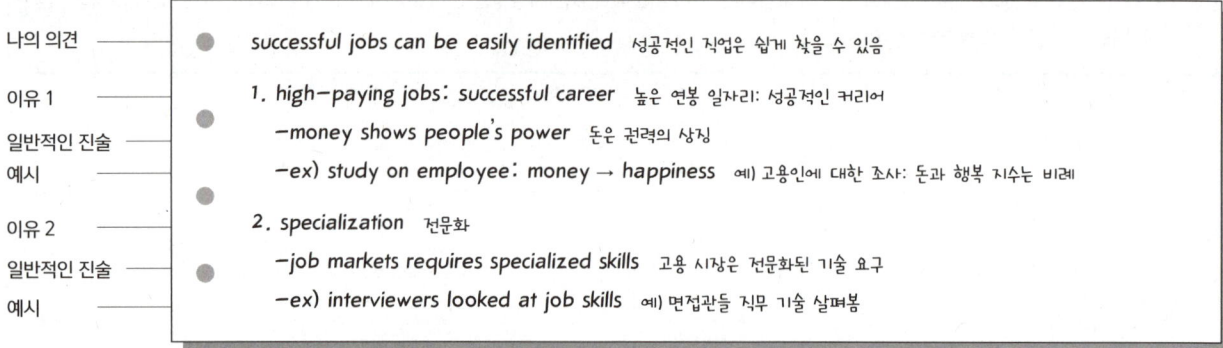

나의 의견 — successful jobs can be easily identified 성공적인 직업은 쉽게 찾을 수 있음
이유 1 — 1. high-paying jobs: successful career 높은 연봉 일자리: 성공적인 커리어
일반적인 진술 — -money shows people's power 돈은 권력의 상징
예시 — -ex) study on employee: money → happiness 예) 고용인에 대한 조사: 돈과 행복 지수는 비례
이유 2 — 2. specialization 전문화
일반적인 진술 — -job markets requires specialized skills 고용 시장은 전문화된 기술 요구
예시 — -ex) interviewers looked at job skills 예) 면접관들 직무 기술 살펴봄

모범 에세이

A large number of people might argue that it is getting harder to identify what types of jobs will lead them to a successful life. **Contrary to popular belief, I think that it** has become much easier to identify what kind of work can bring about success **for the following reasons**: in modern society, high-paying jobs and specialization are the keys to successful career.

First of all, today, jobs that provide a high income are regarded as a successful career. **It is obvious that** money tends to represent people's power in society by showing their ability to attain whatever they want ranging from fancy cars to even trust in relationships. This is especially true given the fact that modern society runs on materialism. **For example**, according to the Ministry of Education of Korea in 2010, there was a huge difference between two groups of employees in the happiness index. Employees in group A earned more than 50,000 dollars per year and those in group B made less than 20,000 dollars a year. The researchers showed that the level of happiness in group A was much higher than that of group B. Moreover, more than 60 percent of the employees in group B underwent severe depression. They had to constantly worry about making ends meet. This shows that money allows them to live a more comfortable life in the future.

Moreover, nowadays, people can be considered successful as long as they excel in one particular industry. **It is an undeniable fact that** today's job markets require job candidates to have a specialized set of skills to stay competitive in the modern world. When people are equipped with such specialty, they are able to establish an optimal career path to success. **For instance**, according to the Ministry of Labor of Korea in 2007, a job skill through experience in one field of concentration was the most important component in the hiring practice, taking up more than 70 percent of the final call. The interviewers looked at the applicant's knowledge and skills, mostly related to their business sector. This implies that specialization is a secure way for students to prepare for the future.

In conclusion, I firmly believe that careers with higher incomes and specialization guarantee success in the future **for the reasons I have mentioned above. All in all**, the importance of specialty and money cannot be underestimated to realize one's success in the modern world.

해석　많은 이들이 어떤 직업이 그들을 성공적인 삶으로 이끄는지 정의하는 것이 점점 더 어려워지고 있다고 주장할지도 모른다. 이런 통념과 반대로, 나는 다음과 같은 이유로 어떤 직업으로 성공할 수 있는지 알아내는 것이 훨씬 쉬워졌다고 생각한다. 바로 현대 사회에서는 높은 연봉의 일자리와 전문화가 성공적인 커리어의 열쇠이다.

우선, 오늘날에는, 높은 수입을 보장하는 직업이 성공적인 커리어로 간주된다. 돈은 멋진 차에서부터 심지어 인간관계의 신뢰에 이르기까지 원하는 것은 무엇이든 얻어내는 능력을 보여줌으로써 우리 사회에서 사람들이 권력을 상징하는 경향이 있다는 것은 분명하다. 이는 현대 사회가 물질주의를 따라 흘러가고 있다는 사실을 고려해 볼 때 특히 사실이다. 예를 들어, 2010년 한국 교육부에 따르면 행복 지수에 있어서 두 고용인 집단 간에 큰 차이가 있었다. A 집단의 고용인들은 연간 5만 달러 이상을 벌었고 B 집단의 고용인들은 연 2만 달러도 채 못 벌었다. 연구원들은 A 집단의 행복 지수가 B 집단보다 훨씬 높다는 것을 알아냈다. 게다가 B 집단 사람들의 60퍼센트 이상이 심한 우울증을 앓았다. 그들은 끊임없이 수입 내에서 먹고 살 걱정을 해야 했다. 이는 돈이 있으면 미래에 좀 더 편안한 삶을 살 수 있다는 것을 보여준다.

뿐만 아니라, 요즘에는 특정 분야에서 뛰어나면 성공한 것으로 생각된다. 오늘날 고용 시장이 입사 지원자들에게 현대 사회에서 경쟁력을 유지하기 위해 전문화된 기술을 갖출 것을 요구하고 있다는 것은 부정할 수 없는 사실이다. 이런 전문성을 갖추고 있을 때, 사람들은 성공으로 이어지는 최적의 진로를 만들 수 있다. 예를 들어, 2007년 한국 노동부에 따르면 전공 분야의 경험을 통한 직무 기술이 채용 과정에서 가장 중요한 요소이며 최종 합격의 70퍼센트 이상을 결정했다. 면접관들은 그들의 사업 분야와 가장 관련된 지원자들의 지식과 기술을 살펴봤다. 이는 전문화가 학생들이 미래를 준비하는 확실한 방법임을 의미한다.

결론적으로, 나는 위에서 언급한 이유로, 높은 수입과 전문성을 띤 커리어가 미래의 성공을 보장한다고 굳게 믿는다. 일반적으로, 현대 사회에서 성공을 실현하기 위해서는, 전문성과 돈의 중요성은 결코 과소평가될 수 없다.

어휘　**specialization** [spéʃəlizéiʃən] 전문화　**be regarded as** ~로 간주되다　**range from A to B** A에서 B에 이르다　**materialism** [mətíriəlizəm] 물질주의　**happiness index** 행복지수　**severe** [səvíər] 심한　**depression** [dipréʃən] 우울증　**make ends meet** 수입 내에서 먹고 살다　**excel in** ~에서 뛰어나다　**be equipped with** ~를 갖추다　**optimal** [áptəməl] 최적의　**career path** 진로　**component** [kəmpóunənt] 요소, 부분

선생님이 알려주는 점수보장 TIP

[문제가 모호한 경우]

이번 주제처럼 문제 자체가 모호한 경우, 제대로 방향을 잡지 않고 글을 시작하면 다음과 같은 두 가지 오류에 빠지기 쉽습니다.
- 한국말로도 설명하기 어려운 철학적인 글이 됨
- 문제를 잘못 이해하여 off-topic됨

이런 경우, 비교하는 주제어를 중심으로 간단하게 정리합니다. 복잡하게 여러 생각이 들겠지만, 정리되지 않은 상태에서 글을 쓰면 채점자도 읽기 힘든 글이 될 수 있으니 명확하게 방향을 잡고 글을 시작하는 것이 매우 중요합니다.

이번 문제에서 '더 어려워졌다'를 선택한다면,
직업의 종류가 너무 많아졌고, 사회가 복잡하고 급변해서 예측이 힘들므로 어찌 될지 아무도 모른다는 식으로 쓰게 됩니다. 생각만해도 글이 복잡해지기 쉬울 것 같습니다.

이번 문제에서 '더 쉬워졌다'를 선택한다면,
흔히 일컬어지는 현대사회의 특징인 전문화와 물질주의를 언급한다면 성공에 대한 정의가 더 쉬워졌다고 볼 수도 있을 겁니다. 현대사회에 대한 이런 특징들을 문장으로 암기 해놓는다면 비슷한 주제에서 두루두루 사용할 수 있습니다. 따라서 익숙한 표현과 문장들로 내용 전개를 수월하게 할 수 있습니다.

www.goHackers.com

스타토플 실전 WRITING

실전모의고사 20

통합형 문제
모범 답안·지문·해석

독립형 문제
모범 답안·해석

통합형 문제 유방구름이 형성되는 이유

읽기 지문

A curious event in cloud formation occurs when a cloud develops a pattern along its base. When seen from below, the cloud base often looks like an irregular circular repeating pattern, and are referred to as mammatus clouds. They may be grouped closely together or strung out across several kilometers connected by a thin line. There are several theories on what causes their formation.

Mammatus are often seen forming when thick cumulonimbus clouds are present. One theory is that the bottom part of a cumulonimbus cloud begins to fan out from its base and away from its source toward the ground. As the air below the cloud warms faster than air in the cloud, a cycle of circular rising and falling air forms at the base of the cloud. The different rate of heating causes the part of the cloud that has broken away to become unstable and result in the bottom of the cloud becoming lumpy and round.

Another possibility is heat radiation. Thick cumulonimbus clouds often form when the sun's energy is the strongest; during noon or early afternoon. Mammatus clouds are most often observed in situations when the sun is weaker, during late afternoon or early evening. As the amount of solar radiation that is directed at the top of clouds changes, there may be a vertical distortion within the cloud as rapidly cooling air at the top descends through the cloud. Mammatus may be simply the bottommost expression of these vertical solar radiation fluctuations.

A third theory states that the highly geometric shapes of mammatus clouds are caused by gravity waves. Gravity waves were observed for the first time in February 2016, though they have long been accepted by many physicists. Gravity waves form as very large objects exert huge amounts of energy on each other, such as when black holes orbit each other. Space-time around the objects distorts and moves away in a wave-like shape. As gravity waves reach earth, they move throughout a cloud and the wave shape deforms the bottom of the cloud.

해석 구름의 아래쪽을 따라 구름이 무늬를 만들 때, 구름의 형태에 기이한 현상이 발생한다. 밑에서 보면, 구름의 아랫쪽이 종종 불규칙한 원 모양이 반복되는 무늬 같아 보이는데, 이것을 유방구름이라고 일컫는다. 구름들은 무리 지어 서로 가까이 붙어 있거나 가느다란 선으로 수 킬로미터에 걸쳐 한 줄로 펼쳐져 이어지기도 한다. 무엇이 이러한 형성을 야기하는지에 대해 몇 가지 이론들이 있다.

유방구름은 주로 두꺼운 적란운이 있을 때 형성되는 것으로 관찰된다. 이론 하나는, 적란운의 아랫부분이 밑에서부터 퍼지기 시작하면서 원래 있었던 곳에서 지면으로 내려간다는 것이다. 구름 밑에 있는 공기는 구름 안에 있는 공기보다 빨리 더워지므로, 구름 아래쪽에서 원형으로 오르내리는 공기의 순환이 형성된다. 가열 속도가 다른 것이 떨어져 나온 구름의 일부가 불안정하게 되도록 야기하여 구름 밑부분이 둥글고 망울지는 결과가 된다.

다른 가능성은 복사열이다. 두꺼운 적란운은 주로 태양 에너지가 가장 강력한 정오 또는 이른 오후에 형성된다. 유방구름은 햇빛이 더 약해지는 늦은 오후나 이른 저녁에 주로 목격된다. 구름 위쪽에 보내지는 복사열의 양이 변하면서, 빠르게 식은 상단의 공기가 구름을 통과해 내려오면서 구름 내부에서 수직적인 일그러짐이 발생할 수 있다. 유방구름은 단순히 이러한 수직 태양 복사열의 변동으로 인한 구름의 가장 아래쪽에서 나타나는 현상일 수 있다.

세 번째 이론은 매우 기하학적인 유방구름의 형태가 중력파에 의해 야기된다고 말한다. 중력파는 2016년 2월에 처음 관측되었지만, 많은 물리학자들은 오래 전부터 그 존재를 인정해 왔다. 중력파는 거대한 물체들이 서로에게 엄청난 에너지를 가할 때, 예를 들면 블랙홀이 서로 궤도를 그리며 돌아갈 때 형성된다. 물체 주변의 시공간이 비틀리면서 파형으로 이동한다. 중력파가 지구에 도달하면, 구름 전체를 휘저으며 이동하여 이 파형이 구름 아래쪽 모양을 변형시킨다.

어휘 irregular[irégjulər] 불규칙한 mammatus cloud 유방구름 string out 한 줄로 펼쳐지다, 늘어서다 cumulonimbus cloud 적란운 lumpy[lʌmpi] 망울진, 덩어리가 많은 solar radiation 태양 복사열 vertical[vɔ́ːrtikəl] 수직의, 세로의 rapidly[rǽpidli] 빠르게 descend[disénd] 내려오다, 하강하다 exert[igzə́ːrt] 가하다, 행사하다 space-time (천문학) 시공간 distortion[distɔ́ːrʃən] 일그러짐, 왜곡 deform[diːfɔ́ːrm] 변형시키다

강의 스크립트

 실전모의고사 20.mp3

Well, these clouds, well, they sure come in a lot of varieties, so you might get them mixed up… But, they have the same one characteristic; the round lumpy bottoms. They're really pretty to look at, especially if you have light shining through. But, we don't really know why they form.

The idea that a thick cloud will lose some of its material at the bottom and that air temperature changes cause fluctuations in the shape of the cloud is a good guess. The thing is, when a part of the cloud breaks off and moves away from the source cloud, it often reaches the ground. In fact, very powerful instances of this is what we see in tornados as they break off and reach the ground. This isn't what we see in mammatus clouds, it's like there is a specific region, just under the cloud, that is rising and falling.

Right, so, next, there is a theory that the sun, er, rather, solar radiation may play a role in the formation of mammatus clouds. This makes sense if the thing absorbing the solar radiation, in this case, the cloud, is very optically thick, uh, which means that it absorbs a lot of solar radiation. The trapped heat would then quickly radiate from the top of the cloud when the sun starts to set. Clouds, including cumulonimbus clouds, are very optically thin. Often they're just made of ice particles, so, light, and solar radiation, passes through them very easily.

And finally, gravity waves. The scale of gravity waves is enormous, I mean, these are waves that probably formed tens of thousands of light years away or much more from two neutron stars or black holes spinning around each other. And, they actually might play a role in spacing out the rounded parts of mammatus clouds. Which is why some look like necklaces and others like a bunch of grapes. But, they don't cause the mammatus because sometimes only one small area of a cloud has mammatus. If a gravity wave caused mammatus, you would see even distribution across the entire cloud bottom.

해석 음, 이러한 구름들은, 음 물론 종류가 아주 많아서 여러분이 혼동할지도 모릅니다... 하지만, 한가지 동일한 특징이 있습니다. 둥글고 망울진 아랫부분이죠. 그것들은 보기에 매우 멋지고, 특히 구름 사이로 햇빛이 지나가면 더욱 그렇습니다. 하지만, 왜 이러한 구름이 형성되는지는 알지 못합니다.

두꺼운 구름의 아래쪽에서 구름의 일부를 잃게 되고 공기의 온도 변화로 인해 구름 모양에 변화를 초래한다는 발상은 좋은 추측입니다. 문제는 구름의 일부가 떨어져 나가 원래 있었던 구름에서 이동하게 되면, 대개는 지면에 도달한다는 것입니다. 실제로, 이러한 구름의 매우 강력한 예시는 우리가 토네이도에서 보는 것인데, 그것들이 구름이 분리되어 지면에 닿은 것이기 때문입니다. 이것은 유방구름에서 볼 수 있는 것은 아니지만, 구름 바로 아래쪽에 오르내리는 특정 부분이 있는 것 같은 것입니다.

좋습니다, 자, 다음은, 태양, 어, 아니, 태양의 복사열이 유방구름을 형성하는 역할을 한다는 이론이 있습니다. 만약 태양 복사열을 흡수하는 그것이, 여기에서는, 구름이, 광학적으로 매우 두꺼울 경우, 어, 그것이 많은 복사열을 흡수할 경우에는 말이 됩니다. 해가 지기 시작하면 갇혀 있던 열이 구름 상단으로부터 빠르게 발산될 것입니다. 적란운을 포함하여 구름은 광학적으로 매우 얇습니다. 주로 그것들은 얼음 알갱이로 되어 있어서, 빛과 태양 복사열이 그것들을 매우 쉽게 통과해 지나갈 수 있습니다.

그리고 마지막으로, 중력파입니다. 중력파의 크기는 어마어마한데, 그러니까, 서로의 주변에서 돌고 있는 중성자별이나 블랙홀로부터 수만 광년 혹은 그 이상 멀리 떨어진 곳에서 만들어진 파형일 것입니다. 그리고, 이러한 중력파가 실제로 유방구름의 둥글진 부분들에 간격을 두는 데 역할을 했을지도 모릅니다. 이것이 왜 어떤 것은 목걸이 같고 다른 것들은 포도송이같아 보이는 이유입니다. 하지만, 어떤 경우에는 구름의 극히 일부분에만 유방구름이 만들어지므로 중력파가 유방구름을 만드는 것은 아닙니다. 중력파 때문에 유방구름이 만들어지는 것이라면, 구름의 바닥 전체에서 유방구름이 골고루 볼 수 있을 겁니다.

어휘 fluctuation[flʌ̀ktʃuéiʃən] 변화, 오르내림, 파동　**break off** 분리되다, 갈라지다　**optically**[ɑ́ptikəli] 광학적으로, 시각적으로
radiate[réidièit] 발산하다, 방출하다　neutron star 중성자별　spin[spin] 돌다, 회전하다　gravity waves 중력파

■ 읽기 노트

- 주제: how mammatus
  어떻게 유방구름
- 포인트 1: bottom of cloud break away
  구름 아랫부분이 떨어져 나옴
- 포인트 2: solar radiation
  noon → cooling descends
  태양 복사열
  정오 → 식은 공기 하강
- 포인트 3: gravity waves
  → affect bottom
  중력파
  → 구름 아래쪽 영향

■ 듣기 노트

- 반박 1: break off → ground
  tornado
  just under → rising/falling
  떨어져 나옴 → 지면으로
  토네이도
  바로 아래 → 오르내리는
- 반박 2: optically thick
  absorb sol. radi.
  cloud thin → radi. pass through
  광학적으로 두꺼움
  태양 복사열 흡수
  구름이 얇아 → 복사열 통과
- 반박 3: neutron stars
  only one small area
  If GW → entire bot.
  중성자별
  일부분에만
  중력파라면 → 바닥 전체

■ 모범 요약문

The reading passage discusses possible causes for the formation of irregular, circular patterns that repeat on the bottom of clouds called mammatus, **to which the professor responds by offering counterevidence**.

First, the reading says that mammatus clouds may form when the bottom of a cumulonimbus cloud begins to break away from the main cloud and a cycle of rising and falling air forms at the base of the cloud creating a round and lumpy pattern. **The lecturer strongly disagrees with this and states that** clouds that break away from a larger cloud will try to reach the ground. He says that in some cases, this can result in a tornado.

Secondly, the reading says that solar radiation may cause mammatus formation. The reading states that, in the afternoon, as sunlight changes, the top of a cloud may cool and then begin to descend rapidly. The mammatus may just be the bottommost expression of this vertical distortion. **Again, the professor counters this by describing in detail that** solar radiation is only absorbed by optically thick materials. He says that clouds are optically thin and very little radiation is absorbed by them as sunlight passes through them.

Finally, the reading passage makes the point that gravity waves may cause the formation of mammatus. The reading claims that gravity waves reach earth after traveling across tens of thousands of light years from very far away. Also, gravity waves are formed when very large objects exert energy on each other that distorts space-time. **The speaker disproves this final contention by asserting that** gravity waves were responsible for the mammatus clouds, then the entire cloud would form a mammatus. He says that mammatus only form in one area of the cloud meaning that gravity waves cannot be the cause.

해석 읽기 지문은 유방구름이라 불리는 구름의 아래쪽에 반복적으로 나타나는 불규칙한 원형 무늬가 형성되는 것의 몇 가지 원인에 대해 설명하고 있는데, 교수는 이에 대해 반증을 제시하며 대응하고 있다.

첫째, 지문은 적란운의 밑부분이 본 구름에서 떨어져 나오기 시작하고 구름 밑부분에 오르내리는 공기의 순환이 발생하면서 둥글고 망울진 무늬를 만들어 유방구름이 만들어진다고 말한다. 교수는 이에 강하게 반대하며 더 큰 구름에서 떨어져 나온 구름은 지면에 닿으려 할 것이라고 설명한다. 그는 어떤 경우에는, 이것이 토네이도를 야기할 수 있다고 말한다.

둘째, 지문은 태양 복사열이 유방구름 형성을 야기한다고 말한다. 지문은 오후에는 햇빛이 변하면서, 구름의 위쪽이 차가워져 빠르게 하강하기 시작한다고 말한다. 유방구름은 단지 이러한 수직적 일그러짐이 구름의 가장 밑부분에 나타난 것일지도 모른다. 다시, 교수는 태양 복사열은 광학적으로 두꺼운 물질에 의해서만 흡수된다고 상세히 설명함으로써 이를 반박한다. 그는 구름들은 광학적으로 얇으며 햇빛이 구름을 통과해 지날 때 매우 적은 복사열이 구름에 흡수된다고 말한다.

마지막으로, 읽기 지문은 중력파가 유방구름 형성을 야기할 수도 있다고 주장한다. 지문은 중력파가 아주 먼 곳에서 수만 광년에 걸쳐 이동한 후에 지구에 도달한다고 주장한다. 또한 중력파는 초대형 물체들이 서로에게 에너지를 가해 시공간이 왜곡될 때 형성된다. 교수는 중력파 때문에 유방구름이 만들어지는 것이라면 구름 전체가 유방구름을 형성해야 한다고 주장함으로써 지문의 마지막 주장을 반박한다. 그는 유방구름은 구름의 일부에서만 형성되므로 중력파는 그 이유가 될 수 없다고 말한다.

어휘 bottommost[bátəmmòust] 가장 맨 아래의, 밑바닥의   absorb[æbsɔ́ːrb] 흡수하다   optically[ɑ́ːptikəli] 광학적으로, 시각적으로   light year 광년

선생님이 알려주는 점수보장 TIP

일반적으로 자주 나오는 주제들에 익숙할 수 있도록 배경지식을 열심히 공부해둘 필요가 있습니다. 중력, 열 열적, 블랙홀, 중성자별, 광년, 빛의 방사, 태양 에너지 등 토플 라이팅에서 자주 나오는 기본적인 개념에 대해 이해하고 숙지하도록 합니다.

독립형 문제: 정부는 유익한 목적이 없는 과학 연구에 돈을 투자해서는 안 됨 vs. 아님

Question

Do you agree or disagree with the following statement?
The government should not spend money on scientific research that has no useful purpose.
Use specific reasons and examples to support your answer.

다음 명제에 찬성하는가 반대하는가?
정부는 유익한 목적이 없는 과학 연구에는 돈을 투자하지 말아야 한다.
구체적인 이유와 예를 들어 자신의 의견을 뒷받침하시오.

아웃라인

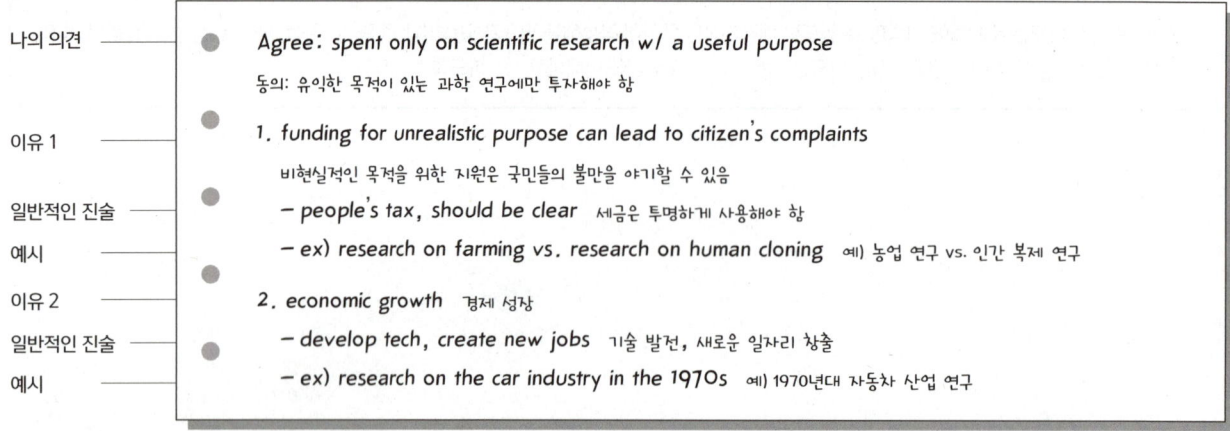

- 나의 의견: Agree: spent only on scientific research w/ a useful purpose
  동의: 유익한 목적이 있는 과학 연구에만 투자해야 함
- 이유 1: funding for unrealistic purpose can lead to citizen's complaints
  비현실적인 목적을 위한 지원은 국민들의 불만을 야기할 수 있음
  - 일반적인 진술: people's tax, should be clear 세금은 투명하게 사용해야 함
  - 예시: ex) research on farming vs. research on human cloning 예) 농업 연구 vs. 인간 복제 연구
- 이유 2: economic growth 경제 성장
  - 일반적인 진술: develop tech, create new jobs 기술 발전, 새로운 일자리 창출
  - 예시: ex) research on the car industry in the 1970s 예) 1970년대 자동차 산업 연구

모범 에세이

A large number of people might argue that the government should be allowed to invest money in scientific research with no practical purpose. Contrary to popular belief, I think that government money should be spent only on scientific research that has a real purpose for the following reasons: to make better use of its budget and to improve the standard of living.

First of all, government funding for unrealistic scientific research can lead to citizens' complaints. It is obvious that government money is made up of people's taxes, which means that its usage should be agreeable, clear, and efficient. Therefore, when the money is spent on scientific research that has an unclear purpose, people are likely to be outraged. For example, in 2009, the Korean government announced that it would cut down its budget on research on farming that would relieve the food shortage and invest in a whole new area of artificial human cloning instead. Despite publicized complaints, there were a number of government regulations subsidizing its related research. Unfortunately, countless failures in scientists' attempts to clone human led to severe embarrassment for the Korean government and a huge loss of federal funds. Many angry citizens demonstrated against the government. They argued that support on human cloning was a waste of money because there were more urgent matters to handle.

Moreover, government spending on scientific research that has practical objectives can make a bigger contribution to promoting economic growth. **It is an undeniable fact that** investments in scientific research as a means to address societal needs can lead to the development of technology and creation of new inventions. As a result, many new businesses are likely to take place and form massive conglomerates. This trend would be creating millions of job openings, leading to a huge boost in the national economy. **For instance**, the Korean government had invested millions of dollars in research on the car industry in the 1970s, not only to meet the growing demand of cars but also to provide more jobs for its people. According to a study conducted by Seoul National University of Korea in 2008, after the car boom in the market in the early 1980s, the number of job positions had increased by geometric progression. The study showed that the new rise of middle class allowed people to spend more, which stimulated Korea's economic growth. Even to this day, the automobile industry still contributes to creating jobs for millions of people. This implies that researching in fields with practical aims can bring realistic, positive results to society.

In conclusion, I firmly believe that government money must be spent only on studies that have clear and feasible objectives **for the reasons I have mentioned above. All in all**, the government must prioritize issues and use its budget more efficiently and wisely.

해석

많은 이들이 정부가 현실적인 목적이 없는 과학 연구에도 돈을 투자할 수 있어야 한다고 주장할지도 모른다. 이런 통념과 반대로 나는 다음과 같은 이유로 정부 자금은 현실적인 목적이 있는 과학 연구에만 쓰여져야 한다고 생각한다. 예산을 더 잘 활용하고 생활 수준을 높이기 위해서이다.

우선, 비현실적인 과학 연구에 정부가 자금을 제공하면 국민들의 불만으로 이어질 수 있다. 정부 자금은 국민들의 세금으로 이루어졌고, 이것은 이 돈의 사용이 동의할 만하고, 명확하며, 효율적이어야 한다는 것을 의미한다는 것은 분명하다. 그러므로 이 돈이 불분명한 목적의 과학 연구에 쓰였을 때, 국민들은 분노할 수 있다. 예를 들어, 2009년 한국 정부는 식량 부족을 해결할 농업 연구에 대한 예산을 줄이고, 대신에 인공 인간 복제라는 완전히 새로운 분야에 투자할 것이라고 발표하였다. 대대적인 불만에도 불구하고, 관련 연구를 후원하도록 하는 수많은 정부 규정이 있었다. 불행하게도, 인간을 복제하려는 과학자들의 시도가 수없이 실패하면서 한국 정부의 몹시 난처한 상황으로 이어졌고 국가 예산에도 엄청난 손실이 있었다. 화가 난 많은 국민들은 정부에 대항하여 시위를 벌였다. 그들은 해결해야 할 보다 시급한 문제가 있기 때문에 인간 복제에 대한 지원은 돈 낭비였다고 주장했다.

뿐만 아니라, 현실적인 목표가 있는 과학 연구에 대한 정부 지출은 경제 성장을 촉진하는 데 더 크게 공헌할 수 있다. 사회적 필요를 해결하는 수단으로써 과학 연구에 대한 투자는 기술의 발전과 새로운 발명의 탄생으로 이어질 수 있다는 것은 부정할 수 없는 사실이다. 그 결과, 많은 새로운 사업이 생겨나서 거대한 대기업을 이룰 가능성이 있다. 이러한 흐름은 수백만 개의 일자리가 생겨나게 하고, 국가 경기의 커다란 진작으로 이어질 것이다. 예를 들어, 1970년대에 한국 정부는 증가하는 자동차 수요에 부응할 뿐만 아니라 사람들에게 더 많은 일자리를 제공하기 위해서 자동차 산업 연구에 수백만 달러를 투자했다. 2008년 한국의 서울대학교가 실시한 조사에 따르면, 1980년대 초 시장에서의 자동차 붐 이후에 일자리 수가 기하급수적으로 증가했다. 이 조사는 중산층의 새로운 부상이 더 많은 소비를 할 수 있게 하여 한국의 경기 성장을 촉진시켰다고 밝혔다. 심지어 지금까지도 자동차 산업은 수백만 개의 일자리 창출에 기여하고 있다. 이는 실현 가능한 목표가 있는 분야에 대한 연구가 우리 사회에 현실적이고 긍정적인 결과를 가져올 수 있다는 것을 의미한다.

결론적으로, 나는 위에서 언급한 이유 때문에 정부 자금이 분명하고 실현 가능한 목적을 갖고 있는 연구에 쓰여야 한다고 굳게 믿는다. 전체적으로, 정부는 문제의 우선순위를 정해서 예산을 보다 효율적이고 현명하게 활용해야 한다.

어휘

make better use of ~을 더 잘 활용하다 **standard of living** 생활 수준 **complaints**[kəmpléint] 불만 **be made up of** ~로 구성되다 **cut down** 줄이다 **budget**[bʌ́dʒit] 예산 **artificial**[ɑ̀ːrtəfíʃəl] 인공의 **clone**[kloun] 복제하다 **despite**[dispáit] ~에도 불구하고 **subsidize**[sʌ́bisdàiz] 후원하다, 보조금을 주다 **demonstrate**[démənstrèit] 시위를 벌이다 **address**[ədrés] 해결하다

선생님이 알려주는 점수보장 TIP

[주제어 구체화하기]

사례나 통계를 들어야 하는 부분에서는 문제에 있는 주제어가 보다 더 구체적인 것으로 설정되어야 합니다. 이 문제의 경우 주제어 "scientific research that has no useful purpose"가 무엇인지를 구체적으로 설정하지 않고 글의 처음부터 끝까지 이 단어만을 반복한다면 좋은 점수를 받을 수 없겠죠. 따라서 브레인스토밍 할 때와 아웃라인 잡을 때 "artificial human cloning", "farming" 혹은 "research on the car industry"와 같이 보여줄 것을 구체적으로 정해야 합니다.

너는 오르고, 나는 오르지 않았던 이유
너만 알았던 그 비법!

goHackers.com

목표점수 단기 달성을 위한 실전서

스타토플
실전
WRITING

계정석 · 송원

문제집

점수별 샘플답안분석&가이드 · 라이팅 필수동사 자료집 · 교재 MP3
해커스인강 HackersIngang.com

토플 라이팅/스피킹 무료 첨삭 게시판 · 토플공부전략 무료 강의
고우해커스 goHackers.com

해커스 인강

스타토플
실전
WRITING

문제집

해커스 인강

목표점수 단기 달성을 위한 실전서

스타토플
실전 WRITING 문제집

지은이	계정석, 송원
펴낸곳	(주)챔프스터디
펴낸이	챔프스터디 출판팀

주소	서울특별시 서초구 강남대로61길 23 (주)챔프스터디
고객센터	02-566-0001
교재 관련 문의	publishing@hackers.com
동영상강의	HackersIngang.com

ISBN	978-89-6965-039-9 (13740)

저작권자 ⓒ 2016, 계정석, 송원
이 책의 모든 내용, 이미지, 디자인, 편집 형태는 저작권법에 의해 보호받고 있습니다. 서면에 의한 저자와 출판사의 허락 없이 내용의 일부 혹은 전부를 인용, 발췌하거나 복제, 배포할 수 없습니다.

**외국어인강 1위,
해커스인강**
HackersIngang.com
해커스인강
1. 점수별 샘플답안분석&가이드 무료 제공
2. 라이팅 필수동사 자료집 무료 제공
3. 토플비법노트, 토플자료게시판 등 무료 학습자료 제공

**전세계 유학정보의 중심,
고우해커스**
goHackers.com
고우해커스
1. 토플 스피킹/라이팅 무료 첨삭 게시판
2. 토플 공부전략 무료 강의 제공
3. 국가별 대학교 및 전공별 정보, 모의지원 서비스, 유학Q&A 게시판 등 유학정보 제공

스타토플 실전 WRITING
CONTENTS

실전모의고사 01	191
실전모의고사 02	197
실전모의고사 03	203
실전모의고사 04	209
실전모의고사 05	215
실전모의고사 06	221
실전모의고사 07	227
실전모의고사 08	233
실전모의고사 09	239
실전모의고사 10	245
실전모의고사 11	251
실전모의고사 12	257
실전모의고사 13	263
실전모의고사 14	269
실전모의고사 15	275
실전모의고사 16	281
실전모의고사 17	287
실전모의고사 18	293
실전모의고사 19	299
실전모의고사 20	305

www.goHackers.com

스타토플 실전 WRITING

실전모의고사 01

통합형 문제
독립형 문제

🎧 통합형 문제 강의 음성은 실전모의고사 01.mp3에 수록되어 있습니다.

Question 1 of 2

Directions You have 20 minutes to plan and write your response. Your response will be judged on the basis of the quality of your writing and on how well your response presents the points in the lecture and the relationship to the reading passage. Typically, an effective response will be 150 to 225 words.

읽기 제한 시간: 3분

Having students wear uniforms in school is interesting in that administrators prefer them while students do not. Americans spend over 1 billion dollars every year on uniforms. Uniform designs are meant to convey a sense of professionalism and are usually noticeably different from regular clothing. There are a number of benefits that can be obtained through the use of uniforms in school.

Wearing uniforms in school and during trips outside of school keeps kids safer and reduces instances of crime. A number of schools throughout a 2 year study in Long Beach, California, saw reductions across all types of criminal activity ranging from fighting to theft. When all students look similar, it is more difficult to single any one or any group out to start conflict. By having the students in a school wear the same clothing, any intruder into school property would be easily identified.

Having all of the students wear the same thing fosters team spirit and unity amongst the students. Several studies have shown that students that wear uniforms in school engage in a greater level of participation in school events, such as sports games and academic contests. In a school with uniforms, it is easier for all students to feel like they are part of the team and working together. Cheering, studying, and even experiencing defeat together are experiences valuable to the social growth of students.

Students would not feel as much pressure to follow popular fashion trends as they would in schools that do not require uniforms. Allowing students to wear what they want is a very easy way for wealthy students to display their wealth. Having more expensive clothing from designer labels would decrease self-esteem among students unable to purchase the same clothing. With uniforms, all of the students, regardless of economic background, would all be wearing the same clothes while doing school activities.

Now listen to part of a lecture on the topic you just read about.

실전모의고사 01.mp3

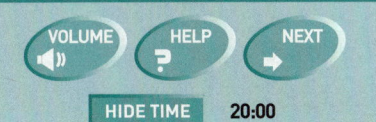

Question Summarize the points made in the lecture, being sure to explain how they oppose the specific points made in the reading passage.

Question 2 of 2

Directions Read the question below. You have 30 minutes to plan, write, and revise your essay. Typically, an effective response will contain a minimum of 300 words.

Question Do you agree or disagree with the following statement?

Getting advice from older adults is better than getting advice from peers.

Use specific reasons and examples to support your opinion.

www.goHackers.com

스타토플 실전 WRITING

실전모의고사 02

통합형 문제
독립형 문제

🎧 통합형 문제 강의 음성은 실전모의고사 02.mp3에 수록되어 있습니다.

Question 1 of 2

Directions You have 20 minutes to plan and write your response. Your response will be judged on the basis of the quality of your writing and on how well your response presents the points in the lecture and the relationship to the reading passage. Typically, an effective response will be 150 to 225 words.

읽기 제한 시간: 3분

Human beings are social beings and generally do not enjoy being or feeling alone. Communities of people with similar interests and hobbies have been popular for as long as people have lived in groups. Technology has allowed for people to join communities with members spread all over the planet using social media powered by the Internet. However, the openness of the Internet has increased the level of exposure to many negative aspects of social media.

As the Internet does not have a strong regulating body, people are essentially able to upload whatever they would like. Sometimes there may be wholly inappropriate postings, whether racist or sexist, that cause negative reactions from viewers. Sometimes, posts are made intending to be humorous, but instead offend others. The problem is that once the post is made online, the author is unable to simply delete the post as previous viewers can just make copies.

Social media allows very easy access to the intimate details of others' lives in a very quick and convenient manner. Highly visible events can result in stark social comparisons leaving viewers feeling less satisfied with their own lives. This can occur especially when viewing the social media materials created by celebrities or wealthy people. However, this can also occur in situations when someone they know experiences a very positive event, such as a friend going on an exotic vacation or a relative receiving a substantial raise in income.

Creating social media posts that are largely ignored by viewers when other users are enjoying much greater levels of attention can lead to feelings of inadequacy. Content creators will begin to question whether they are capable of producing interesting or valuable content that other users will want to see. Many users invest considerable amounts of money and time in creating the material that they upload. Seeing very little reaction to their work may leave them feeling that their effort was not noteworthy.

Now listen to part of a lecture on the topic you just read about.

실전모의고사 02.mp3

Question Summarize the points made in the lecture, being sure to explain how they cast doubt on the specific theories discussed in the reading passage.

Question 2 of 2

Directions Read the question below. You have 30 minutes to plan, write, and revise your essay. Typically, an effective response will contain a minimum of 300 words.

Question Do you agree or disagree with the following statement?

Leadership includes many qualities, such as charisma, consideration, courage, flexibility, responsibility, and respect for others. It is a born-gift; people cannot learn to be a leader.

Use specific reasons and examples to support your opinion.

www.goHackers.com

스타토플 실전 WRITING

실전모의고사 03

통합형 문제
독립형 문제

🎧 통합형 문제 강의 음성은 실전모의고사 03.mp3에 수록되어 있습니다.

Question 1 of 2

Directions You have 20 minutes to plan and write your response. Your response will be judged on the basis of the quality of your writing and on how well your response presents the points in the lecture and the relationship to the reading passage. Typically, an effective response will be 150 to 225 words.

읽기 제한 시간: 3분

In 1950, 430,000 students graduated from a university while over 1.7 million are expected to graduate in 2016. The steadily rising number of students who receive education after high school is also reflected across the world. This trend is not due to students enjoying education, though many do, but rather as a way to prepare for the future as a college education provides many benefits.

In America, increasing numbers of new jobs require a college education. During the period from 2007 to 2010, almost 200,000 jobs that required at least a bachelor's degree were added to the national economy. To contrast this, over 5 million jobs that required only a high school diploma disappeared as many of these jobs were outsourced to other countries. Students who have college degrees will find it much easier to find a job after finishing their education.

College graduates not only have access to more jobs, but the jobs that they are able to obtain are higher quality jobs that increase their overall marketability of the employee. They are more likely to receive some form of on-the-job training, have more access to technology, and also interact at higher levels of social interaction, such as giving business presentations. It is often noted that college graduates are more satisfied with their jobs than employees that only have a high school diploma.

Jobs that require higher education also tend to pay significantly higher salaries than other jobs. The average college graduate makes about $30,000 more per year than workers with only a high school education. This translates to roughly $500,000 more over their entire career. This also does not take into consideration bonuses and other benefits. These jobs often pay for full coverage for the entire family's health insurance. Larger companies even provide cars or the use of private planes.

Now listen to part of a lecture on the topic you just read about.

실전모의고사 03.mp3

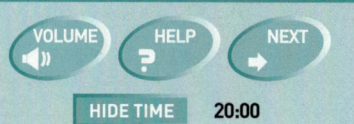

Question Summarize the points made in the lecture, being sure to explain how they oppose the specific points made in the reading passage.

Directions Read the question below. You have 30 minutes to plan, write, and revise your essay. Typically, an effective response will contain a minimum of 300 words.

Question Do you agree or disagree with the following statement?

People should be able to take criticism from other members in order to succeed in a group project.

Use specific reasons and examples to support your answer.

www.goHackers.com

스타토플 실전 WRITING

실전모의고사 04

통합형 문제
독립형 문제

🎧 통합형 문제 강의 음성은 실전모의고사 04.mp3에 수록되어 있습니다.

Directions You have 20 minutes to plan and write your response. Your response will be judged on the basis of the quality of your writing and on how well your response presents the points in the lecture and the relationship to the reading passage. Typically, an effective response will be 150 to 225 words.

읽기 제한 시간: 3분

Globalization is the process of removing geopolitical difficulties in international trade. The idea is to allow the entire world to have access to the cheapest, highest quality goods without penalty. All countries benefit together as the most efficient companies are rewarded for producing the best quality cheapest goods. There are several benefits in globalizing the world economy.

Workers gain from globalization through the actions of wealthy foreign companies that invest in the creation of factories and hire employees from local populations. In many Asian and African countries, this investment has led to a robust middle class that is enabling many countries to bring their societies out of poverty. As middle class workers increase domestic spending, a strong sustainable economy is created. Foreign companies also traditionally pay higher wages than domestic firms and also provide better benefits, such as paid family leave.

Foreign companies also traditionally bring entirely new technologies and drive education and training among locals. By increasing training in advanced fields, such as semiconductor technology or consumer electronics manufacturing, technological advances occur more frequently. This drives the global quality of life up even in the poorest regions as technology becomes cheaper and more accessible with age. Anyone with an internet connection, which is currently estimated at 40% of the world, can receive education, find consumable media, and communicate globally. This was impossible in 1995 when only 1% had internet access.

Instead of being limited to only the few dominating companies that sell goods, consumers are able to choose from the cheapest producers worldwide. Advances in internet technology and shipping have allowed for consumers to shop from all corners of the globe from their homes and receive goods without leaving their homes. This forces competition among companies and incentivizes the need to produce high quality goods efficiently.

Now listen to part of a lecture on the topic you just read about.

실전모의고사 04.mp3

Question Summarize the points made in the lecture, being sure to explain how they challenge the specific points made in the reading passage.

Directions Read the question below. You have 30 minutes to plan, write, and revise your essay. Typically, an effective response will contain a minimum of 300 words.

Question Do you agree or disagree with the following statement?

As society is becoming competitive and complex, many conflicts can occur. Some people think that being patient is a good way.

Use specific reasons and examples to support your answer.

www.goHackers.com

스타토플 실전 WRITING

실전모의고사 05

통합형 문제
독립형 문제

🎧 통합형 문제 강의 음성은 실전모의고사 05.mp3에 수록되어 있습니다.

Question 1 of 2

Directions You have 20 minutes to plan and write your response. Your response will be judged on the basis of the quality of your writing and on how well your response presents the points in the lecture and the relationship to the reading passage. Typically, an effective response will be 150 to 225 words.

읽기 제한 시간: 3분

For centuries, farmers have observed that cows seem to point towards north or south while grazing. Though this is not a behavior that is exhibited at all times, it is seen in the overwhelming majority of cow populations. It is most likely that cows have evolved the ability to detect the earth's magnetic field. There are several reasons that support this theory.

Many animals, such as birds and fish, are able to detect the magnetic field of the earth's poles. It would not be very surprising that cows also have this type of sensory perception. Tracks made by herds of other hoofed animals, such as wild deer, have been noted often aligning to magnetic north or south. The ability to detect magnetic fields is useful in that an animal can orient themselves correctly in bad weather or at night.

A major study in 2008 examined thousands of online satellite pictures and was able to demonstrate that cows from all over the world pointed toward the north or south poles at roughly the same time of day. These pictures clearly showed direction orientation and were able to prove that, regardless of the particular elevation or climate of a specific region, all cows tended to face in these directions.

Studies have shown that cows placed near electrical power lines, which disrupt magnetic fields in their area, will begin to point in random directions. Away from power lines, they will align to north or south again. This is a clear indication that they are able to detect the earth's magnetic field in areas where the field is not interrupted. If this was not true, then they would continue pointing in the northerly or southerly directions even near electrical power lines.

Now listen to part of a lecture on the topic you just read about.

실전모의고사 05.mp3

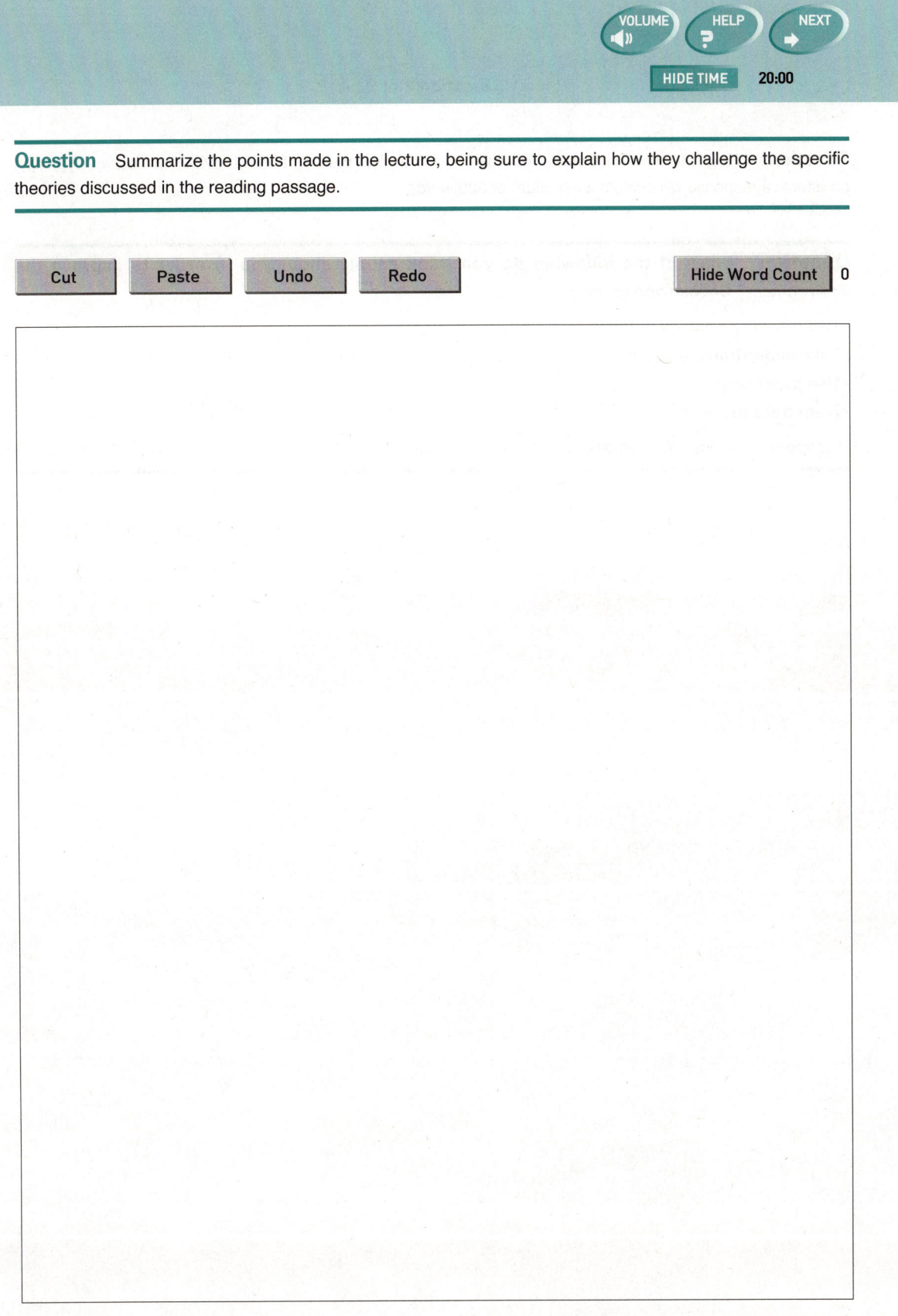

Question 2 of 2

Directions Read the question below. You have 30 minutes to plan, write, and revise your essay. Typically, an effective response will contain a minimum of 300 words.

Question Which of the following do you think people should do in order to improve the environment? Choose one or ones.

- Use renewable energy sources
- Take public transportation
- Use paper bags
- plant trees in a park

Use specific reasons and examples to support your answer.

www.goHackers.com

스타토플 실전 WRITING

실전모의고사 06

통합형 문제
독립형 문제

🎧 통합형 문제 강의 음성은 실전모의고사 06.mp3에 수록되어 있습니다.

Question 1 of 2

Directions You have 20 minutes to plan and write your response. Your response will be judged on the basis of the quality of your writing and on how well your response presents the points in the lecture and the relationship to the reading passage. Typically, an effective response will be 150 to 225 words.

읽기 제한 시간: 3분

The rhinoceros is a large land herbivore indigenous to Africa and parts of Asia. They are iconic due to their very prominent horns. These horns are highly prized in traditional eastern medicine as a cure for a broad range of ailments and hunting them caused the near extinction of the animal as poachers kill them illegally to harvest their horns. A US based company has successfully created synthetic rhino horns in the hope that selling these will protect remaining rhinos.

The firm hopes to make rhino horns worthless. Injecting keratin into yeast produces a material that is chemically identical to rhino horns and can be produced in large amounts very quickly. It is indistinguishable from real horns, which can be sold for up to $100,000 USD per kilogram due to their very limited supply. Increasing supply with fake horns will greatly reduce the price of rhino horns and the number of rhinos killed annually.

Though the horns are prescribed in Asia, especially in China, for healing sore joints, fatigue, and even cancer, there is no medical evidence that supports any of these claims. By asking retailers and pharmacies in Asia to replace their authentic rhino horns with the synthetic horns, then no further rhino deaths will be required. Telling people that synthetic horns are just as beneficial as rhino horns will show consumers that there is no need to search for real rhino horns.

The use of synthetic horns would greatly decrease the pressure on park rangers who currently patrol natural wildlife refuge areas. As the number of poachers outnumber border patrols, the killing of rhinos is very difficult to control even though penalties for illegally killing rhinos is very steep. With the sudden increase in the supply and the decrease in the demand for rhino horns, the number of poachers will also decrease.

Now listen to part of a lecture on the topic you just read about.

실전모의고사 06.mp3

Question Summarize the points made in the lecture, being sure to explain how they answer the specific problems presented in the reading passage.

Question 2 of 2

Directions Read the question below. You have 30 minutes to plan, write, and revise your essay. Typically, an effective response will contain a minimum of 300 words.

Question Do you agree or disagree with the following statement?

Some people prefer doing schoolwork or jobs that are easy to challenging ones.

Use specific reasons and examples to support your answer.

www.goHackers.com

스타토플 실전 WRITING

실전모의고사 07

통합형 문제
독립형 문제

🎧 통합형 문제 강의 음성은 실전모의고사 07.mp3에 수록되어 있습니다.

Question 1 of 2

Directions You have 20 minutes to plan and write your response. Your response will be judged on the basis of the quality of your writing and on how well your response presents the points in the lecture and the relationship to the reading passage. Typically, an effective response will be 150 to 225 words.

읽기 제한 시간: 3분

80% of American households with a male child own at least one video game system. Global sales of video games are expected to cross 100 billion in 2017. Advancements in technology have produced increasingly realistic graphics and, therefore, graphic violence. This has led many to argue that violence in video games is harmful to players.

Many of these games present obstacles that are successfully overcome through violence. Playing violent video games increases instances of bullying and fighting. Of boys that get into fights at school, 60% played violent video games while the other 40% did not. Several studies show that playing violent video games directly contributes to long-term aggressive behavior not only at home but also at school towards teachers and administrators. Authority figures are frequently challenged in video games where they are often depicted as unfair or oppressive.

Violent video games also explicitly reward acts of violence. Players gain weapons, higher levels, or other accomplishments through acts of violence. Studies show that video game players that play games that reward violence show more aggression and are more likely to be violent than players that play games that punish violence. Many argue that the violence is often committed against fictional monsters. However, many games involve violence to other human characters that are not clearly bad characters.

Especially with young children, players often have difficulties differentiating between their video game character's life and their own. Many video games allow players to customize their own avatars, or fictional representations of the character they want to be. Often times, players will copy behaviors exhibited by their in-game avatar. In the case of violent video games, players will feel the same pleasure committing violence in their real lives as when they commit violent acts in the game.

Now listen to part of a lecture on the topic you just read about.

실전모의고사 07.mp3

Question Summarize the points made in the lecture, being sure to explain how they challenge the specific points made in the reading passage.

Question 2 of 2

Directions Read the question below. You have 30 minutes to plan, write, and revise your essay. Typically, an effective response will contain a minimum of 300 words.

Question A budget deficit occurs when the government spends more than it taxes. To overcome this problem, the government needs to reduce the amount of money it pays. Which of the following do you think the government should decrease its spending on?

- Art
- Parks
- Public transit

Use specific reasons and examples to support your explanation.

www.goHackers.com

스타토플 실전 WRITING

실전모의고사 08

통합형 문제
독립형 문제

🎧 통합형 문제 강의 음성은 실전모의고사 08.mp3에 수록되어 있습니다.

Directions You have 20 minutes to plan and write your response. Your response will be judged on the basis of the quality of your writing and on how well your response presents the points in the lecture and the relationship to the reading passage. Typically, an effective response will be 150 to 225 words.

읽기 제한 시간: 3분

Zebras are one of the most recognizable wild animals in Africa. Their sharply contrasting black and white stripes have attracted the interest of zoologists ever since they were first discovered. The patterns are never the same within the same species, making zebra stripes as unique as human fingerprints. However, the exact reason for the stripes is unknown, though several theories exist.

Predators
Lions are considered the apex predator in the African savannah and often feed on zebras. Lions have exceptional night vision but are limited by being colorblind. It is thought that by having a pattern of tightly packed black and white lines, a zebra is able to blend into tall grassy areas as they will be indistinguishable from the background. This will also be true while they are being chased as the constantly shifting pattern will prevent lions from focusing during movement.

Pests
Biting flies, or tabanids, present a very serious threat to zebras in that they are not only a nuisance to the zebras, but they are also carriers of potentially lethal diseases. Studies have shown that dark coats reflect light in a horizontal angle that attracts biting flies. The same flies seem to be repelled by light coats, which reflect light in all directions. A mixture of light and dark lines may be the most confusing to flies. In fact, in a study between an all-white, all-black, and striped horse model, the striped horses had the least number of bites.

Body Temperature
The African sun can create extreme heat during the summer months. It has been thought that as white light repels light and black light absorbs light, a current of air may be created on the zebra. Even standing still, this small current would still create airflow around the horse and cool it down. There has been evidence showing that zebras are able to maintain 5.4 degrees cooler body temperatures than other animals in the same area that do not have stripes.

Now listen to part of a lecture on the topic you just read about.

실전모의고사 08.mp3

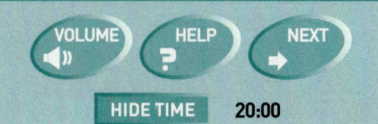

Question Summarize the points made in the lecture, being sure to explain how they cast doubt on the specific solutions presented in the reading passage.

Question 2 of 2

Directions Read the question below. You have 30 minutes to plan, write, and revise your essay. Typically, an effective response will contain a minimum of 300 words.

Question Do you agree or disagree with the following statement?

People are kinder today than they were in the past.

Use specific reasons and examples to support your answer.

www.goHackers.com

스타토플 실전 WRITING

실전모의고사 09

통합형 문제
독립형 문제

🎧 통합형 문제 강의 음성은 실전모의고사 09.mp3에 수록되어 있습니다.

Question 1 of 2

Directions You have 20 minutes to plan and write your response. Your response will be judged on the basis of the quality of your writing and on how well your response presents the points in the lecture and the relationship to the reading passage. Typically, an effective response will be 150 to 225 words.

읽기 제한 시간: 3분

Bees are responsible for the pollination of dozens of crops accounting for about one-third of all crops that are consumed by humans. Since the 1980s, bee populations have dramatically fallen based on information from several scientific researches. Without bees to pollinate human crops, the world is facing an extreme crisis in food production. It is unclear what the reasons are but it seems to be caused by human activities.

In 2013, a major study stated that the use of a specific type of pesticide was one of the reasons for the sudden sharp decrease in bees. This class of pesticide, referred to as neonicotinoids, targets the central nervous of insects causing paralysis and death. The purpose of these pesticides is to protect the plant against insects that cause damage. However, when used to treat seeds or plants, the harmful chemical eventually ends up in the pollen of the plant's flowers and is then transferred to bees.

In 2015, a major study claimed that changing natural environments to row-based crop areas for farming had been a major factor in decreasing wild bee populations by 23% between 2008 and 2013. This practice is slowly eliminating areas in which bees can build hives. The study, which asked local experts to gather readings, created a national map of bee disappearance. It claimed 39% of the total cropland in America that depends on pollinators is seeing reductions in bee populations.

Several studies similarly note that 30% of America's bee population has disappeared in the last decade alone. Even more alarming is that the number of bees that disappear every year seems to increase by 40%. At this rate, the agriculture industry will not be able to afford the additional cost of paying for pollination services. This is alarming because global food demand increases every year.

Now listen to part of a lecture on the topic you just read about.

실전모의고사 09.mp3

Question Summarize the points made in the lecture, being sure to explain how they challenge the specific theories presented in the reading passage.

Directions Read the question below. You have 30 minutes to plan, write, and revise your essay. Typically, an effective response will contain a minimum of 300 words.

Question Do you agree or disagree with the following statement?

Nowadays, young people spend too much time on pets even though there are a number of things that they need to spend their time on.

Use specific reasons and examples to support your opinion.

www.goHackers.com

스타토플 실전 WRITING

실전모의고사 10

통합형 문제
독립형 문제

🎧 통합형 문제 강의 음성은 실전모의고사 10.mp3에 수록되어 있습니다.

Question 1 of 2

Directions You have 20 minutes to plan and write your response. Your response will be judged on the basis of the quality of your writing and on how well your response presents the points in the lecture and the relationship to the reading passage. Typically, an effective response will be 150 to 225 words.

읽기 제한 시간: 3분

The Catholic Church follows strict rules that the pope must be a man. Interestingly, there is a legend that speaks of Pope Joan, a woman pope who lied about her gender to secretly pursue her religious ambitions. She supposedly ruled from 853 to 855 under the name John Angelicus until she was caught and sentenced to death. The story is unconfirmed and seems unlikely but there is much evidence that suggests that Pope Joan was a real figure.

There are over 500 historical documents that reference the female pope. She is even depicted in a Tarot deck as the High Priestess in the 1300s. Around the same time, the *Chronicon Pontificum et Imperatum* written by Martin of Opava is often cited as proof of Pope Joan's existence. This document contains a detailed description of Pope Joan and clearly states that she is a woman. The document even explains the church's reaction to being tricked by a female pope.

The Catholic Church itself seemed to confirm the existence of Pope Joan initially. A statue is referenced in church records called the "Woman Pope with Her Child" in Lateran near the location where Pope Joan supposedly gave birth to a child. The exact crossroads where Pope Joan was said to have died was called the Vicus Papissa. Later popes intentionally avoided the area, which further confirms the legitimacy of Pope Joan.

The *Liber Pontificalis*, which was the document written by the church librarian to act as a biography for all popes from Saint Peter (64 AD) all the way to the 1400s, mentions Pope Joan. The specific document was written by Anatasius Bibliothecarius, who was the Catholic Church's chief librarian at the time and also happened to be alive at the same time as Pope Joan. A record made by someone as highly placed in the church as the official record keeper would not be a hoax and should be considered as definitive proof.

Now listen to part of a lecture on the topic you just read about.

실전모의고사 10.mp3

Question Summarize the points made in the lecture, being sure to explain how they challenge the specific points made in the reading passage.

Directions Read the question below. You have 30 minutes to plan, write, and revise your essay. Typically, an effective response will contain a minimum of 300 words.

Question Do you agree or disagree with the following statement?

It is better for students to focus on developing one skill than improving as many skills as possible.

Use specific reasons and examples to support your answer.

www.goHackers.com

스타토플 실전 WRITING

실전모의고사 11

통합형 문제
독립형 문제

🎧 통합형 문제 강의 음성은 실전모의고사 11.mp3에 수록되어 있습니다.

Question 1 of 2

Directions You have 20 minutes to plan and write your response. Your response will be judged on the basis of the quality of your writing and on how well your response presents the points in the lecture and the relationship to the reading passage. Typically, an effective response will be 150 to 225 words.

읽기 제한 시간: 3분

Stonehenge, a famous monument made of very large stones in Wiltshire, England has been studied for centuries. Its original purpose is still unknown. Sarah Ewbank, an artist, has proposed the idea that the remains of Stonehenge are the ruins of a much larger building. She is the first person to suggest that the original building was very large, multi-storied, and also covered with a roof.

Ewbank believes that the original structure was covered by a wooden roof. Though the ruins today do not reveal any wooden artifacts, Ewbank has pointed to the quickly decaying nature of wood. She argues that stone abbeys that are only 500 years old still stand today without any trace of their original wooden roofs. As Stonehenge was first constructed in 3000 BC and completed in 1500 BC, it is only logical that any wooden pieces would have naturally decayed during the several millennia.

The 50 ton rock pieces in the monument were more than sturdy enough to serve as a supporting base for any higher structures. The rocks also contain small grooves cut into them in which four large support beams called trusses could fit. These trusses, when laid into the grooves would have been stable and could support more elevated construction. The weight of the trusses would have been immense. However, the fact that the 50 ton stones in Stonehenge had been transported 140 miles from their source means moving the trusses would have been much easier.

The structure required 1,500 years of construction to complete. Also, it is unclear how much time was spent planning and measuring the necessary spaces. Ewbank argues that it is simply illogical to spend such a large amount of effort on building something so massive if the area was exposed to rain or snow. With a roof, the building could function as a grand hall for celebrations held involving the numerous tribes that lived near the area unaffected by weather.

Now listen to part of a lecture on the topic you just read about.

실전모의고사 11.mp3

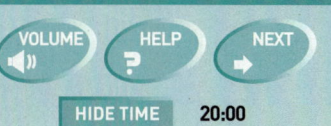

Question Summarize the points made in the lecture, being sure to explain how they challenge the specific points made in the reading passage.

Directions Read the question below. You have 30 minutes to plan, write, and revise your essay. Typically, an effective response will contain a minimum of 300 words.

Question Do you agree or disagree with the following statement?

Parents no longer spend a lot of time taking care of their children.

Use specific reasons and examples to support your explanation.

www.goHackers.com

스타토플 실전 WRITING

실전모의고사 12

통합형 문제
독립형 문제

🎧 통합형 문제 강의 음성은 실전모의고사 12.mp3에 수록되어 있습니다.

Directions You have 20 minutes to plan and write your response. Your response will be judged on the basis of the quality of your writing and on how well your response presents the points in the lecture and the relationship to the reading passage. Typically, an effective response will be 150 to 225 words.

읽기 제한 시간: 3분

Fossil fuels are very dense packets of energy capable of powering the entire global economy. Unfortunately, the energy they provide comes at an extreme cost; the destruction of the environment through tremendous CO_2 emissions and mining or drilling related activities. Supplies are also limited. Numerous options to replace fossil fuels currently exist that require more serious scrutiny.

The term "biofuels" is given to any fuel that is derived from plant or animal based fuels, referred to as feedstock. Something that must be considered with biofuels is the amount of energy required to grow the feedstock until it is ready to be converted to fuel. Even in this respect, corn-based ethanol would cut greenhouse gas emission by 52% compared to gasoline. As 1/3 of all CO_2 emissions in the US come from gasoline, then developing a cleaner fuel would be a very ecologically responsible decision.

Hydrogen is the most readily available element in the universe. The only byproducts in the burning of hydrogen to produce energy are heat and water. The entire global supply of fossil fuels is managed by a very small number of entities that dictate its price. In the case of hydrogen, anyone is capable of obtaining hydrogen and producing energy with it since it is everywhere. This has the potential to lead to fully distributed shared energy networks where all participants produce energy and can sell excess energy back to others in their network.

The sun provides, in one year, enough power to run the world for 10,000 years. This is a free source of energy that has allowed for photosynthesis in all plant life across the planet. Though still considered expensive, solar panel technology has, for 20 years, decreased by about 5% each year. There are numerous cases of people switching completely to solar power and generating enough power to be fully self-sustained without any additional power provided by their local electrical grid.

Now listen to part of a lecture on the topic you just read about.

실전모의고사 12.mp3

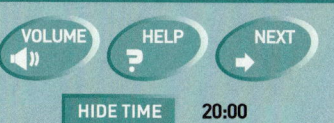

Question Summarize the points made in the lecture, being sure to explain how they challenge the specific points made in the reading passage.

Directions Read the question below. You have 30 minutes to plan, write, and revise your essay. Typically, an effective response will contain a minimum of 300 words.

Question Some people think that parents should look after their young children. Others believe that their brothers or sisters should take care of their younger siblings. Which option do you agree with?

Use specific reasons and examples to support your answer.

www.goHackers.com

스타토플 실전 WRITING

실전모의고사 13

통합형 문제
독립형 문제

🎧 통합형 문제 강의 음성은 실전모의고사 13.mp3에 수록되어 있습니다.

Question 1 of 2

Directions You have 20 minutes to plan and write your response. Your response will be judged on the basis of the quality of your writing and on how well your response presents the points in the lecture and the relationship to the reading passage. Typically, an effective response will be 150 to 225 words.

읽기 제한 시간: 3분

The quest for cures and vaccines against harmful pathogens is difficult because researchers can't simply test on humans. The effects and side effects of any compound in development need to be tested on living tissue before clinical trials in humans can begin. Much of this testing is done on animals, of which nearly all lab professionals support. There are many reasons for why animal testing is necessary.

- Animals and humans are very similar
Chimpanzee DNA is 99% identical to humans. The way experimental drugs react in their bodies is an excellent indicator of how it will react in humans. Animals all share the same basic design as human beings. They have hearts, brains, kidneys, lungs, and circulatory systems. By finding drugs that affect specific areas of the body in animals, it is safe to assume there will be a similar affect in humans.

- Animals benefit from animal testing
There are many diseases that both animals and humans can both contract. Distemper, rabies, and anthrax are just a few that would not have been high priorities if they weren't dangerous to humans. In discovering treatments or vaccines to these diseases, millions of animals have been saved as a result. Limited laboratories and doctors available for disease research means that these diseases would not have been addressed if they only affected animals.

- Animal testing is strictly regulated
The Animal Welfare Act of 1966 was created with the purpose of ensuring that animals were given the most humane treatment possible during testing. Federal law requires that animal test subjects are given strictly set living space requirements, clean food, and access to veterinarian checkups. Also, a formal request must be made to the Institutional Animal Care and Use Committee and cannot proceed with their explicit approval.

Now listen to part of a lecture on the topic you just read about.

실전모의고사 13.mp3

Question Summarize the points made in the lecture, being sure to explain how they cast doubt on the specific solutions presented in the reading passage.

Directions Read the question below. You have 30 minutes to plan, write, and revise your essay. Typically, an effective response will contain a minimum of 300 words.

Question Do you agree or disagree with the following statement?

Children between the ages of three and eight should not be allowed to watch TV commercials.

Use specific reasons and examples to support your opinion.

www.goHackers.com

스타토플 실전 WRITING

실전모의고사 14

통합형 문제
독립형 문제

🎧 통합형 문제 강의 음성은 실전모의고사 14.mp3에 수록되어 있습니다.

Question 1 of 2

Directions You have 20 minutes to plan and write your response. Your response will be judged on the basis of the quality of your writing and on how well your response presents the points in the lecture and the relationship to the reading passage. Typically, an effective response will be 150 to 225 words.

읽기 제한 시간: 3분

The maglev is a special type of train that uses magnets on guideways to create both lift and propulsion. No wheels touch the ground, eliminating friction and enabling very high speeds. Creating a maglev between New York and Washington D.C. would provide riders with a convenient way to travel between the two cities. Northeast Maglev is a company attempting to construct the route and supporters of the proposal have highlighted several key points in favor of the project.

The public agrees that the construction will be positive for the region. In private funding, the company has been able to raise over 50 million dollars. This shows that people are willing to invest now in a potential maglev even though the construction will can take well over a decade to complete. Northeast Maglev, was awarded 27 million dollars in government funding for the research and development of the project. The government is also excited about the opportunity to bring cutting edge technology to the east coast.

The low impact on the environment caused by maglevs is another reason why supporters would like to begin construction. Traditional railways have at least 14 meter wide tracks to be laid down between destination points. Freeways for cars have an even greater land requirement of at least 30 meter wide cleared areas for road construction. Maglevs only require 12 meter wide tracks, called guideways, and leave the smallest footprint on the environment.

People who frequently commute between D.C. and New York care a lot about the time they spend traveling. Northeast Maglev predicts that their route will take less than an hour. Though, the train they plan to use reaches speeds of over 500km/h and can theoretically travel between D.C. and New York in only 15 minutes, actual travel time is expeted to be under an hour. This is considerably faster than any traditional railway network, including higher speed trains that currently operate at a maximum speed output of 240km/h.

Now listen to part of a lecture on the topic you just read about.

실전모의고사 14.mp3

Question Summarize the points made in the lecture, being sure to explain how they oppose the specific points made in the reading passage.

Directions Read the question below. You have 30 minutes to plan, write, and revise your essay. Typically, an effective response will contain a minimum of 300 words.

Question Do you agree or disagree with the following statement?

Teachers' salaries should be as much as professionals', such as doctors and lawyers.

Use specific reasons and examples to support your answer.

www.goHackers.com

스타토플 실전 WRITING

실전모의고사 15

통합형 문제
독립형 문제

🎧 통합형 문제 강의 음성은 실전모의고사 15.mp3에 수록되어 있습니다.

Question 1 of 2

Directions You have 20 minutes to plan and write your response. Your response will be judged on the basis of the quality of your writing and on how well your response presents the points in the lecture and the relationship to the reading passage. Typically, an effective response will be 150 to 225 words.

읽기 제한 시간: 3분

The Arctic National Wildlife Refuge located in Alaska was established in 1960 and further expanded in 1980. It encompasses an area that is 78,000 square kilometers. It has been a source of controversy since evidence showed it may also sit on a giant fossil fuel reserve. There are many arguments for drilling in the Arctic National Wildlife Refuge to gain access to its sizeable oil reserves.

The Arctic National Wildlife Refuge is home to dozens of unique species as well as 100s of migratory birds. Concerns over destroying their natural habitat are a primary argument against drilling in the area. However, the area that contains the majority of the oil reserves in the ANWR is very small in a location marked as "1002 Area". In fact, animals can be relocated to other areas of the refuge and all human disturbances can be limited to just 1002.

The release of oil located in the ANWR would reduce the import costs of foreign sources of oil by over 200 billion dollars. Some estimates place the number much higher. In addition to the national savings that the government would receive, local residents in Alaska would also benefit. An agreement made by the oiling industry and Alaskan residents states that a payment must be made to citizens for any oil taken from Alaska. In 2013, this amounted to $900 per person.

The amount of oil that has been estimated in Alaska is somewhere between 6 and 16 billion barrels. Even if the actual amount is somewhere in between, at around 11 billion barrels, this would be a huge addition to American oil reserves. Proven reserves in the US are only 29 billion barrels of oil. Having access to such a large supply of oil would make the country much safer in times of energy crises.

Now listen to part of a lecture on the topic you just read about.

실전모의고사 15.mp3

Question Summarize the points made in the lecture, being sure to explain how they cast doubt on the specific theories presented in the reading passage.

Question 2 of 2

Directions Read the question below. You have 30 minutes to plan, write, and revise your essay. Typically, an effective response will contain a minimum of 300 words.

Question Do you agree or disagree with the following statement?

Rapid development has positively affected society.

Use specific reasons and examples to support your opinion.

www.goHackers.com

스타토플 실전 WRITING

실전모의고사 16

통합형 문제
독립형 문제

🎧 통합형 문제 강의 음성은 실전모의고사 16.mp3에 수록되어 있습니다.

Question 1 of 2

Directions You have 20 minutes to plan and write your response. Your response will be judged on the basis of the quality of your writing and on how well your response presents the points in the lecture and the relationship to the reading passage. Typically, an effective response will be 150 to 225 words.

읽기 제한 시간: 3분

In the woods of Michigan, a large crack appeared in the ground that was 110 meters long and almost 2 meters in depth. The crack angled upwards like something had burst from the ground. Such occurrences are referred to as "pop-ups" as it seems like the ground is popping up. How the crack at Menominee occurred is unclear but there are numerous possibilities.

"Pop-ups" are often seen in areas that contain receding glaciers. Glaciers often increase in size during colder months and shrink again as the weather warms up. Sometimes, as the glacier melts and leaves the ground exposed, the sudden loss of downward force can cause the ground to burst. The weight of the glacier is responsible for holding the ground in place. In the West Antarctic Ice Sheet, land is actually 2.5 km under sea level simply due to the weight of the ice pushing it down while the southern tip of Britain has been rising since its glacier disappeared 11,000 years ago.

The phenomenon can also occur in areas where heavy quarrying occurs. The mining of large amounts of mineral deposits will remove an enormous amount of weight from an area. As the weight is removed, similar to the physics of glacier loss, the ground may burst upwards. The largest limestone quarry in the world is located in Michigan. It is possible that removing the limestone may have caused underground pressure to cause the burst.

Earthquakes are frequently responsible for "pop-ups" because they can disturb the balance underground that result in tearing forces as one tectonic plates shifts on top of another plate. When this happens, there is a sudden sharp upward movement vertically along the plate that can cause the ground above it to tear open. A magnitude 1 earthquake was recorded in Menominee shortly before the crack appeared.

Now listen to part of a lecture on the topic you just read about.

실전모의고사 16.mp3

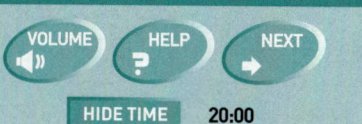

Question Summarize the points made in the lecture, being sure to explain how they challenge the specific points made in the reading passage.

Question 2 of 2

Directions Read the question below. You have 30 minutes to plan, write, and revise your essay. Typically, an effective response will contain a minimum of 300 words.

Question Do you agree or disagree with the following statement?

Television has had a greater impact on people's lives than newspapers have.

Use specific reasons and examples to support your answer.

www.goHackers.com

스타토플 실전 WRITING

실전모의고사 17

통합형 문제
독립형 문제

🎧 통합형 문제 강의 음성은 실전모의고사 17.mp3에 수록되어 있습니다.

Question 1 of 2

Directions You have 20 minutes to plan and write your response. Your response will be judged on the basis of the quality of your writing and on how well your response presents the points in the lecture and the relationship to the reading passage. Typically, an effective response will be 150 to 225 words.

읽기 제한 시간: 3분

Global warming has accounted for many recent months, one after another, being the hottest ever on record. Continually rising temperatures affects weather conditions and sea levels. A very hotly debated topic is the role humans have had on this through the burning of fossil fuels. However, it is important to note that humans might not have caused climate change.

Burning fossil fuels increases carbon dioxide emissions, which also happens naturally through events such as volcanic eruptions and CO_2 released from oceans. To cope with this, the earth has several methods of absorbing CO_2. Plants use CO_2 and sunlight to create energy and oxygen. Many populations of trees have been observed growing larger than normal as a result of increased CO_2. This means that plant life will simply use the additional CO_2 produced by humans as part of their photosynthetic processes.

Rising seas are often cited as evidence of global warming through human actions. Supporters of this fail to point out that the sea has been rising steadily since the end of the last ice age, over 10,000 years ago. 10,000 years ago, sea levels were over 100 meters lower than they are today. Though the rising of sea levels will adversely affect the roughly 200 million people that live near coastal areas by the year 2100, humans have not caused this to happen.

The sun does not produce the exact same amount of energy each year. It is most likely that solar forcing, or variations in the total output of the sun, is the biggest reason for climate change. From 1900 to 2000, solar output increased by 0.19% and directly caused rises in temperature during that period. The majority of all climate fluctuations that occurred after 1850 can be attributed to small changes in the amount of power generated by the sun during those years.

Now listen to part of a lecture on the topic you just read about.

실전모의고사 17.mp3

Question Summarize the points made in the lecture, being sure to explain how they oppose the specific points made in the reading passage.

Question 2 of 2

Directions Read the question below. You have 30 minutes to plan, write, and revise your essay. Typically, an effective response will contain a minimum of 300 words.

Question Do you agree or disagree with the following statement?

Today's children go through different problems from those their parents went through.

Use specific reasons and examples to support your answer.

www.goHackers.com

스타토플 실전 WRITING

실전모의고사 18

통합형 문제
독립형 문제

🎧 통합형 문제 강의 음성은 실전모의고사 18.mp3에 수록되어 있습니다.

Question 1 of 2

Directions You have 20 minutes to plan and write your response. Your response will be judged on the basis of the quality of your writing and on how well your response presents the points in the lecture and the relationship to the reading passage. Typically, an effective response will be 150 to 225 words.

읽기 제한 시간: 3분

The United States used a gold standard to determine the value of its currency until 1971. This meant that every dollar that was in existence was backed by gold, which is a commodity. Every dollar was guaranteed to be worth a certain amount of gold. After 1971, the country moved to a fiat system, which is money not backed by a commodity. However, the fiat system has many flaws.

The paper money that is printed under a fiat system is not worth anything. It's not backed by any recognizable commodity and the issuing government simply dictates the price. This can cause severe trade imbalances and increase doubts among trade partners about currency manipulation. If everything was backed by gold, the value of money would be equal across countries and manipulation of currency values could not occur because every country would be using the same resource to back their respective currencies.

Unlimited debt is possible in the fiat system. In the US, there were 48 billion dollars before the fiat system, now there is over 1.5 trillion. As long as there is faith that the government will not collapse, then the value of its money should theoretically remain stable; but, this is an unnecessary risk. If the government were to fail, then every dollar would suddenly be worth nothing. In unstable countries, money often loses value because people do not believe the government will last.

Fiat systems do not have any regulating control features. Commodity backed securities, such as gold or silver backed currencies, are regulated by the supply of the metal available. When currency is issued without an additional commodity deposit, more of that commodity is needed. Increased demand for gold or silver would drive mining activities. As the supply of the commodity increases, its price, along with mining activities, would decrease. This self-regulating system means that the value of money or gold cannot run out of control.

Now listen to part of a lecture on the topic you just read about.

실전모의고사 18.mp3

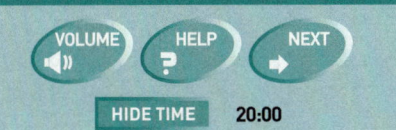

Question Summarize the points made in the lecture, being sure to explain how they cast doubt on the specific theories discussed in the reading passage.

Question 2 of 2

Directions Read the question below. You have 30 minutes to plan, write, and revise your essay. Typically, an effective response will contain a minimum of 300 words.

Question Which of the following do you think is the best way to truly relax?
- managing your stress level
- playing sports with others
- eating good food

Use specific reasons and examples to support your answer.

www.goHackers.com

스타토플 실전 WRITING

실전모의고사 19

통합형 문제
독립형 문제

🎧 통합형 문제 강의 음성은 실전모의고사 19.mp3에 수록되어 있습니다.

Question 1 of 2

Directions You have 20 minutes to plan and write your response. Your response will be judged on the basis of the quality of your writing and on how well your response presents the points in the lecture and the relationship to the reading passage. Typically, an effective response will be 150 to 225 words.

읽기 제한 시간: 3분

The minimum wage was first created in 1938 and was intended to create a minimum standard of living that would support even the lowest earning individuals in the country. Into the 2000s, worker productivity has increased dramatically while wages have not increased proportionally. It has been estimated that, in the US, for the federal minimum wage to match historical worker productivity, the wage should be $22/hr as opposed to its current $7.25/hr rate. There are several reasons for why minimum wage should not be increased.

One negative aspect of raising the minimum wage is that not all companies can afford to pay all of their workers at a higher federal rate. The result would be the firing of individuals not seen as absolutely critical to operations. The employees that remain in the company would then have to do the full amount of the remaining work. This means they would have longer shifts and fewer vacations, which would greatly decrease their standard of living.

Another negative effect of raising minimum wages is products would become more expensive for all consumers. This is because companies would be forced to have their customers pay for the increased labor costs. Being faced with much smaller profit margins, companies will need to charge higher prices to keep shareholders happy. Otherwise, they would need to reduce the amount of their product that is given to their customers.

A third negative impact of raising minimum wages is that companies may replace as many of their human employees as possible with robots. Automated truck driving systems have already begun testing through several European countries. The replacement of human drivers with automated systems will not only cause drivers to lose jobs, but also the owners of all of the sleeping areas and restaurants frequently used by those same drivers. The same would happen in other industries with the replacement of human workers.

Now listen to part of a lecture on the topic you just read about.

실전모의고사 19.mp3

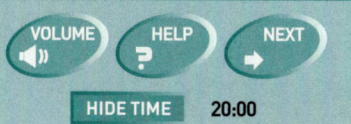

Question Summarize the points made in the lecture, being sure to explain how they cast doubt on the specific theories presented in the reading passage.

Directions Read the question below. You have 30 minutes to plan, write, and revise your essay. Typically, an effective response will contain a minimum of 300 words.

Question Do you agree or disagree with the following statement?

It becomes more difficult to identify what kinds of jobs will result in a successful future.

Use specific reasons and examples to support your answer.

www.goHackers.com

스타토플 실전 WRITING

실전모의고사 20

통합형 문제
독립형 문제

🎧 통합형 문제 강의 음성은 실전모의고사 20.mp3에 수록되어 있습니다.

Question 1 of 2

Directions You have 20 minutes to plan and write your response. Your response will be judged on the basis of the quality of your writing and on how well your response presents the points in the lecture and the relationship to the reading passage. Typically, an effective response will be 150 to 225 words.

읽기 제한 시간: 3분

A curious event in cloud formation occurs when a cloud develops a pattern along its base. When seen from below, the cloud base often looks like an irregular circular repeating pattern, and are referred to as mammatus clouds. They may be grouped closely together or strung out across several kilometers connected by a thin line. There are several theories on what causes their formation.

Mammatus are often seen forming when thick cumulonimbus clouds are present. One theory is that the bottom part of a cumulonimbus cloud begins to fan out from its base and away from its source toward the ground. As the air below the cloud warms faster than air in the cloud, a cycle of circular rising and falling air forms at the base of the cloud. The different rate of heating causes the part of the cloud that has broken away to become unstable and result in the bottom of the cloud becoming lumpy and round.

Another possibility is heat radiation. Thick cumulonimbus clouds often form when the sun's energy is the strongest; during noon or early afternoon. Mammatus clouds are most often observed in situations when the sun is weaker, during late afternoon or early evening. As the amount of solar radiation that is directed at the top of clouds changes, there may be a vertical distortion within the cloud as rapidly cooling air at the top descends through the cloud. Mammatus may be simply the bottommost expression of these vertical solar radiation fluctuations.

A third theory states that the highly geometric shapes of mammatus clouds are caused by gravity waves. Gravity waves were observed for the first time in February 2016, though they have long been accepted by many physicists. Gravity waves form as very large objects exert huge amounts of energy on each other, such as when black holes orbit each other. Space-time around the objects distorts and moves away in a wave-like shape. As gravity waves reach earth, they move throughout a cloud and the wave shape deforms the bottom of the cloud.

Now listen to part of a lecture on the topic you just read about.

실전모의고사 20.mp3

Question Summarize the points made in the lecture, being sure to explain how they challenge the specific points made in the reading passage.

Directions Read the question below. You have 30 minutes to plan, write, and revise your essay. Typically, an effective response will contain a minimum of 300 words.

Question Do you agree or disagree with the following statement?

The government should not spend money on scientific research that has no useful purpose.

Use specific reasons and examples to support your answer.

점수별 샘플답안분석&가이드 · 라이팅 필수동사 자료집 · 교재 MP3
해커스인강 HackersIngang.com

토플 라이팅/스피킹 무료 첨삭 게시판 · 토플공부전략 무료 강의
고우해커스 goHackers.com

**TOEFL/GRE/IELTS/SAT/LSAT
모든 유학시험 고득점의 꿀 Tip을 담았다!**

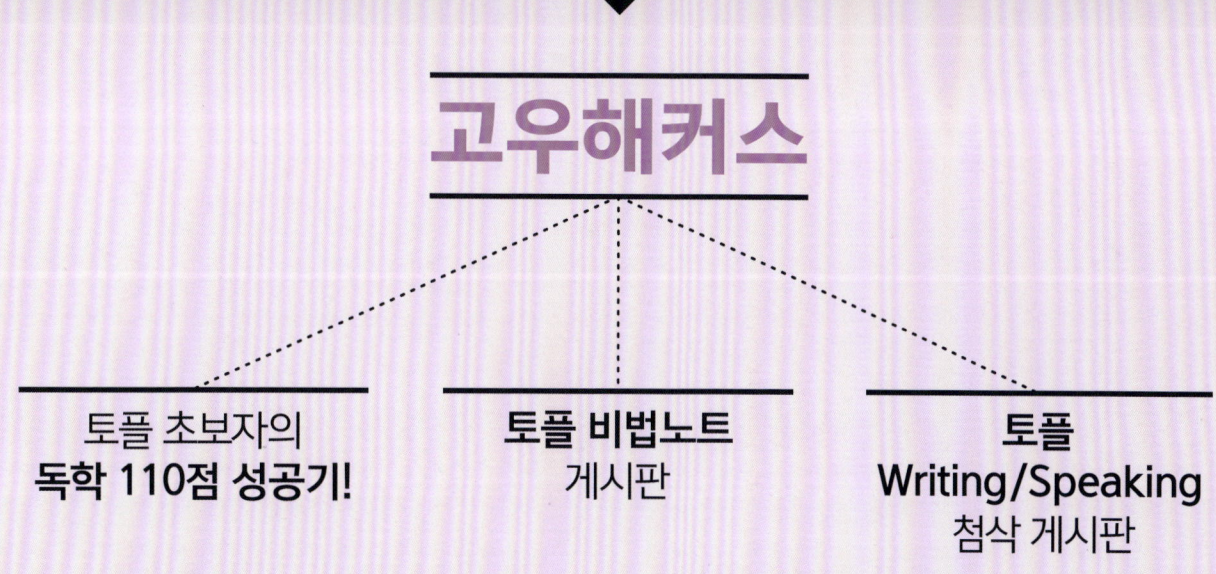

고우해커스

| 토플 초보자의 | 토플 비법노트 | 토플 |
| 독학 110점 성공기! | 게시판 | Writing/Speaking 첨삭 게시판 |

goHackers.com

260만의 선택
토플 1위 해커스

[260만] 해커스어학원 누적 수강생 수, 해커스인강 토플강의 누적 수강신청건수 합산 기준(2003.01~2018.09.05, 환불자/중복신청 포함)
[1위] 한국표준협회 선정 2019 프리미엄 브랜드 지수(KS-PBI) 종합외국어학원 부문 1위

토플학원 최다! 해커스 스타강사진

파X다,영X기, yXm 강남/종로 주요 토플학원 강사진 비교(2016.06.09 기준)

해커스 토플 수강후기 작성자 평균 2달 만에 토플 100점 이상 달성!

해커스 토플 수강생 성적표 공개 수강후기 작성자 기준(2018.02~2019.02 현재 총 73명 기준)

21년 연속 베스트셀러 1위 해커스 토플 교재

[해커스어학연구소] 알라딘 외국어 베스트셀러 토플 분야(2002~2022 역대베스트 기준, Grammar 4회/Voca 13회/Reading 4회)

사이트 방문자 수 1위! 230만 개 정보 공유
유학전문포털 고우해커스(goHackers.com)

[사이트 방문자 수 1위] 랭키닷컴 유학/어학연수 분야 기준 방문자 수 1위(2021년 1월 3, 4주 발표 랭키순위 기준)
[230만 개] 고우해커스 내 유학 관련 콘텐츠 누적 게시물 수(~2021.02.05. 기준)

목표점수 단기달성을 위한
해커스어학원 추천 강의

해커스반
토플 상급 레벨로의 도약을 위한 맞춤 학습
· 과목별 스타강사진의 강의
· 월 2회 Trial Test 실시
· 배치고사 응시 후 같은 레벨의 수강생들로만 구성

컴퓨터 실전 문제풀이반
iBT 토플 실제 시험과 동일한 환경에서 집중 훈련!
· 실전 시험과 동일하게 Test 실시
· 최신 출제경향의 문제로 영역별 실전 트레이닝
· 시간관리 훈련 + 반복되는 실수 교정 + 취약점 분석

토플 목표점수를 단기에 달성하고 싶다면? **해커스어학원** ▼ **검색**